Hermann Rump

Die Unfehlbarkeit des Papstes

und die Stellung der in Deutschland verbreiteten theologischen Lehrbücher zu

dieser Lehre

Hermann Rump

Die Unfehlbarkeit des Papstes
und die Stellung der in Deutschland verbreiteten theologischen Lehrbücher zu dieser Lehre

ISBN/EAN: 9783741171680

Hergestellt in Europa, USA, Kanada, Australien, Japan

Cover: Foto ©Lupo / pixelio.de

Manufactured and distributed by brebook publishing software (www.brebook.com)

Hermann Rump

Die Unfehlbarkeit des Papstes

Die Unfehlbarkeit des Papstes

und

die Stellung der in Deutschland verbreiteten

theologischen Lehrbücher

zu dieser Lehre.

Durch getreue Auszüge und Uebersetzungen dargestellt

von

Dr. Hermann Rump.

Münster.
Adolph Russell's Verlag.
1870.

Einleitung.

Zu den Schlagwörtern welche bei der gegenwärtigen erregten Besprechung der Unfehlbarkeit des Papstes nicht selten gehört werden zählt die Behauptung: Der Satz, daß dem Oberhaupte der Kirche in seinen amtlichen Aussprüchen über Glaubens- und Sittenlehren Unfehlbarkeit zukomme, sei in Deutschland neu; unser Klerus, geschweige denn unser katholisches Volk kenne ihn nicht.

Unterscheiden wir! Fragen über welche bei den Theologen noch verschiedene Ansichten zulässig sind werden im Allgemeinen und der Regel nach nicht Gegenstand der Erörterung vor dem katholischen Volke sein, und ein verständiger Prediger und Katechet wird dieselben wohl nur in zwei Fällen auf die Kanzel und in die Schule bringen. Der erste Fall tritt ein, wenn ein noch nicht als Glaubenslehre ausgesprochener, aber bei den Gottesgelehrten als weitaus allgemeinere Ansicht in Ehren gehaltener Satz an und für sich zum religiösen Leben, zu christlicher Andacht und Frömmigkeit in besonderer Beziehung steht, für Belebung und Hebung derselben von erheblicher Bedeutung ist. Deshalb war lange vor dem 8. December 1854 das Dogma von der unbefleckten Empfängniß der jungfräulichen Gottesmutter als eine fromme, von der Kirche geachtete und bevorzugte, in sich wohlbegründete Meinung auch dem katholischen Volke wohl bekannt. Aus demselben Grunde mag auch jetzt die andere fromme Meinung, daß bald nach dem Tode der allerseligsten Jungfrau auch ihr Leib in den Himmel aufgenommen sei, dem Volke nicht gerade unbekannt sein; es wird ihm bei Gelegenheit gezeigt sein, daß auch dieser Satz seiner guten Gründe nicht entbehre, und daß er sich der ganzen Ausnahmestellung, welche die Gebenedeite ihres Geschlechtes einnimmt, gar wohl einfüge.

Der zweite Fall in welchem der Verkündiger des göttlichen Wortes sich veranlaßt sehen könnte, Sätze zu berühren die noch nicht feierlich als Glaubenslehren ausgesprochen sind, würde dann eintreten, wenn in Betreff solcher Lehren neu entstandener Streit die Gemüther über den engeren Kreis der Pfleger der theologischen Wissenschaft hinaus in Unruhe setzt, und deshalb Beruhigung und Aufklärung geboten scheint. Das könnte augenblicklich hinsichtlich der Lehrmeinung von der Infallibilität des Papstes hier oder dort zutreffen, da ja von zwei Ansichten, die sich nach dem Urtheile eines unserer hervorragendsten Dogmatiker „nicht als ebenbürtige Meinungen gegenüber stehen" [1]), gerade diejenige welche bei den Theologen als die allgemeinere gilt, und welche die Mehrzahl der als Richter in Glaubenssachen zum vaticanischen Concil versammelten Vorsteher der Kirche als Glaubenssatz förmlich und feierlich ausgesprochen zu sehen wünscht, nicht bloß etwa mit Anstand in ruhiger, wissenschaftlicher Erörterung bekämpft wird, nicht bloß etwa als unzureichend begründet, sondern geradezu als mit dem alten Glauben der Kirche schnurstracks in Widerspruch stehend bezeichnet, kurz: der Häresie geziehen wird. Da könnte eine Besprechung dieses Gegenstandes je nach örtlichen Verhältnissen dem Prediger gerathen oder auch geboten erscheinen. Da könnte es wenigstens angezeigt sein, auch dem Volke zu zeigen, daß der jetzt häufig erwähnte, bis zur Stunde vollständig wahre Satz im Katechismus unseres ehrwürdigen Overberg, die Unfehlbarkeit des Papstes sei kein Glaubensartikel, [2]) nicht in alle Ewigkeit gleiche Wahrheit zu behalten braucht.

Ich weiß nicht, ob man die Unfehlbarkeit des Papstes gerade zu den Fragen der ersten Art zählen wird. Aber dennoch glaube ich: Unter hundertmal wird es mindestens neunzigmal geschehen, daß der schlichte Katholik in seinem einfachen Glauben die Lehrautorität seiner Kirche so dem Papste innwohnend denkt, daß dieser auch allein sie besitzt, sie vertreten und ausüben kann; mit andern Worten: hat der Papst gesprochen, so hat für das katholische Volk die Kirche gesprochen.

Was aber den deutschen Klerus betrifft, so wird wenigstens bis zu einem gewissen Grade von Sicherheit zu ermitteln sein, welche Anschauungen derselbe, im Großen und Ganzen betrachtet, über unsere Frage in sich aufgenommen hat. Was ist ihm im theologischen Unterrichte darüber geboten? Er verdankt seine theologische Bildung in der Hauptsache dem lebendigen Worte seiner Lehrer und dem gedruckten Buchstaben der bei uns gebräuchlichen theologischen Hand- und Lehrbücher. Daher wäre es von großem Interesse, wenn sich zusammenstellen ließe, ob die Lehrer an den deutschen Universitäten, Lyceen und Seminarien in den letzten Decennien näher auf unsere Frage eingegangen sind, und in welchem Sinne sie dieselbe beantwortet haben. Aber wenn auch in diesem oder jenem Falle aus der scharf ausgesprochenen Stellung eines deutschen Theologen zur Infallibilitäts-Lehre mit hinreichender Sicherheit geschlossen werden kann, in welchem Sinne er gelehrt habe, und wenn auch einige einschlägige Mittheilungen,

---

[1]) S. unten S. 22.
[2]) Overberg's Katechismus, III. Hauptst., Fr. 349: „Müssen wir auch glauben, daß der Papst unfehlbar ist? Nein, dies ist kein Glaubensartikel."

wie über die Doctrin im Wiener Seminar, durch die Tagesblätter gegangen sind: so ist doch eine Zusammenstellung dieser Art in annähernder Vollständigkeit nicht leicht möglich; mir wenigstens steht dafür das Material nicht zu Gebote.

Wir sind daher auf die theologischen Hand- und Lehrbücher angewiesen. Ein solches benützt für die einzelnen theologischen Disciplinen in der Regel schon jeder Candidat der Theologie, mag nun der eigene Lehrer seine Vorträge veröffentlicht haben, oder mag der Studirende auf die Wahl eines anderen Werkes angewiesen sein, welches er als gebräuchlich kennt, welches ihm als brauchbar und nützlich empfohlen wird. Diese Handbücher bilden für die späteren Jahre die Grundlage seiner Handbibliothek, und bei ihnen wird er sich viel häufiger Rathes erholen als bei den nachgeschriebenen Collegienheften, wenn er letztere überhaupt auf lange Zeit bewahrt.

Gedanken wie die vorstehend angedeuteten führten zu dem Plane den ich in diesem Schriftchen auszuführen suchte, und durch dessen Ausführung ich etwas zur Aufklärung wie zur Beruhigung der Geister beitragen möchte.

Die vorliegende Schrift will also die Frage beantworten: Welche Stellung nehmen die in den letztern Decennien unter dem deutschen Klerus verbreiteten theologischen Hand- und Lehrbücher zur Lehre von der Unfehlbarkeit des Papstes ein? Sie will somit den Satz von der Infallibilität des Papstes weder bekämpfen noch vertheidigen: rein objectiv gehaltene Mittheilungen aus jenen Büchern sollen dem Leser zeigen, in welchem Maße derselbe bei uns angenommen oder abgewiesen, und was für oder gegen ihn geltend gemacht ist. Auch will sie nicht mittheilen, was seit Jahrhunderten bis auf die neueste Zeit herab einheimische und auswärtige Theologen von großer Geltung in eigenen Monographien oder in systematischen Arbeiten über unsere Frage zu Tage gefördert haben; denn es soll hier nicht über Werke berichtet werden die, Wenigen zugänglich und von Wenigen gebraucht, meist nur in größeren Büchersammlungen sich finden, und die wohl von unsern Lehrern der Theologie zu Rathe gezogen werden, die aber unserm Klerus im Allgemeinen fremd bleiben. Bei dieser Beschränkung auf die Hand- und Lehrbücher der einzelnen theologischen Disciplinen sind auch die in neuerer Zeit in Deutschland erschienenen monographischen Arbeiten über die Geltung der Glaubensentscheidungen des Papstes nicht berücksichtigt: diejenigen deren Verfasser, wie Weninger und Andere [1]) ursprünglich in deutscher Sprache schrieben eben so wenig als die Arbeiten fremder Zungen, welche in Uebersetzungen bei uns verbreitet wurden, wie die Schriften von Liguori, Bellarmin, de Maistre, Mauro Capel-

---

[1]) Weninger Die apostolische Vollmacht des Papstes in Glaubensentscheidungen. Innsbruck 1841. Zweite Auflage, Augsburg 1842. — Würde und Unfehlbarkeit des römischen Papstes. Graz 1853.

lari (Gregor XVI.), den Ballermi, Cardinal Litta u. A.[1]), oder deren Originaltext in Deutschland neu aufgelegt wurde.[2]) Auf Abhandlungen in deutschen theologischen Zeitschriften ist dann selbstredend auch keine Rücksicht genommen; und dasselbe gilt von den Büchern und Broschüren welche in der jetzigen literarischen Bewegung für oder gegen die in Rede stehende Lehre erschienen. Nur wenn der Verfasser eines theologischen Lehrbuches sich früher oder später auch in anderen Schriften oder Abhandlungen, Erklärungen u. s. w. über denselben Gegenstand in gleichem oder abweichendem Sinne geäußert hatte, wurden auch diese Aeußerungen, soweit es zweckdienlich schien, in den Bereich meiner Arbeit gezogen, aber auch dann die Streitschriften der letzten Monate, deren Inhalt ohnehin weit genug bekannt geworden ist, in der Regel nur kurz berührt.

Um dem Leser selbst das Urtheil über die Sachlage zu lassen, habe ich, soweit es möglich war, ohne meine Sammlung gar zu umfangreich zu machen, die betreffenden Stellen wörtlich ausgehoben. Es waren aber bei jedem Schriftsteller zwei Fragen zu stellen, die für den nächsten Zweck meiner Arbeit nicht ganz dieselbe Wichtigkeit hatten. An erster Stelle fragte es sich, welche Ansicht über die Unfehlbarkeit des Papstes jeder einzelne Schriftsteller vertrete. Die Antwort darauf wird man stets wörtlich getreu aus den betreffenden Schriften ausgehoben finden, auch in dem Falle wo etwa ein Theologe es ablehnt, sich bestimmt zu entscheiden. Wo ich verschiedene Ausgaben desselben Werkes zur Hand haben konnte, habe ich je nach Befund auch über ihre in einzelnen Fällen interessanten Abweichungen berichtet, zumal wenn der Verfasser später mit größerer Entschiedenheit seine Ansicht aussprach und sie nachdrücklicher vertheidigte, oder wenn er im Laufe der Zeit seine Meinung wechselte. An zweiter Stelle handelte es sich dann darum, wie die einzelnen Theologen ihre Ansicht begründen. Auch zur Beantwortung dieser Frage

---

1) Liguori Die Wahrheit des Christenthums und die Unfehlbarkeit des Papstes. Uebersetzt von M. A. Hugues. Regensburg 1845. (Auch 3. und 4. Band der 2. Abtheilung der Sämmtl. Werke). — Bellarmin's Hauptwerk über den Papst. Uebersetzt von Gumposch. Augsburg 1842. (Auch dritter Band von Gumposch's Uebersetzung der Bellarmin'schen „Streitschriften über die Kampfpunkte des christlichen Glaubens"). — Maistre Werke, übersetzt von Lieber. Band 1—3. Vom Papste. Von der gallicanischen Kirche. Frankfurt 1822—23. — Cappellari Triumph des h. Stuhles und der Kirche. Augsburg 1833. — Ballerini Abhandlung von der Nothwendigkeit des Papstes, eines unfehlbaren Oberhauptes in der Kirche. Neu übersetzt. Mit einer Vorrede von Binterim. Düsseldorf 1843. — Litta Briefe über die sogenannten vier Artikel des Klerus in Frankreich. Nebst einer Einleitung von Robiano-Borsbeck. Münster 1844. Eine frühere Uebersetzung erschien 1818 zu Frankfurt.

2) Ballerini De vi ac ratione primatus Romanorum pontificum et de ipsorum infallibilitate in definiendis controversiis fidei. Recogn. Westhoff. Münster 1845. Außerdem war auch die Turiner Ausgabe von 1822 in den deutschen Buchhandel gekommen, und das Werk schon 1770 in Augsburg gedruckt.

habe ich möglichst Vieles wörtlich mitgetheilt; doch mußte ich mir hier begreiflicher Weise Beschränkungen auflegen; eine umfangreiche Darstellung mußte zusammengezogen werden, und ich konnte hie und da nur den Gang des Beweises andeuten, die Hauptgesichtspunkte hervorheben, von der vollen Ausführung das Skelett bieten. In dieser Beziehung sind nicht alle Schriftsteller in völlig gleicher Weise behandelt. Unsere einheimischen Theologen durften auf größeren Raum Anspruch machen als die von außen bei uns eingebürgerten; außerdem sollte die Mannigfaltigkeit der Gedanken, die ich in meinen Vorlagen fand auch meinen Lesern geboten werden, mehr Originelles und eine in ihrer Art eigenthümliche Auffassung sollte hervortreten; die feineren Unterschiede der Ansichten, die mitunter erst durch die Verschiedenheit der Begründung klar werden, sollten erkennbar sein, und um die Gesammtanschauung der Verfasser über das unfehlbare Lehramt der Kirche zu bieten, mußte in einzelnen Fällen weiter ausgeholt werden. Damit ist nun allerdings meine Sammlung über den ursprünglich vorgesetzten Umfang hinaus angewachsen; aber sie dürfte dadurch auch um so belehrender geworden sein, und nun durch das was sie zur Sache selbst mittheilt auch über die nächsten Wochen hinaus einigen Werth behalten.

Eine Kritik der aufgenommenen Ausführungen im Ganzen oder Einzelnen lag selbstredend meinem Zwecke vollständig fern, blieb also ausgeschlossen. Die Anmerkungen enthalten daher von mir fast nur einige bio- und bibliographische Notizen, sonst ergänzen sie das Referat aus den Schriftstellern theils durch wörtliche und directe, theils durch inhaltlich ausgezogene und indirecte Mittheilungen. Da mein Büchlein auch über den Kreis der Theologen hinaus einer wohlwollenden Aufnahme entgegensehen möchte, so habe ich die Auszüge aus lateinischen Werken in deutscher Uebersetzung gegeben, aber der Genauigkeit halber, und um eine wünschenswerthe Vergleichung zu erleichtern, wenigstens den Hauptsätzen und wichtigen Ausdrücken den lateinischen Wortlaut hinzugefügt[1]). Andererseits habe ich mir auch gestattet, einzelne griechische oder lateinische Worte und Satztheile, die ich (z. B. bei den neueren Exegeten) in fortlaufendem deutschen Texte vorfand, deutsch zu geben. Auch den Aussprüchen von Concilien und Vätern die ich wörtlich aufnehmen konnte habe ich den Urtext beigefügt, für griechische Stellen jedoch nur eine lateinische Uebersetzung gegeben, wenn meine Vorlage nur eine solche bot; überhaupt habe ich mich in diesem Stücke mit einer oder anderer Ausnahme nur an das mir jedesmal vorliegende Buch gehalten, und auch die Citate nach Werken wie nach Ausgaben, wenn ich

---

1) Durch ein Versehen ist das bei Ziegler nicht geschehen. Die anfangs beabsichtigte vollständige Mittheilung des lateinischen Textes mußte schon des Raumes wegen unterbleiben, wäre da wo der Wortlaut zusammengezogen werden mußte auf Hindernisse gestoßen, und schien schließlich auch kaum erforderlich.

Citate letzterer Art überhaupt vorfand, einfach übernommen ohne sie zu verificiren¹).

Hinsichtlich der Anordnung schien mir das Einfachste, die Schriftsteller in alphabetischer Folge zusammenstellen. An der Spitze eines jeden Artikels sind die von mir benutzten Werke des Autors verzeichnet, und zwar nach den Ausgaben, die mir zur Hand waren. In Orthographie und Interpunktion habe ich mich nicht an meine Vorlagen gebunden.

Die von mir benutzten Werke sind zum weitaus größten Theile von deutschen Theologen in Deutschland zunächst für die deutschen Candidaten und Geistlichen veröffentlicht, zum kleineren Theile sind es Schriften ausländischer Gottesgelehrten die als in Deutschland vielgebraucht bezeichnet werden müssen. Was zunächst die letzteren angeht, so glaube ich die Grenzen enge genug gezogen zu haben. Ueber die Verbreitung der Moral des h. Alphons sowie der beiden dogmatischen Werke Perrone's, von denen das Compendium zudem in Süddeutschland eine Uebersetzung erhielt, braucht kein Wort verloren zu werden. Abelly's handliches Werk, welches im 18. und 19. Jahrhunderte in Deutschland wiederholt aufgelegt ist, wurde vor wenigen Jahrzehnten sehr viel benutzt; die Lehrbücher von Schouppe und Knoll haben in neuerer Zeit auch bei uns manche Käufer gefunden. Von den Exegeten kommen Calmet und Cornelius a Lapide in ihren alten, zum Theil in Deutschland gedruckten Folio- und Quartbänden bei unseren Geistlichen nicht selten vor; Maldonat aber hat neuerdings seit 1840 in der zuerst von Sausen, dann von Bischof Martin besorgten Mainzer Ausgabe drei Auflagen erlebt. Liebermann's Dogmatik gehört geradezu Deutschland an; Reinerding's Fundamentaltheologie wurde freilich während des Verfassers zeitweiliger Lehrthätigkeit in England geschrieben, aber in Deutschland gedruckt, und während des Druckes war der Verfasser bereits nach Fulda heimgekehrt. Die von Gousset und Gratry benutzten Schriften sind durch Uebersetzungen bei uns eingebürgert. Dagegen habe ich das theologische Lehrbuch der Würzburger Jesuiten Holzclau, Kilber, Munier und Neubauer²), obgleich es nach dem Urtheile des Geschichtsschreibers der neuern katholischen Theologie Deutschlands „unter das Vorzüglichere zu rechnen ist" was

---

1) Bei einem der neuesten dogmatischen Werke wollte ich in einer Anmerkung die Väter nennen welche der Verfasser für die infallibilistische Erklärung von Luk. 22, 32 anführt. Meine Vorlage druckte hintereinander auf derselben Seite eine Stelle aus einem Lucius I. beigelegten pseudoisidorischen Briefe und aus dem Briefe Agatho's ab nach welchem ersterer fabricirt wurde. Ich habe natürlich Lucius I. nicht genannt. —

2) R. Patrum societatis Jesu Theologia dogmatica, polemica, scholastica et moralis, praelectionibus publicis in alma universitate Wirceburgensi accommodata. Würzburg 1766—71. Zweite Auflage, Paris 1850.

gegen Ende des vorigen Jahrhunderts bei uns „auf dem Gebiete der kirchlichen Lehr- und Glaubenswissenschaft geleistet wurde"¹), nicht berücksichtigt; denn für mich kam nur die neue Pariser Ausgabe in Betracht, diese hat aber in Deutschland eine Verbreitung die mich zur Aufnahme berechtigen konnte wohl nicht gefunden.

Für die Schriften deutscher Theologen habe ich als die äußerste zeitliche Grenze, bis zu welcher ich mit meinen Auszügen zurückging, das Jahr 1820 eingehalten; vor diesem Jahre erschienene Werke sind also nur dann aufgenommen, wenn sie noch später neu aufgelegt wurden. Aus dieser Zeit habe ich dann alle einschlägigen Hand- und Lehrbücher aufgenommen die mir zugänglich waren; ich habe nach den Vertretern beider Meinungen mit gleicher Sorgfalt gesucht, jedoch bei jüngeren Werken vielleicht größere Mühe aufgewandt als bei älteren. Auch Schriftsteller „deren Arbeiten nun vergessen sind"²) wurden nicht übergangen; überhaupt habe ich nur Ein Werk absichtlich ausgeschlossen, da ich zweifelte, ob es irgend eine nennenswerthe Verbreitung gefunden habe³).

Von den Zweigen der theologischen Wissenschaft die für mich in Betracht kamen steht die Dogmatik resp. die Apologetik oder Fundamentaltheologie obenan als diejenige Disciplin in deren Bereich die ganze Frage zunächst gehört. Der angestrebten Vollständigkeit glaube ich hier am nächsten gekommen zu sein: von von den excerpirten Schriftstellern gehört mehr als ein Drittheil diesem Gebiete an, und ich hoffe, daß darunter kein Name von einigem Belang fehlen wird⁴). Von den sogenannten „Glaubensregeln", welche sich, meist zu irenischen Zwecken, ausdrücklich die Aufgabe setzen, nur die erklärten Dogmen zusammenzustellen, konnte, ja mußte abgesehen werden. Die in Deutschland bekannteste, die des Jesuiten, später Weltgeistlichen, Veron lehnt es ausdrücklich ab, über die Infallibilität des Papstes sich zu äußern⁵). An zweiter Stelle stehen die Lehrbücher des Kirchenrechts, welche unsere Frage selten oder nie ganz umgehen. Diese Disciplin ist unter unsern Auszügen wenigstens durch die bedeutendsten und neuesten Bearbeiter gut vertreten. Die Ausführung des Anti-Wessenbergianers

---

1) Werner Geschichte der katholischen Theologie S. 242.
2) Werner S. 586.
3) Die ‚Grundlegung der katholischen Theologie' (Ulm 1842), welche der Münchner Professor Kaiser nach seiner Quiescirung veröffentlichte.
4) Zu den fehlenden Werken zählen: Goldwitzer Compendium dogmat. christ. (Landshut 1824); Buchner Summa theolog. dogmat. (München 1829); Riegler Christkatholische Dogmatik (Bamberg 1846—47); Klüpfel Institutiones theol. dogm. in compendium redactae a C. Geist (Wien 1804. Zweite Auflage 1830. Vierte Auflage 1842).
5) Veronii Regula fidei sive secretio eorum quae sunt de fide catholica ab iis quae non sunt de fide in Braun's Bibliotheca regularum fidei (Bonn 1846) I., 101. Andere Ausgaben der lateinischen Uebersetzung des ursprünglich französisch geschriebenen Werkes erschienen zu Köln 1779 u. 1786, zu Prag 1824, zu Aachen 1842; eine lateinisch-deutsche Ausgabe besorgte Smets (Bielefeld 1845).

Frey habe ich um so lieber noch als Nachtrag gegeben, je interessanter sie für die Geschichte der fraglichen Lehre in Deutschland ist. Von den Lücken, die man in dieser Beziehung finden wird, bedaure ich namentlich die, daß ich die Vertreter und letzten Ausläufer der gallicanischen Anschauung nicht durch die Werke von Sauter[1]), Rechberger[2]) und Brendel[3]), deren spätere Auflagen noch in unsern Bereich gehören, vervollständigen konnte. Von den Moraltheologen hat Liguori Anlaß genommen, die Lehrautorität des Papstes ausführlich zu besprechen; die deutschen Bearbeiter der theologischen Moral berühren unsere Frage nur zum Theil, bei der Besprechung der Quellen ihrer Wissenschaft. Diejenigen, welche sich irgendwie, wenn auch unbestimmt, äußern, habe ich ausgezogen. Dagegen mußten die Exegeten sämmtlich excerpirt werden, weil man bei ihnen nicht bloß frägt, ob sie etwas und was sie über die Unfehlbarkeit des Papstes lehren, sondern auch, wie sie überhaupt die Bibelstellen erklären, welche von vielen Theologen für die unfehlbare Geltung päpstlicher Glaubensentscheidungen gedeutet werden. Bei den Kirchenhistorikern endlich, denen es am fernsten liegen mag, sich über die dogmatische Frage direct auszusprechen, handelte es sich darum, ihre Ansichten über geschichtliche Fragen kennen zu lernen die von der einen oder von der andern Seite mit jener in Verbindung gebracht, für oder gegen deren bejahende Beantwortung geltend gemacht sind. Daß dabei auf die Honoriusfrage besondere Aufmerksamkeit gerichtet ist, wird man, zumal nach den Gratry'schen Streitschriften, wohl nur billigen; für diese Frage schien das Urtheil des Dogmenhistorikers Schwane besondere Beachtung zu verdienen.

Die theologischen Disciplinen auf welche ich mein Augenmerk zu richten hatte sind damit erschöpft. Noch bleiben einige Schriften übrig, deren Einreihung unter die theologischen Lehrbücher man vielleicht beanstanden wird. Indeß haben die Werke von Hettinger und Vosen sowie Martin's ‚Wissenschaft den göttlichen Dingen', wenngleich für einen größeren Leserkreis berechnet, doch wohl zu einem sehr großen Theile ihre Abnehmer unter dem Klerus gefunden, und auf diesen sind auch Laurent's Predigten ihrem ganzen Charakter nach vorwiegend angewiesen. So durfte ich diese Werke berücksichtigen, gestehe dabei aber auch, daß ich besonders die Ausführungen von Laurent und Vosen ungern entbehren mochte.

Es muß dem Leser noch daran gelegen sein, von den ihm vorgeführten Werken die Zahl der Auflagen zu kennen, weil er dadurch einigen Anhalt zur Beurtheilung ihrer Verbreitung hat, und aus dieser einigermaßen auf ihren Einfluß schließen kann. In vielen Fällen orientiren darüber schon die an der Spitze der ein-

---

1) Fundamenta juris eccl. cath. Freiburg 1809. Dritte Auflage. Rottweil 1825—26.
2) Enchiridion juris eccl. cath. austriaci. Linz 1809. Vierte Aufl. 1824.
3) Handbuch des Kirchenrechts. Bamberg 1819. Dritte Aufl. 1839—40.

zelnen Artikel stehenden Angaben. Doch mag außer dem oben schon Gesagten noch bemerkt werden, daß die Dogmatik von Liebermann seit 1819 in zehn Auflagen erschien, die von Dieringer seit 1847 und die Fundamentaltheologie von Schwetz seit 1850 in fünf Auflagen, die Dogmatik von Klee seit 1835 in vier Auflagen, der Auszug aus Dobmayer 1833 in zweiter Auflage. Von den Bearbeitern des Kirchenrechts erhielt Walter seit 1822 dreizehn Auflagen, Permaneder seit 1847 vier Auflagen, Pachmann seit 1851, Schöpf seit 1855 und Aichner seit 1862 drei Auflagen, Droste-Hülshof seit 1830 zwei Auflagen. Unter den Exegeten haben vor Allem neben und nach der schon 1818 begonnen Arbeit von Kistemaker, welche drei Auflagen erlebte, die gleichfalls populärer gehaltenen, in den dreißiger Jahren kurz nacheinander begonnenen von Allioli und Maßl sehr große Verbreitung erlangt; nächst ihnen sind wohl neben Maldonat die Werke von Bisping und Reischl am meisten in Aufnahme gekommen.

Vorab die Dogmatiker, nächst ihnen die Kirchenrechtslehrer und Exegeten werden dann den Ausschlag geben müssen für die Frage, welche Stellung die in Deutschland verbreiteten theologischen Lehrbücher zur Lehre von der Unfehlbarkeit des Papstes einnehmen. Das Resultat aus dem Ganzen brauche ich kaum zu ziehen. Zweifelhaft kann es nicht sein. Der Leser wird finden, daß die bei uns gebräuchlichen auswärtigen Lehrbücher der Dogmatik nebst dem h. Alphons ausnahmslos für die unfehlbare Autorität der päpstlichen Lehrentscheidungen einstehen. Obgleich dann von unsern einheimischen dogmatischen Werken das am häufigsten aufgelegte, Liebermann's 1828 vom päpstlichen Stuhle belobten Institutionen sich auf eine Entscheidung nicht einlassen will: so nimmt doch auch die große Mehrzahl der deutschen Dogmatiker, unter ihnen gerade diejenigen deren Werken wiederholte Auflagen zu Theil wurden dieselbe Lehre an, oder neigt sich mindestens sehr entschieden zu ihr hin. Ihnen reihen sich an die meisten unserer Kirchenrechtslehrer und eine Anzahl von Exegeten deren Werke in Vieler Händen sind. Nach den Ausführungen dieser Majorität deutscher Dogmatiker, Exegeten und Kirchenrechtslehrer sind die amtlichen Lehraussprüche des Papstes unfehlbar; sie haben die Autorität eines Dogma; man muß ihnen beistimmen; die Päpste werden nie öffentlich vor der Kirche einen Irrthum lehren oder darein einstimmen; der Papst muß die Unfehlbarkeit besitzen; auf seiner Unfehlbarkeit beruht die der Kirche, oder: aus der der Kirche verheißenen Unfehlbarkeit folgt die des römischen Bischofs; dem Papste ist in Glaubenssachen ein besonderer Beistand des h. Geistes zugesichert, damit Alle durch ihn zu einer sichern Glaubenserkenntniß gelangen und bei Streitigkeiten sich an ihm orientiren können; der Primat erhielt in Petrus die Zusage der Unverlierbarkeit des Glaubens;

dem Petrus und seinen Nachfolger ist zugesichert, daß mit ihrer Würde als Oberhaupt der Kirche die Unüberwindlichkeit im Glauben verbunden sei, so zwar daß auf ihnen die Erhaltung des Glaubens beruhe; der Satz von der Unfehlbarkeit des Papstes ist zwar nicht als ausdrückliches Dogma formulirt, aber es ist ein sicherer Satz, eine theologische Folgerung aus einem Glaubenssatze; er wird gegenwärtig von den meisten Theologen anerkannt, und steht einem Glaubenssatze sehr nahe; sein Aufgeben wäre das Aufgeben katholischer Principien; das Gewicht der Gründe nöthigt ihm beizupflichten; oder wenigstens, wenn die meisten Katholiken denselben annehmen, so haben sie dafür ihre guten Gründe. Dieser Mehrzahl gegenüber steht eine kleine Minorität, welche zum Theil die Unfehlbarkeit des Papstes ausdrücklich verneint, zum Theil, und dann meistens ohne auf unsere Frage näher einzugehen, die Unfehlbarkeit des gesammten Lehrkörpers in seiner Vereinigung mit dem Haupte lehrt, oder die Unfehlbarkeit des Papstes unter der Bedingung des mindestens stillschweigenden Consensus der Kirche annimmt. Nach dem Allem ist die fragliche Lehre unserm Klerus nicht fremd.

Es wird dem Leser aber auch nicht entgehen, daß unter den deutschen Theologen, soweit ihre Anschauungen in unsern Lehrbüchern vorliegen, die Zahl der Vertheidiger der Unfehlbarkeit des Papstes in den letzten Decennien sozusagen von Jahr zu Jahr gewachsen ist, daß insbesondere die letzten zwanzig Jahre eine nicht kleine Zahl theologischer Lehrbücher von einheimischen Verfassern brachten welche mit Entschiedenheit für diese Lehre eintreten. Gehen wir weiter zurück, so werden sie nach und nach spärlicher, und wir kommen dann allerdings an eine Zeit wo das Verhältniß nahezu oder vollständig ein umgekehrtes war. So war es vielleicht noch in den dreißiger Jahren, mehr noch in den zwanziger Jahren, vor Allem aber in den ersten Decennien dieses und in den letzten Decennien des vorigen Jahrhunderts. Für nähere Angaben über diese Zeit, die außerhalb der Grenzen meiner Arbeit liegt, käme es besonders auf eine Vergleichung der mit wenigen Ausnahmen nunmehr verschollenen dogmatischen Arbeiten jener Zeit an. Das Kirchenrecht, dessen Bearbeiter später in so ansehnlicher Zahl mit allem Nachdrucke sich für die unfehlbare Geltung der amtlichen Lehrentscheidungen des Papstes erklärten, lag damals vollständig in den Fesseln des Gallicanismus, und that von unserer Frage im besten Falle unter den streitigen Rechten des Papstes kurze Erwähnung. Das war die Zeit des übertriebensten centrifugalen Strebens, dem die Lehre von der dem Centrum der Kirche inwohnenden unfehlbaren Lehrautorität wenig zusagen mochte. Es war die Zeit wo z. B. in Oesterreich nicht durch oberhirtliche Verordnungen der Bischöfe sondern durch Erlasse der Alles bevormundenden Staatsgewalt die Lehrbücher für die einzelnen theologischen Disciplinen vorgeschrieben wurden, an welche alle Universitäten, Lyceen und Klöster sich zu halten

hatten. Und weiterhin war es die Zeit wo das kirchliche Leben
danieder lag, wo Rationalismus und Aufklärung auch auf katho-
lischem Boden zu gedeihen schienen, wo die einheimische theologische
Wissenschaft mit seltenen Ausnahmen bei der wechselnden Zeit-
philosophie betteln ging, oder die Brocken des Gallicanismus auf-
las, welche den Nachbarn jenseits des Rheines nachgerade schon
nicht mehr zusagten. Es war endlich die Zeit wo vereinzelte
Stimmen sogar an der Unfehlbarkeit der Kirche selbst zu zweifeln
wagten, wie dasselbe ja auch in der für die Geschichte unserer
Frage so bedeutsamen Zeit des Constanzer Concil's geschehen war.

Die Auszüge aus unsern theologischen Lehrbüchern welche
in vorliegender Sammlung zusammengestellt sind lassen also das
allmälige Aufgeben der gallicanischen Doctrin erkennen, und von
diesem Gesichtspunkte aus dürften sie vielleicht auch für die Geschichte unserer Theologie einiges Interesse haben. Eine der ersten
Stimmen, welche kräftig zur Besinnung mahnte und gegen unbe-
gründetes Absprechen warnte, war die des Anti-Wessenbergianers Frey.
Nach einzelnen anderen schüchternen Stimmen trat dann für den
vernachlässigten Satz von der Unfehlbarkeit des Papstes Klee ein,
einer der Männer „welche für ihr Zeitalter wahre Stützen und
Leuchten katholischer Wissenschaftlichkeit waren", Klee, der „das
Verdienst hat, dem kirchlichen Positivismus theologische Tiefe und
patristische Erudition eingegeistet zu haben"¹). Ihm zur Seite
traten populäre, aber einflußreiche exegetische Arbeiten; nicht lange
mehr, und Maldonat wurde bei uns gedruckt, Perrone wurde in
Deutschland bekannt; gleichzeitig mit Permaneder's Kirchenrecht
erschien die entschiedene und einschneidende Darstellung von Phillips, und kurz darauf brachte ein deutscher Katechismus eine ausführliche Darstellung unserer Lehre. Nach dem Allem mochte 1848
dem Pfarrer Laberer, als er die vierte Auflage des Compendiums
von Wiest besorgte, dessen Darstellung bereits als Anachronismus
erscheinen: er schaltete den Beweis ein, welchen Klee für die Unfehlbarkeit des Papstes führt. Wie dann weiterhin die Zahl der
Vertheidiger rasch zur weitaus überwiegenden Mehrheit angewachsen ist, und wie die Darstellung des Satzes selbst an Umfang,
Vielseitigkeit und Tiefe gewonnen hat, wird dem Leser nicht entgehen,
dem auch darüber das Urtheil vorbehalten bleiben mag, ob und
inwieweit dabei neben der zunehmenden Vertiefung der Wissenschaft
auch eine gesteigerte Wärme des kirchlichen Lebens mitgewirkt hat.

Aber, wird vielleicht noch gefragt werden, wie stand es denn,
bevor der Gallicanismus bei uns seine Vertreter gefunden hatte?
Darauf näher einzugehen, kann hier nicht am Platze sein. Jedoch
mag daran erinnert werden, daß nach dem Urtheile eines gründlichen Kenners der theologischen Literatur im Allgemeinen „die
Vertheidiger der päpstlichen Infallibilität eine weit größere Zahl
bilden" als ihre Gegner, und daß „ihre Ansicht als die gewöhn-

---

1) Werner a. a. O. 587 f.

liche und gemeinhin angenommene Ansicht der Theologen zu gelten habe"¹). Pichler's wohl ungern abgelegtes Zeugniß mag das bestätigen. Nach ihm war im siebzehnten Jahrhunderte „nicht bloß der Jesuitenorden, sondern auch der allergrößte Theil der übrigen Theologen" für die Unfehlbarkeit des Papstes²); und noch jüngst hat er wiederum es ausgesprochen: „Daß der Papst unfehlbar und über alle Concilien erhaben sei, war [zur Zeit des Leibniz] die Ansicht des weitaus größten Theiles der katholischen Theologen"³).

Was so als allgemeingiltig ausgesprochen ist wird auch für Deutschland Geltung haben. Und man braucht sich ja nur zu erinnern, daß „bis zum Beginne des achtzehnten Jahrhundertes herab die Pflege der katholischen Theologie Deutschlands fast ausschließlich in den Händen der Jesuiten lag"⁴). Eine ihrer letzten wissenschaftlichen Schöpfungen im vorigen Jahrhundert ist die schon erwähnte Würzburger Theologie, in welcher Kilber in einer ausführlichen und besonders an Widerlegung von Einwänden reichhaltigen Darstellung die Unfehlbarkeit des Papstes, wenn er ex cathedra spricht, und die Unabänderlichkeit seiner Entscheidung, auch unabhängig von der Zustimmung der Kirche, vertritt. Wie aber die Theologie der Väter von der Gesellschaft Jesu endete, so hatte sie begonnen. „Der Erste welcher sich unter den Jesuiten auf deutschem Boden durch bedeutende theologische Gelehrsamkeit hervorthat war der Castilianer Gregor von Valentia, der durch eine Reihe von Jahren in Dillingen und Ingolstadt Theologie lehrte." Eine seiner Streitschriften, die Analysis fidei catholicae (Ingolstadt 1585), hat den „Zweck zu zeigen, daß ... das im Papste repräsentirte infallible Lehramt der Kirche der absolut geforderte Hort, Garant und Wächter des wahren Christenglaubens sei." Nach ihm besitzt die katholische Kirche im Papste „den lebendigen Träger jener infalliblen Lehrautorität. So oft also der Papst in Glaubenssachen ex cathedra spricht, ist sein Ausspruch als infallible Lehrentscheidung anzuerkennen, und alle Gläubigen haben sich demselben zu unterwerfen"⁵). Und in seinem Hauptwerke, mit welchem er neben Becanus und Arriaga, Ausländern wie er, „die wiedererneute Scholastik auf deutschem Boden in großartiger Weise vertrat"⁶), lehrte er, „diese Wahrheit enthalte so sehr die Summe und die Hauptsache der christlichen Religion, daß Niemand katholisch sein könne, der sie nicht annehme"⁷).

---

1) S. unten S. 162.
2) Orient u. Occident II, 704.
3) Theologie des Leibniz II, 228.
4) Werner a. a. O. 88.
5) Nach Werner a. a. O. S. 6.
6) Werner S. 45.
7) Comment. theol. III, 1, 7, 1 bei Pichler Orient u. Occident II, 693: Quae veritas usque adeot continet summam et caput christianae religionis, ut nemo catholicus esse possit, qui illam non amplectatur.

Wie aber überhaupt die Jesuiten nicht die einzigen Vertreter des aus den Werken des heiligen Thomas von der katholischen Wissenschaft ererbten Satzes waren[1]), so waren sie auch in Deutschland nicht die einzigen Anhänger desselben.

Der Kapuziner Valerian Magni erklärte sich im siebzehnten Jahrhunderte „gegen jene Streitmethode, welche die Beweisführung gegen die Protestanten auf die Frage von der Unfehlbarkeit des Papstes hindrängt", aber nicht, weil er die letztere nicht angenommen hätte. Er meinte nur, „die Jesuiten würden besser thun, den Protestanten gegenüber die päpstliche Infallibilität, die auch er als eine theologische Wahrheit und unabweisliche Consequenz der im katholischen Lehrsystem gegebenen Prämissen anerkenne, nicht als stricten Glaubenssatz zu urgiren, da sie denn doch kein declarirtes Dogma der Kirche sei, und zu denjenigen Sätzen gehöre durch welche sich die Protestanten am allermeisten abgestoßen fühlen"[2]). Im selben Jahrhunderte noch stellte sich der Benedictiner Cölestin Sfondrati, Mailänder von Geburt, aber in St. Gallen gebildet, nach einander Lehrer der Theologie in den Klöstern Kempten und St. Gallen, sowie an der Universität Salzburg, dann Fürstabt von St. Gallen, endlich Cardinal, als Professor des kanonischen Rechtes mit einer eigenen Schrift[3]) unter die hervorragenden Vertheidiger der Unfehlbarkeit des Papstes[4]). Gegen Abschluß des siebzehnten Jahrhunderts veröffentlichte der Minorit Anton Wissingh, Professor der Theologie zu Trier, in gereimtem Latein einen „Kern der scholastischen Theologie". Er lehrt: Der Papst habe das erste, höchste und letzte Urtheil in den Streitigkeiten welche sich über den Sinn der h. Schrift erheben; er besitze rechtmäßig die Vollmacht und die Gewalt, der ganzen Kirche vorzustellen was Alle zu glauben, vorzuschreiben was sie im Leben zu thun haben; als Privatlehrer und wo er keinen amtlichen Ausspruch thue, sei er dem Irrthum ausgesetzt; wenn er aber als Papst eine Glaubensentscheidung fälle, oder hinsichtlich der Sittenregeln etwas billige oder verwerfe, könne er nicht irren[5]). Und gegen Ablauf des achtzehnten Jahrhundertes, wenige Jahre

---

1) Beispielsweise zählen zu den bedeutenderen Vertheidigern jener Lehre die Dominicaner Melchior Canus, der sich sogar durch Haß gegen die Jesuiten ausgezeichnet haben soll (Freiburger Kirchenlexicon II, 786), sein Schüler Bannes, der über gewisse Fragen aus der Gnadenlehre heftige Kämpfe mit Jesuiten führte, und Cardinal Orsi, der Kapuziner a Benettis, nach Hergenröther wohl der bedeutendste Theolog seines Ordens, der Camaldulenser Cappellari, der Barnabit Cardinal Gerdil, die Weltgeistlichen Ruard Tapper in Belgien und Ballerini in Italien.
2) Werner, Gesch. der apologet. und polem. Literatur IV, 741. Werner Gesch. der kathol. Theologie S. 9.
3) Regale sacerdotium Romano pontifici assertum. 1684.
4) Vgl. Freiburger Kirchenlexicon IV, 287; XII, 1130 f.
5) Medulla totius theologiae scholasticae ad mentem doctoris subtilis. (Trier 1695) p. 336 f.:
    Si quaeras, an pontifex sit supra scripturam
    R. Nego: Rerum artifex non vult hic rupturam

vor dem Auftreten des Febronius, läßt Fürstabt Martin Gerbert von S. Blasien, gleichfalls dem Benedictinerorden angehörig, sowohl seine Auffassung als auch die in Deutschland geltende Meinung erkennen. In einer Schrift welche zwischen Papalisten in Episkopalen vom Standpunkte eines „treuherzigen Deutschen" vermitteln sollte¹) führt er aus: „Man dürfe niemals vergessen, daß die cathedra Romana zufolge der ihr geltenden Verheißungen Christi an Petrus der Hort des indefectiblen Bestandes der Kirche sei ... Man hat in neuerer Zeit das Thema der päpstlichen Unfehlbarkeit lebhaft discutirt; die französischen Bischöfe wollten zwar der römischen Kirche die Unfehlbarkeit nicht absprechen, glaubten aber zwischen der römischen Cathedra und ihrem jeweiligen Inhaber unterscheiden zu müssen. Sollte aber diese Theorie dem Sinne nach verschieden sein von der gewöhnlichen und gemeinhin geltenden Lehre der Theologen, daß der Papst nicht irre, wenn er ex cathedra entscheide? Die Gallicaner meinen, die Gesammtheit der Bischöfe wiege mehr als der Papst, obschon er das vornehmste Glied der Gesammtheit sei; aber wird die Gesammtheit nicht erst durch den Hinzutritt des Papstes zu den übrigen Bischöfen constituirt. Käme der Fall vor, daß der Papst bezüglich eines dogmatischen Punktes alle Bischöfe wider sich hätte, so müßte man allerdings dafür halten, daß nicht der Papst, sondern die Bischöfe im Rechte seien; es ist aber nicht erlaubt, das Eintreten eines solchen Falles vorauszusetzen, der nur dann stattfinden könnte, wenn Gott seinen Verheißungen entgegen die Nachfolger des h. Petrus schutzlos sich selber und der Gefahr des Irrens überließe"²).

Marienthal bei Münster den 13. April 1870.

H. R.

    Ast habet judicium controversiarum
    Primum, summum, ultimum, in hac inventarum.
      Habet et legitimam hanc autoritatem
    In totam ecclesiam, atque potestatem,
    Ut quae credibilia cunctis sunt proponat,
    Quaeque agibilia omnibus imponat . . . . .
        Q. Circa quae sit infallibilis papae autoritas.
    R. Papa si quid sentiat ut doctor privatus,
    Non vero definiat, est errare natus;
    Errare non poterit in definiendo,
      Si ut Papa dixerit, aut praecipiendo
    Dum quid re-vel approbat circa normam morum,
    Summam nobis generat fidem sic dictorum;
    Nam in hoc praestituit normam agendorum
      Omnibus, et adimit dubia errorum.

In den weiter folgenden Versen geht der Verfasser noch auf die jansenistische quaestio juris und facti, auf die Canonisation der Heiligen u. s. w. ein.

1) De communione potestatis ecclesiasticae inter summos ecclesiae principes, pontificem et episcopos. St. Blasien 1761.
2) Nach dem Excerpt bei Werner Gesch. der kathol. Theologie S. 205 f.

Bibelstellen,

welche vielfach auf die Unfehlbarkeit des Papstes bezogen werden.

(In Allioli's Uebersetzung.)

Matth. 16, 17. Jesus aber antwortete und sprach zu ihm: Selig bist du, Simon, Sohn des Jonas; denn Fleisch und Blut hat dir das nicht geoffenbart, sondern mein Vater, der im Himmel ist.

18. Und ich sage dir: Du bist Petrus und auf diesen Felsen will ich meine Kirche bauen, und die Pforten der Hölle werden sie nicht überwältigen.

19. Und dir will ich die Schlüssel des Himmelreichs geben. Was immer du binden wirst auf Erden, das soll auch im Himmel gebunden sein, und was immer du lösen wirst auf Erden, das soll auch im Himmel gelöset sein.

Lukas 22, 31. Es sprach aber der Herr: Simon, Simon, siehe der Satan hat verlangt euch sieben zu dürfen, wie den Weizen:

32. Ich aber habe für dich gebetet, daß dein Glaube nicht gebreche; und wenn du einst bekehrt bist, so stärke deine Brüder.

Joh. 21, 15. Als sie nun Mahl gehalten hatten, sprach Jesus zu Simon Petrus: Simon, Sohn des Joannes, liebst du mich mehr als diese? Er sprach zu ihm: Ja, Herr, du weißt, daß ich dich liebe. Er sprach zu ihm, weide meine Lämmer!

16. Abermals sagte er zu ihm: Simon, Sohn des Joannes, liebst du mich? Er sprach zu ihm: Ja, Herr, du weißt, daß ich dich liebe. Er sagte zu ihm: Weide meine Lämmer!

17. Er sprach zum dritten Male zu ihm: Simon, Sohn des Joannes, liebst du mich? Da ward Petrus traurig, daß er zum dritten Male zu ihm sagte: Liebst du mich? und sagte zu ihm: Herr, du weißt Alles, du weißt, daß ich dich liebe. Er sprach zu ihm: Weide meine Schafe!

1.
Abelly, Ludwig,
Bischof von Rhodez † 1691.

Medulla theologica. Regensburg, Manz. 1860.

Im Tractat „vom Glauben" stellt Abelly bei Erörterung der Frage, wie eine ketzerische Lehre als solche zu erkennen sei, den Satz auf (Bd. I, 72 ff.):

„Auch die Entscheidung des Papstes in Glaubenssachen ist ein sehr sicheres Mittel, die wahre Lehre zu erkennen und von der irrigen und häretischen zu unterscheiden."[1]

In der Begründung dieses Satzes führt er zunächst den bekannten Ausspruch des Concils von Florenz[2] an, und folgert aus demselben,

„daß es dem Papste zustehe, in Glaubens- und Religionsangelegenheiten rechtskräftig zu erkennen, wichtigere Sachen, wozu Glaubens- und Religionssachen gehören, zu entscheiden, auftauchende Irrlehren zu verurtheilen, die Wahrheiten, welche als geoffenbarte anzuerkennen sind, festzustellen, und daß alle Gläubigen in aller Welt ihm in Sachen des Glaubens und der Religion unterworfen sind und auf seine Stimme wie auf die ihres höchsten Hirten horchen müssen.[3]

[1] Pontificis Romani authoritatem in iis quae fidem spectant esse quoque medium certissimum ad doctrinam orthodoxam dignoscendam eamque ab heterodoxa et haeretica secernendam.

[2] „Wir erklären, daß der heilige apostolische Stuhl und der römische Papst über den ganzen Erdkreis den Primat inne hat, und daß der Papst selbst Nachfolger des Apostelfürsten Petrus, wahrer Stellvertreter Christi, das Haupt der ganzen Kirche und Vater und Lehrer aller Gläubigen ist, und daß ihm in dem heiligen Petrus die Vollgewalt, die allgemeine Kirche zu weiden, zu regieren und zu leiten von unserm Herrn Jesus Christus übertragen ist, wie es auch in den Acten der ökumenischen Concilien und in den heiligen Kanonen enthalten ist." — Item diffinimus, sanctam apostolicam sedem et Romanum pontificem in universum orbem tenere primatum, et ipsum Romanum pontificem successorem esse beati Petri principis apostolorum et verum Christi vicarium totiusque ecclesiae caput et omnium christianorum patrem ac doctorem existere, et ipsi in beato Petro pascendi regendi et gubernandi universalem ecclesiam a Domino nostro Jesu Christo plenam potestatem traditam esse, quemadmodum et iam in gestis oecumenicorum conciliorum et in sacris canonibus continetur. Decr. un. Graec.

[3] Ad illum [Romanum pontificem] pertinere, de rebus ad fidem et religionem spectantibus juridice cognoscere majoresque causas quales sunt fidei ac religionis dijudicare, haereses emergentes damnare, veritates fide divina credendas definire, ipsique omnes ubique terrarum fideles in his quae fidem et religionem spectant subesse debere ac vocem illius tamquam supremi pastoris auscultare.

„Diese Lehre hat sehr gut der h. Bernhard ausgesprochen (Ep. 190 ad Innoc.), der den Papst Innocenz II. folgendermaßen anredet: ‚Deinem Apostolate muß über alle Gefahren und Aergernisse berichtet werden, welche im Reiche Gottes entstehen, und vor Allem über die Vorgänge welche den Glauben betreffen. Denn ich halte es für würdig, daß die Schäden des Glaubens vor Allem dort geheilt werden wo der Glaube keine Einbuße erleiden kann. Das ist ja das Vorrecht dieses Stuhles; denn wem ist einst gesagt: Ich habe für dich gebeten, daß dein Glaube nicht abnehme? Also enthält das Folgende eine Aufforderung an den Nachfolger Petri: Du aber, wenn du einst bekehrt bist, stärke deine Brüder.'"

Aus „dieser Lehre des h. Bernhard, welche die gemeinsame der ganzen Kirche ist (quae totius ecclesiae communis est)", zieht Abelly dann drei Folgerungen:

a. „Entsteht Streit über eine Glaubensfrage, erhebt sich eine neue Lehre, von der man zweifelt, ob sie dem Glauben zuwider sei, so besteht das sicherste Mittel, die Wahrheit zu erkennen und von jeglichem Irrthum zu unterscheiden darin, daß man sich an den apostolischen Stuhl wendet, und dort Antwort sucht wo der Glaube nicht abnehmen kann." [1]

b. „Ist vom Papst in Glaubenssachen eine Erklärung ex cathedra gegeben, d. h. wenn er nicht als einzelner Lehrer, sondern als Christi Stellvertreter und Haupt der ganzen Kirche und in entsprechender gerichtlicher Form spricht, und ist in solcher Weise eine Lehre oder These für häretisch erklärt und als solche verurtheilt, oder im Gegentheil eine Wahrheit für einen Glaubenssatz erklärt, so sind alle Christen gehalten, seinem Urtheile beizustimmen und seinen Beschlüssen zu gehorchen somit zu verwerfen was der apostolische Stuhl verdammt, anzunehmen was er annimmt, und, wie St. Hieronymus an Damasus schreibt, sich dem Stuhle Petri in Glaubensgemeinschaft zu vereinen." [2]

c. „Diejenigen, welche in einer Glaubenssache durch ein Urtheil des apostolischen Stuhles verurtheilt wurden, sind als Ketzer anzusehen." [3]

---

1) Quoties aliqua controversia in materia fidei exoritur, quoties aliquod novum dogma exurgit de quo dubitatur an fidei adversetur: certissimum medium ad veritatem dignoscendam eamque a quovis errore secernendam esse ad sedem apostolicam recurrere, et inde responsa petere ubi fides non possit sentire defectum.

2) Quoties aliquid in materia fidei definitum est a Romano pontifice ex cathedra loquente, hoc est quando loquitur non ut doctor particularis sed ut Christi vicarius totiusque ecclesiae caput, et servata legitimi judicii forma; quoties, inquam, ab illo ut sic doctrina aliqua seu propositio declarata est haeretica et ut talis damnata vel e contra quoties veritas aliqua tamquam fide credenda definita est; teneri Christianos omnes, illius judicio assentiri ac decretis obtemperare, proindeque damnare quod sedes illa apostolica damnat, approbare quod approbat, et ut loquitur S. Hieronymus, cathedrae Petri fidei communione sociari.

3) Sequitur . . ., eos qui apostolicae sedis judicio in materia fidei damnati sunt pro haereticis habendos esse.

Im Tractat „von den Gesetzen" kommt Abelly auf denselben Gegenstand zurück: er stellt den Satz auf (II, 345):

„In Glaubenssachen und in andern Sachen, welche Sitte und Kirchenzucht betreffen, ist der Papst der höchste Gesetzgeber und Richter",[1]) und beruft sich zur Begründung dieser Wahrheit, welche „von Allen zweifellos festzuhalten ist" (indubitanter ob omnibus tenenda), auf die stete Praxis der ganzen Kirche, sich in solchen Sachen an den apostolischen Stuhl zu wenden.

2.

Aichner, Simon,

Domkapitular und Professor der Theologie zu Brixen.

Compendium juris ecclesiastici. Brixen, Weger. 1862.

Aichner schreibt S. 291 ff. über „die Rechte des Papstes hinsichtlich des Lehramtes":

„Weil der Papst nach dem Concil von Florenz[2]) das Haupt der ganzen Kirche, der Vater und Lehrer der Christen ist, so gehörte es immer zu den heiligsten Rechten des apostolischen Stuhles, die Lehre Christi mit unfehlbarer Autorität zu erklären . . . und falsche Lehren abzuweisen.

„Vor Allem: wenn der Papst ex cathedra spricht, d. h. ein Dogma als Glaubenssatz vorstellt, oder einen glaubenswidrigen Irrthum mit solchen Worten verwirft, durch welche er die Absicht, nicht eine Privatmeinung, sondern die katholische Lehre auszusprechen und einen mit der geoffenbarten Wahrheit unverträglichen Irrthum zu ächten in der Art an den Tag legt, daß er alle Andersdenkende für getrennt von der Gemeinschaft der katholischen oder römischen Kirche erklärt, mit dem Banne belegt oder als Irrgläubige bezeichnet: so steht ihm, wie die Concilien klar aussprechen, die Uebereinstimmung der Väter beweist und das Verfahren der Päpste selbst erklärt, ein solches Vorrecht der Unfehlbarkeit zur Seite, daß Alle gläubig beistimmen müssen, sobald ihnen die dogmatische Entscheidung bekannt geworden. Und diese Irrthumslosigkeit des Papstes bei Entscheidungen in der Glaubens- und Sittenlehre, muß zugleich als die höchste bezeichnet werden; mit andern Worten: die vom Papste gefaßten Glaubensentscheidungen erhalten sofort, bevor die Zustimmung der Kirche hinzukommt, die Kraft, Alle und Jede zur Leistung der inneren Zustimmung des Verstandes und Willens zu nöthigen.[3]) Denn nichts ist ungereimter als die

---

1) Dicendum, in materia fidei aliisque rebus quae ad mores et disciplinam ecclesiasticam pertinent Romanum pontificem esse summum legislatorem et judicem.
2) Vgl. S. 1, Anm. 2.
3) Quia Romanus pontifex juxta Concilium Florentinum est totius ecclesiae caput, Christianorum pater et doctor, doctrinam Christi infallibili

Ansicht der Febronianer, die päpstlichen Entscheidungen in Glaubens- und Sittensachen seien nur provisorisch und ad interim, und die Gläubigen brauchten ihnen, da sie keine Glaubensregel ausmachen, nur die Achtung zu erweisen, daß sie sich für das Gegentheil aussprechen. Als ob im Heilsgeschäfte ein rein provisorischer Gehorsam und ein äußerlich erheuchelter Glaube ohne innere Zustimmung genügen könnte!"

3.

Allioli, Joseph Franz,
Domprobst zu Augsburg, früher Professor der Theologie zu München.

Die heilige Schrift des alten und neuen Testamentes. Aus der Vulgata mit Bezug auf den Grundtext neu übersetzt und mit kurzen Anmerkungen erläutert. V. Theil. Nürnberg, Stein. 1836. 6. Auflage mit zur Seite stehendem lateinischem Urtext der Vulgata. VIII. Bd. Landshut, Vogel 1846.

Zu Matth. 16, 18 f. bemerkt Allioli u. A. (V, 68; VIII, 90):

„[Christus machte den Petrus] wegen seines Glaubens und in seinem Glauben [zum Grunde seiner Kirche]; denn wie die Kirche nicht aus dem Glauben, sondern aus gläubigen Menschen besteht, so kann der Fels der Kirche auch nur der gläubige Felsenmann sein. Es war auch immer nur der sichtbare persönliche Fels, der in seinem Glauben die Kirche vor den Angriffen der Hölle, der unreinen und falschen Lehre, gerettet hat. Während alle von der Kirche sich losreißenden Secten ihre ursprüngliche Lehre mehr oder weniger im Verlaufe der Zeit aufgaben, weil sie keinen sichtbaren Einheitspunkt hatten, erhielt allein die katholische Kirche durch ihre sichtbare Grundfeste sich frei von jeder falschen Lehre, in Sachen des Glaubens und der Sitten."

Und weiterhin:

---

auctoritate definire..., falsas doctrinas propulsare ad sacratissima sedis apostolicae jura nunquam non pertinebat.
Inprimis summus pontifex, dum ex cathedra loquitur, i. e. aliquod dogma circa fidem credendum proponit, aut errorem fidei contrarium iis formulis damnat, quibus non opinionem privatam sed catholicam doctrinam se exponere erroremque revelatae doctrinae contrarium proscribere ita significat, ut, quicunque aliter sentiunt, a catholicae vel Romanae ecclesiae communione separatos esse declaret, anathemate percellat, aut haereseos censuram eis inurat, — in hac inquam hypothesi, prout concilia distincte pronuntiant, patrum consensus probat, et ipsorum pontificum acta et facta declarant, ea infallibilitatis praerogativa condecoratur quae ab omnibus confestim ac ipsis decisio dogmatica innotuerit fidei consensum exposcit. Et haec papae inerrantia in condendis fidei et morum decretis et in decidendis quaestionibus fidei simul dici debet ultima, quod perinde est ac decreta fidei a pontifice condita statim, antequam accedat ecclesiae consensus, vim obtinere omnes et singulos cogendi ad praestandum interiorem intellectus ac voluntatis assensum.

„Den übrigen Aposteln wird (Matth. 18, 18; Joh. 20, 23) auch die Binde- und Lösegewalt gegeben, aber erst nachdem Petrus zum Grundstein mit der obersten Schlüsselgewalt auf eine feierliche Weise erwählt war, wodurch sie angewiesen waren, ihre göttliche Gewalt nur in Vereinigung mit dem Haupte zu üben.... Daß übrigens die Gewalt des h. Petrus auf alle seine rechtmäßigen Nachfolger übergehen mußte, ist an und für sich klar, und daß diese Nachfolger die Bischöfe zu Rom seien, ist eine Thatsache der Geschichte. Von diesen Bischöfen sagt der allgemeine Kirchenrath von Florenz: Wir entscheiden, daß der heilige apostolische Stuhl, der römische Papst, das geistliche Vorsteheramt über die ganze Welt habe, und daß er der Stuhlerbe des h. Petrus, das Haupt der ganzen Kirche, der Vater und Lehrer aller Christen sei, und daß ihm von unserm Herrn Jesu Christo in der Person des h. Petrus die vollkommene Macht ist übergeben worden, die allgemeine Kirche zu weiden, zu regieren, zu leiten, nach der Art, wie dieses in den Verhandlungen der allgemeinen Kirche und in den heiligen kanonischen Satzungen enthalten ist."

Entschiedener tritt der Verfasser für die Unfehlbarkeit des Papstes ein in den Bemerkungen zu den Worten Christi bei Lukas 22, 31 f., deren Sinn er so angibt (V, 252; VIII, 363):

„Simon, du Grundstein meiner Kirche, der Satan wird dich, deine Brüder und alle meine Gläubigen zum Abfalle in diesem oder jenem Punkte meiner Lehre zu bewegen suchen; aber ich habe meinen Vater insbesondere für dich, weil von dir, als dem Haupte, Alles abhängt, gebeten, daß dein Glaube an den wahren Christus, wie du ihn bekannt hast, nie gebreche. Zwar wirst auch du wanken; aber du wirst dich wieder bekehren. Wenn dies geschehen ist, dann stärke im Glauben auch deine Brüder! Der Herr verspricht hier dem Oberhaupte seiner Kirche und allen seinen rechtmäßigen Nachfolgern, daß das Bekenntniß des wahren Christus, wie es Petrus abgelegt hat, der wahre Glaube nie bei ihnen aufhören werde. Dies würde geschehen, wenn sie öffentlich vor der Kirche einen Irrthum lehren oder darein einstimmen würden. Dies ist nie geschehen und wird nie geschehen."

4.
Alzog, Johannes,
Geistlicher Rath und Professor der Theologie zu Freiburg.

Handbuch der Universal-Kirchengeschichte. 8. Auflage. Mainz, Kupferberg. 1866—67.

Nach Alzog (I, 277) leidet die Nachricht, daß Papst Liberius eine arianische Formel unterschrieben habe, an „vielerlei Widersprüchen," und es „ist der Verdacht nicht ungegründet," daß sie durch die „geschäftig und schlau verbreiteten Gerüchte der Arianer entstanden oder nachmals

gefälscht" sei Papst Honorius hat in seinem „flüchtigen Privatschrei=
ben" an Sergius „über die Wirkungsweise in Christus richtig gedacht"
(I, 321 f.). Das sechste allgemeine Concil sprach das Anathem über
ihn deshalb, weil er „seiner Pflicht uneingedenk, die Häresie unvorsichtig
beförderte" (I, 324). Papst Johannes XXII. hat die Aeußerungen, in
denen man eine Häresie finden wollte, nur „gelegentlich in einigen
Predigten gemacht" (II, 153.).

Die Grundsätze der vierten und fünften Sitzung der Constanzer
Synode „waren an sich unstatthaft und verwerflich, sie paßten nicht
für einen gesunden Körper, in welchem alle Theile vereint zu gemein=
schaftlichen Zwecken wirken müssen. Darnach besteht das Haupt mit
dem ganzen Körper und in ihm; ohne dasselbe ist alles Uebrige todt. Da
das Kirchenoberhaupt zumal alle kirchliche Machtfülle in sich vereinigt, und
nach den jetzt bestimmt ausgeprägten Requisiten eines ökumenischen Concil's
der Papst es beruft und präsidirt, und seine Beschlüsse approbirt, so steht der
Papst in gewissem Sinne über dem Concil."

5.
Arnoldi, Matthias,
Professor der Theologie zu Trier.

Commentar zum Evangelium des h. Matthäus. Trier, Lintz. 1856.

Arnoldi bemerkt zu Matth. 16, 18 f. u. A. (S. 345 ff.):

„Der Herr vergleicht [die Gemeinde die an ihn glauben wird] mit einem
Gebäude. Sehr passend, da sie bestimmt ist, ihn mit all seinen gottmensch=
lichen Kräften in sich aufzunehmen und ihm sammt dem Vater und dem
h. Geiste eine heilige Wohnstätte zu sein. Sich selber stellt er als Baumeister
dar, weil sie nur durch seine Erlösungsthätigkeit zu Stande kommt. Das
Fundament soll Petrus sein, d. i. auf ihm soll sie ruhen, an ihm ihren Halt
und ihre Festigkeit haben, wie ein Gebäude auf seinem Fundamente ruht;
in ihm sollen alle einzelnen Gemeinden und Glieder sich einigen, wie die ver=
schiedenen Theile eines Gebäudes sich in dem Fundamente einigen.

„Zu der Prärogative, daß die Kirche auf Petrus werde erbaut werden,
kommt eine andere, dieselbe gewissermaßen erläuternde und weiter führende:
‚Und ich will dir die Schlüssel des Himmelreichs geben.' Sie ist wiederum
in einem Bilde ausgedrückt, welches darin mit dem vorigen übereinkommt,
daß die Vorstellung von dem Gebäude fortläuft, welches aber darin verschie=
den ist, daß jetzt von demselben als einem vollendeten die Rede ist, über
welches Petrus gesetzt wird . . . . Die Ueberreichung der Schlüssel einer festen
Burg oder einer Stadt an den Fürsten oder Eroberer ist der symbolische
Ausdruck, daß ihm die Herrschaft darüber gehöre . . . . Der Herr verheißt
also dem Petrus die höchste Machtvollkommenheit über die Kirche. ‚Und was

immer du binden wirst' u. s. w. ist die nähere Erläuterung dieser Machtvollkommenheit."

„Binden und Lösen" kommen im Talmud vielmal im Sinne von „verbieten und erlauben" vor. „Es ist aber nicht bei dieser Bedeutung stehen zu bleiben, so daß dem Petrus die Macht zugesprochen wäre, zu bestimmen was in der Kirche verboten und was darin erlaubt sein solle, sondern man muß annehmen, daß der Ausdruck allmählig die weitere Bedeutung des Gesetzgebens und Gesetzaufhebens, des Befehlens und Regierens überhaupt erhalten habe, so daß dem Petrus die Macht verheißen wird, Aufsicht zu führen über die Lehre und die kirchliche Zucht, die Macht der Ausschließung und Aufnahme, der Sündenbehaltung und Sündenvergebung."

Außerdem eignet Arnoldi sich als „schön" folgendes Wort Leo des Großen zur Erklärung des „du bist Petrus" an: „Obgleich ich der unverletzliche Fels bin, der Eckstein der aus Beiden Eins macht, das Fundament außer welchem Niemand ein anderes legen kann: so bist doch auch du ein Fels, weil du durch meine Kraft gefestigt wirst, so daß dir durch Theilnahme gemeinsam mit mir wird was mir durch Machtvollkommenheit eigen ist." [1]

6.

Berlage, Anton,

päpstlicher Hausprälat, Professor der Theologie zu Münster.

Apologetik der Kirche. Münster, Theissing. 1834. — Christkatholische Dogmatik. I. Bd. Einleitung. Ebenda. 1839.

In der ‚Apologetik' äußert sich Berlage über das „Subject der kirchlichen Unfehlbarkeit", wie folgt (S. 406 ff.):

„Die lehrende Kirche besteht . . . . aus dem Papste und den Bischöfen. Der einzelne Bischof als solcher ist nicht unfehlbar . . . . Der Papst als solcher kann ebenfalls nicht für das Subject der Unfehlbarkeit angesehen werden; denn er hat nicht die ausdrückliche Verheißung jenes Vorzugs als eines persönlichen empfangen, sondern jener Vorzug ist nur dem Apostolate verheißen; der Papst ist aber nicht der einzige Apostel, der einzige von Christus geordnete Lehrer und Regierer der Kirche, vielmehr haben die Bischöfe mit Ausnahme der leitenden Oberaufsicht dieselben Rechte und Pflichten, wie er; er kann die Thätigkeit der Bischöfe leiten und selbst in dringenden Fällen provisorische Anordnungen treffen; aber diese sind reformabel, Verordnungen

---

[1] . . . tamen tu quoque petra es, quia mea virtute solidaris, ut quae mihi potestate sunt propria, sint tibi mecum participatione communia. Leo Serm. III. in anniv. die assumpt. suae ad pontificatum c. 2.

und Bestimmungen, welche die Kirche in höchster Instanz binden sollen, können nicht von ihm, sondern nur vom gesammten Episkopate ausgehen."

Demnach „können nur die Bischöfe in Vereinigung mit dem Papste das Subject der kirchlichen Unfehlbarkeit sein ... Ihre allgemeinen Bestimmungen über das was christlichen Glaubens ist sind unfehlbar ..., und es ist in dieser Beziehung gleichgültig, ob sie vereint auf einem Concilium, mündlich berathend, oder ob sie in ihrer Trennung dieselben fassen und geben."

„Für den Fall, daß unter den Bischöfen selbst ein Streit der Meinungen entstehe" lehrt Berlage:

„Wenn der Streit der Meinungen einen Gegenstand betrifft, der in der That in der christlichen Ueberlieferung nicht mit der gehörigen Klarheit und Bestimmtheit hervortritt, der andere christliche Ideen und Ueberzeugungen nicht gefährdet, so hat sich die Kirche einer bestimmten Entscheidung stets enthalten; ist jedoch ... eine Entscheidung ein dringendes Bedürfniß ..., so kann die wahre Entscheidung nur bei dem Theile der Bischöfe sein, der das Urtheil des Papstes für sich hat; diese Annahme erheischt die Idee des Papstes als des Oberhauptes der Kirche und des Mittelpunctes der Einheit, so wie die dem Petrus ausdrücklich gegebene Verheißung, daß auf ihm die Kirche fest erbauet werden solle. Daß aber hieraus nichts für die persönliche Unfehlbarkeit des Papstes folge ..., bedarf keiner näheren Nachweisung."

In seiner „Dogmatik" hat Berlage später bei der Darlegung der „symbolisch-kirchlichen Aufgabe der Dogmatik" sich über die päpstlichen Entscheidungen in Glaubenssachen näher ausgesprochen (I, 294):

„Daß nur wahrhaft kirchliche Glaubensentscheidungen dogmatische Bedeutung haben ... das versteht sich von selbst. Nur die Glaubensentscheidungen der lehrenden Kirche als solcher haben nach der katholischen Ansicht eine absolute unfehlbare Autorität. Die lehrende Kirche bilden aber der Papst und die Bischöfe ... Alles daher, was vom Papste in Gemeinschaft mit den Bischöfen entschieden wird, das bindet den Glauben des Katholiken; was dagegen vom Papste getrennt von den Bischöfen oder von den Bischöfen ohne Zuziehung des Papstes entschieden wird, das hat keine verbindliche Kraft. In Hinsicht der Zustimmung der Bischöfe ist es nun nach meiner Ansicht durchaus gleichgültig, ob die Anzahl derselben eine größere oder geringere ist. Das Oberhaupt der Kirche hat von Christus vorzugsweise die Verheißung erhalten, und seine Stimme entscheidet deshalb. Die Bischöfe haben zwar auch jene Verheißung; allein hieraus folgt doch höchstens nur, daß der Papst für sich allein keine dogmatische Entscheidung geben könne, nicht aber folgt daraus, daß die Gültigkeit der päpstlichen Entscheidung abhängig gemacht werden dürfe von der größeren oder geringeren Anzahl der zustimmenden Bischöfe. Dieser Annahme widerstrebt vielmehr durchaus der dem Petrus von Christus so nachdrücklich eingeräumte Vorzug, und wie sollten überhaupt in einer so wichtigen Angelegenheit Zahlen etwas entscheiden können? Zur Zeit des Arianismus war vielleicht die größere

Anzahl der Bischöfe auf Seite der häretischen Partei; wie stände es daher um die Gültigkeit der Nicänischen Entscheidung, wenn jene Ansicht die richtige wäre? Zu den streng symbolisch=dogmatischen Entscheidungen der Kirche gehören daher nicht bloß die auf allgemeinen Concilien verfaßten Symbole, sondern es gehören dazu auch die Glaubensentscheidungen welche das Oberhaupt der Kirche in Gemeinschaft mit seinem um ihn versammelten Bischofs= collegium abgibt. Solchen feierlichen Entscheidungen des Oberhauptes werden allerdings die Bischöfe beitreten; allein wo etwa ein Widerspruch erfolgt, das Oberhaupt der Kirche aber in Verbindung mit einer größeren oder geringeren Anzahl von Bischöfen bei seinen Entscheidungen beharrt, da sind sie wesentlich irreformabel und es bedarf zu ihrer Gültigkeit nicht der Zustimmung des g e s a m m t e n Episkopats. Es ist dieses zwar eine Ansicht worüber in der älteren Zeit, vorzüglich in der französischen Kirche, heftig gestritten wurde, und worüber immer noch gestritten wird; allein es sollte dieser Streit schon längst nach meiner Ansicht sein Ende gefunden haben. Der Dogmatiker darf und muß also nicht bloß die Concilienbeschlüsse, sondern er darf auch die feierlichen Decisionen der Päpste für seinen Zweck benutzen."

Jüngst hat Berlage dann noch seine Ansicht wieder kundgegeben in einer durch die Münster'sche Döllinger=Adresse veranlaßten Erklärung: unter entschiedenster Mißbilligung jeder Agitation äußert er hier, daß ihn „sowohl Opportunitätsgründe, als auch innere sachliche Gründe" zu dem „dringenden Wunsche bestimmen, daß die Infallibilität des Papstes nicht dogmatisirt werde, sondern eine offene Frage bleibe." (Köln. Volkszeitung).

7.

Beyr, Matthias,

Professor der Theologie zu St. Pölten.

Institutiones theologiae dogmaticae. Pars I. Apologetica christiano-catholica. Wien, Braumüller und Seidel. 1847.

Das Subject der kirchlichen Unfehlbarkeit ist nach Beyr (S. 287) „das in Petrus geeinigte apostolische Collegium, oder das Petro=apostolische Lehramt." [1]) Und zwar:

„1) ist gewiß, daß nicht die Diakonen und Priester der Träger der Infallibilität sind" (S. 289). . . . 2) „Auch sind es nicht die Bischöfe allein, wenn sie auch alle vereint sind . . . Sie sind zwar der Körper des heiligen Lehramtes, aber der Primas ist das Haupt; ohne dieses . . . kann jener sein Ziel nicht erreichen. Aus gleichem Grunde 3) ist es auch nicht der Papst allein. . . . Ein so einziges göttliches Vorrecht in seinem ganzen Umfange

---

1) Collegium apostolicum in Petro unitum seu magisterium Petro-apostolicum.

ihm zuzuschreiben, verhindern Zeugnisse der h. Schrift und der Geschichte" (S. 290 [1]).

Weiter entwickelt der Verfasser (S. 292 ff.) seine Auffassung so:

„Beachten wir aber Lukas 22, 31 f., so ist sicher und fest zu glauben, daß das Haupt der Kirche durch den h. Geist so geleitet wird, daß es nie vom wahren Glauben abfallen wird, und auch als solches, d. h. wenn es e cathedra spricht, nicht abfallen kann; denn die Kirche ist deshalb siegreich über alle Anfeindungen der Hölle, weil sie (Matth. 16, 17 f.) auf jenes als ihr Fundament gebauet ist [2]). Daher muß man in dieser Beziehung unterscheiden zwischen dem Glauben der schon zum Bewußtsein der Kirche entwickelt und feierlich ausgesprochen ist, und dem Glauben der noch entwickelt werden muß. In ersterer Beziehung hat der Papst nie geirrt und wird nie irren.... Aber auch zu dem Glauben der noch von neuem zu entwickeln ist steht der Papst in besonderer und hervorragender Beziehung. Diese gibt der h. Irenäus (III, 3) erschöpfend an... Wegen der Primatial-Autorität der römischen Kirche ... nämlich mußte dieser Glaube, sobald er zum lebendigen Bewußtsein der Kirche erweckt war, alle Partialkirchen durch seinen natürlichen Trieb nach Rom ziehen und sie vermögen, alle ihre kirchlichen Angelegenheiten jener Kirche mitzutheilen, um die Einheit des wahren Christi einzusaugen und zu offenbaren. Damit so die römische Kirche der Ordnung des Herrn entsprechend das Centrum der ganzen Kirche würde, mußte sie durch den h. Geist so geleitet werden, daß alle wahrhaft apostolischen Traditionen zu ihr zusammenflossen, und sie ... Born und Behälter derselben wurde. Daher wird der Papst, wenn er e cathedra spricht, da er das Fundament des wahren Glaubens (Matth. 16, 17 f.) ist und vermöge des Gebetes Christi (Luk. 22, 31 f.) von demselben nie abfällt, auch neu entstandene Fragen über die göttliche Glaubenshinterlage in Folge der natürlichen, durch den h. Geist entwickelten und bewahrten Beziehung der römischen Kirche zur allgemeinen Ueberlieferung immer dieser entsprechend lösen und diese nach dem Vorgange Petri (Matth. 16, 16.) zuerst aussprechen [3]).

---

1) Matth. 16, 17 f. handle theils vom Primat, theils von der Infallibilität, sei aber nur in ersterer Hinsicht allerseits auf Petrus zu beziehen. „Sie," die Kirche, solle siegen. Zu dieser Unbesiegbarkeit der Kirche stehe allerdings Petrus in innerer Beziehung, da sie deshalb unbesiegbar genannt werde, weil sie auf ihn gebaut sei; aber man müsse doch noch eine Unterscheidung machen, zumal da alle übrigen Stellen über die Infallibilität durchaus nur von der Kirche, d. h. von dem mit Petrus vereinten Apostel-Collegium verstanden werden. In geschichtlicher Hinsicht weist der Verfasser auf die allmälige Entwicklung des Primats hin. „Wenn also die Unfehlbarkeit nicht in der Kirche niedergelegt wäre, so würde in jenen [früheren] Jahrhunderten von Christus schlecht für die Entwicklung und Bewahrung der wahren Offenbarungen gesorgt gewesen sein."

2) ... id certum est et firma fide tenendum, primatem ecclesiae per spiritum sanctum ita dirigi, ut nunquam a vera fide defecturus sit, nec etiam qua talis, i. e. e cathedra loquens, unquam deficere possit.

3) Quapropter pontifex Romanus e cathedra loquens, cum verae fidei (Mtth. 16, 17 f.) sit fundamentum, et (Luc. 22, 31 f.) ab illa ex precibus Christi nunquam deficiat, quaestiones de divino deposito, etiam noviter

Aber das fortschreitende Wohl der Kirche fordert noch mehr. Denn es handelt sich nicht darum, was an sich und bis jetzt wahr sei; denn die Offenbarung ist eine Thätigkeit Gottes, welche die menschliche Natur religiös erzieht und entwickelt. Daher liegt der Kern der Frage darin, wie die Güter des Reiches der Wahrheit, die schon festgestellten, wie die noch festzustellenden, allen geschichtlich sich gebenden Bedürfnissen dieser Natur gemäß entwickelt und heilsam angewendet werden können. Es wird deshalb eine genaue Untersuchung dieser Natur in allen ihren religiösen Bedürfnissen mit Rücksicht auf das göttliche Heilmittel durchaus erfordert. Dazu aber hat Christus den ganzen und vollen Organismus seines Lehramtes eingesetzt und leitet ihn durch den heiligen Geist. Und wenn also der Papst, nach Berathung entweder mit dem ganzen Apostolat, oder mit den Gliedern desselben deren Heerden aus Bedürfniß ein solches Studium gemacht, den Glaubensschatz Christi entfaltet und als Mund des Apostolats ausspricht: dann sind seine Entscheidungen nicht bloß in sich wahr und wirklich, sondern auch geeignet zur Heilung aller vorhandenen Bedürfnisse, also wahrhaft katholisch.... oder unfehlbar [1]."

Demgemäß spricht Behr weiterhin von einer „relativen Unfehlbarkeit des Papstes"; und wo er endlich nach dem letzten Glaubensgrunde frägt, stellt er den Satz auf: letzter und einziger Glaubensgrund sei das Ansehen der von Christus eingesetzten Kirche, d. h. des Petroapostolischen Lehramtes (S. 296), welches sich ausspreche auf einem Concil oder als zerstreute Kirche, in letzterem Falle in der Weise die sich aus dem Vorstehenden ergebe (S. 305).

8.

Bisping, August,

Professor der Theologie zu Münster.

Exegetisches Handbuch zum neuen Testament. I.—III. Bd. 2. Auflage. Münster, Aschendorff. 1867—69.

Bei der Erklärung von Matth. 16, 18 f. bespricht Bisping (I, 345 f.) zunächst das Wort „Fels", und erklärt den Ausspruch vieler Väter,

---

ortas, ex naturali, per spiritum sanctum evoluta et servata, relatione ecclesiae Romanae ad universalem traditionem h u i c quidem semper convenienter solvet, hancque ad instar S. Petri (Mtth. 16, 16) primus pronuntiabit.

[1] Et si ita pontifex Romanus, collatis consiliis suis aut cum universo apostolatu aut cum illis membrorum ejus quorum greges tale studium ex indigentiis fecerunt, depositum Christi evolvit et ceu os apostolatus pronuntiat: tum decisiones ejusmodi non solum in se verae ac reales, sed simul quibusvis actualibus indigentiis sanandis convenientes, ergo vere catholicae, seu, ut in Act. 15, 28 legitur, spiritus s. et ejus i. e. ecclesiae, i. e. infallibiles sunt.

darunter „sei der Glaube Petri, sein Bekenntniß gemeint." „Der Glaube Petri oder sein Bekenntniß ist Fels der Kirche, das soll heißen: **Petrus ist Fels der Kirche kraft seines Glaubens oder seines Bekenntnisses.**" Indem der Verfasser dann den Uebergang des hier verliehenen Primates Petri auf die römischen Bischöfe erhärtet, bemerkt er u. A. (I, 347): „Unser Heiland sagt nicht blos, Petrus sei der Fels, auf welchen die Kirche gegründet werden solle, sondern zudem auch, daß diese Kirche in Folge dieses Fundamentes unüberwindlich und unvergänglich sein werde. Wird also das Fundament weggenommen, so hört eben damit ihre Festigkeit auf, sie stürzt zusammen."

Aus seiner Erklärung von V. 19 hebe ich folgendes aus:

„Wurde [Petrus V. 18] als das Fundament der sichtbaren Kirche bezeichnet, so erscheint er hier als der Verwalter der . . . Kirche und ihrer geistlichen Schätze. Die Uebergabe der Schlüssel eines Hauses galt nämlich von jeher als Symbol der Ausstattung mit der höchsten Vollmacht, über das Haus und seine Bewohner zu schalten, dasselbe zu beaufsichtigen, zu regieren, zu bestimmen, ob Jemand in dasselbe aufgenommen werden solle oder nicht u. s. w. Aus dieser höchsten Verwaltungs- und Regierungs-Vollmacht hebt der Herr in ‚und was du irgend gebunden haben wirst u. s. w.' noch die **gesetzgebende und richterliche** Gewalt besonders hervor. Die beiden Ausdrücke ‚binden' und ‚lösen' nämlich bezeichnen nach damals gangbarem jüdischem Sprachgebrauche zunächst allerdings nur ‚verbieten und erlauben' . . ., also die **gesetzgebende** Gewalt; allein da die gesetzgebende Gewalt ohne die **richterliche** nicht bestehen kann . . ., so haben die beiden Ausdrücke auch die Bedeutung von ‚verurtheilen, lossprechen.' Und da es sich hier um eine Gewalt für ‚das Reich der Himmel' handelt, so umfaßt diese Binde- und Lösegewalt sowohl die **Lehre** als auch das **Leben**, also: die Entscheidung in Glaubensfragen, die Handhabung der Disciplin und die kirchliche Gesetzgebung, endlich die richterliche Gewalt über die Gewissen, das Behalten und Vergeben der Sünden. Alles was Petrus in diesen Puncten ‚auf Erden' d. i. in der sichtbaren Kirche thun wird, das soll **sofort** . . . ‚im Himmel' d. i. vor Gott Gültigkeit haben; er soll also der sichtbare Stellvertreter Gottes auf Erden sein. Es wird mithin hier dem Petrus der **Primat**, nicht bloß der Ehre, sondern der Machtvollkommenheit über die ganze Kirche, also auch über die übrigen Apostel verheißen" (I, 350 f.).

Schließlich wird das Ganze in folgenden Worten zusammengefaßt:

„Der Herr verheißt hier dem Petrus, daß er ihn zum Fundamente, zum Stütz- und Einheitspunkte seiner Kirche, zu seinem ersten Bevollmächtigten in derselben und zum obersten Verwalter ihres Gnaden- und Wahrheitsschatzes, endlich zum höchsten Gesetzgeber und Richter in derselben machen wolle" (I, 351 f.).

Zu Lukas 31 f. bemerkt Bisping (II, 447):

„Bereits ist einer von den Aposteln ihm [dem Satan] zugefallen; auch die übrigen will er zum Abfalle vom Glauben verführen. Da somit die Gefahr für alle Apostel gemeinsam ist, so bittet der Heiland in seinem hohenpriesterlichen Gebete für alle seine Jünger; für Petrus aber hat er ganz besondere Fürbitte eingelegt, damit sein Glaube nicht ausgehe, weil die Beharrlichkeit aller Uebrigen gesichert ist, wenn das Haupt nicht überwunden wird. Und Jesus weiß, daß der himmlische Vater sein Gebet erhört hat; er weiß, daß Petrus trotz der zeitweiligen Untreue der Verläumbung .... im tiefsten Grunde nicht wird überwunden werden, daß derselbe vielmehr aus seinem momentanen Falle sich erheben und fortan eine um so festere Stütze für den Glauben und die Treue seiner Mitjünger sein wird. Petrus sollte durch diese Worte schon vor seinem Falle inne werden, wie schwach er sei...; nach dem Falle aber sollten sie ihn vor dem Falle bewahren. Wiederum aber liegt in diesem weltgeschichtlichen Ausspruche nicht bloß der **Primat des Petrus**, sondern zugleich auch die **Würde und Aufgabe** dieses Primats für alle Zukunft angedeutet."

Das Gespräch zwischen Christus und Petrus bei Joh. 21, 15 ff. endlich erklärt Bisping folgendermaßen (III, 464 f.):

„Es stand bevor die Stunde, wo Christus ... aus dieser Sichtbarkeit scheiden, und mithin das Amt seines Stellvertreters auf Erden beginnen sollte. Zu diesem seinen Stellvertreter hatte er bereits den Petrus erwählt; damals als dieser vor allen andern Jüngern seinen unerschütterlichen **Glauben** an Jesum als den Messias und Sohn Gottes bekannte, hatte der Herr ihm den Primat über seine Kirche **verheißen** (Matth. 16, 16 ff.) In diesem seinem Glauben war Petrus nicht wankend geworden, aber die **Liebe** des Glaubens war bei ihm nicht stark genug gewesen; furchtsam und feige hatte er seinen göttlichen Meister verläugnet. Hatte nun der Herr wegen dieses tiefen Falles des Petrus die diesem gethane Verheißung nicht vielleicht zurückgenommen? Diese bange Frage mußte sich dem Petrus selbst und seinen Mitaposteln aufdrängen. Daher fragt der Herr den Petrus ob er ihn liebe, und er stellt ihn **dreimal** diese Frage, um ihn schonender Weise an seine dreimalige Verläugnung zu erinnern... Er frägt ihn zuerst, ob er ihn mehr liebe **als die anderen Jünger**, um anzudeuten, daß Petrus mit dem Primate **der Rechte** in Christo und seiner Kirche auch den Primat **der Liebe** zu Christo und seiner Kirche verbinden müsse, daß, je höher seine Stellung über den andern Aposteln, um so feuriger auch seine Liebe sein solle.... Mit den Worten ‚weide, hüte meine Lämmlein, Schäflein, Schafe'¹) überträgt dann Jesus dem Petrus die Obhut über seine Gesammtheerde, die Kinder sowohl als Mütter, also über **alle Gläubigen**, Vorsteher sowohl als Untergebene. Die Diminutiva ‚Lämmlein' V. 15 und ‚Schäflein' V. 17 sind nämlich nicht bloß zärtliche Ausdrücke einer gerührten und tiefbewegten Rede, sondern bezeichnen zugleich die noch schwachen Gläubigen, die Anfänger im Glauben, im Gegensatze zu den Gereiften, Starken, die ‚Schafe' genannt werden. Den Diminutiv-Be-

---

1) Nach dem Griechischen.

zeichnungen entspricht das doppelte ‚weide', wohingegen bei ‚Schafe' passend ‚hüte' steht. Denn ‚weiden' drückt mehr die ernährende, ‚hüten' mehr die leitende und regierende Thätigkeit des Hirten aus. Die Schwachen soll er weiden und nähren auf der Weide guter Lehren; die Starken aber leiten und lenken auf dem rechten Wege des Glaubens und der Liebe."

9.
Bittner, Franz,
Professor der Theologie zu Breslau.

De civitate divina commentarii. Mainz, Kupferberg. 1845.

In diesem Compendium der Dogmatik wird nur im Allgemeinen folgender Satz über den Träger des unfehlbaren Lehramtes der Kirche aufgestellt: blos die Apostel und ihre Nachfolger, die Bischöfe, haben Theil an demselben; jedoch nur in ihrer Gesammtheit und unter Voraussetzung der Bestätigung ihres Ausspruches durch den Primat (S. 189 f. [1]).

10.
Brenner, Franz,
Domdechant und Professor der Theologie zu Bamberg.

Katholische Dogmatik. I. Bd. Generelle Dogmatik. Frankfurt a. M., Wesché. 1826. [2])

Brenner schreibt über das „Organ der Unfehlbarkeit" (S. 219 f.):

„Das Organ, durch welches Gott für die Reinerhaltung der Lehre Christi sich wirksam erweiset, sind die Apostel und ihre Nachfolger, die Bischöfe, denn:

„1) Alle jene Reden, worin Christus von einem höheren Beistande spricht, gehen zunächst seine Apostel, und in diesen ihre eigentlichen Nachfolger, die Bischöfe an. 2) Nur die Apostel und an ihrer Stelle die Bischöfe sind die höchsten Lehrer und Führer der Gemeinden, denen auch die Presbyter untergeordnet sind.... 3) Die Geschichte sagt, daß, wenn es um unfehlbare Bestimmungen von Glaubenslehren zu thun war, man sich immer nur an die höchsten Vorsteher in der Kirche wandte...."

„Dieser Beistand kommt jedoch den Kirchenvorstehern nicht einzeln, sondern nur in der Gesammtheit zu, oder die Kirche ist es, durch welche Gott die Wahrheit in Schutz nimmt."

---

1) Qui magisterio ecclesiae falli nescio praesint, non sunt nisi apostoli eorundemque legitimi et proprii successores episcopi; verumtamen non singulorum sed cunctorum oraculum est divinum idque principatus Petrini suffragio sancitum.

2) Die spätere Umarbeitung, welche Brenner als ‚System der katholischen speculativen Theologie' (Regensburg 1837) erscheinen ließ, war mir nicht zugänglich.

„Da übrigens räumliche Veränderungen das Wesen der Kirche nicht berühren, so hat sich dieselbe der Unfehlbarkeit zu erfreuen, sie mag nun nach dem Aufenthalte der Bischöfe die zerstreute oder versammelte Kirche bilden."

11.
Calmet, Augustin,
Benedictiner aus der Congregation von St. Vanne, Abt von Senones, † 1757.

Commentarius literalis in omnes libros novi testamenti latinis literis traditus a Joanne Dominico Mansi. Tom. I. et II. Würzburg, Rienner. 1787.[1]

Calmet begründet aus den bekannten Bibelstellen den Primat. „Ich will dir die Schlüssel des Himmelreiches geben" heißt: „Ich bestelle dich zum Verwalter (procurator et oeconomus) meines Hauses." „Das Himmelreich ist die Kirche; hier übt Petrus die höchste Gewalt, hier bindet und löset, schließt und öffnet er." „Und gleiche Macht haben seine Nachfolger; sie verbieten und erlauben, sprechen frei und verurtheilen, lohnen und strafen nach der Norm und den Gesetzen welche Gottes Sohn und der heilige Geist eingesetzt haben, deren Diener und Stellvertreter sie sind" (I, 325). — „Unter den Lämmern und Schafen (Joh. 21, 16) sucht man vergebens ein Geheimniß oder einen Unterschied; beide Ausdrücke bezeichnen dasselbe. Die Sorge für die ganze Kirche oder Heerde wird Petrus, als dem Apostelfürsten, übertragen. Petrus ist nicht bloß Hirt der Schafe, sondern gewissermaßen auch der Apostel" (II, 2, 271). — Das Gebet des Herrn, daß Petri Glaube nicht abnehme, erklärt Calmet: „Du wirst erschüttert, aber nicht so besiegt werden, daß du im Glauben fällst," oder: „Petri Glaube wurde verwundet, aber nicht ausgelöscht; es blieb des Glaubens Wurzel in seiner Seele und sie erblühte sofort wieder durch die Buße." Dann fügt er hinzu: „Petri Glauben ist nach dem h. Leo gewissermaßen der der ganzen Kirche, welcher nicht ausgehen kann: ‚Die Festigkeit jenes Glaubens, welcher an dem Apostelfürsten gelobt wurde, ist eine immerwährende'. Auf diesem festesten Steine ruht wie auf seinem Fundamente der Glaube aller Gläubigen, und kann dort keinen Schaden nehmen: ‚denn ich halte es für würdig, daß des Glaubens Schäden dort geheilt werden wo der Glaube keine Abnahme erleiden kann', sagt St. Bernhard."

---

1) Das französische Original erschien zuerst zu Paris 1707—16; Mansi's Uebersetzung zuerst 1730—38.

Das „befestige deine Brüder" bezieht Calmet nicht ausdrücklich auf Petri Nachfolger (II, 1, 209 f.).

12.
Denzinger, Heinrich,
Professor der Theologie zu Würzburg.

Enchiridion symbolorum et definitionum quae de rebus fidei et morum a conciliis oecumenicis et summis pontificibus emanarunt. 4. Auflage. Würzburg, Stahel. 1865.

Denzinger legt im Vorworte seinen Standpunkt so dar (S. VI f.):

„Es gibt zwar Viele welche die dogmatischen Bestimmungen des h. Stuhles unter dem Vorgeben gering anschlagen, daß die Unfehlbarkeit des Papstes noch nicht ausgesprochen (definita) sei. Darüber weitläufiger zu sprechen ist nicht unsere Aufgabe; wir bemerken nur, daß des Papstes höchstes Lehramt in der ganzen Kirche von zwei ökumenischen Concilien, dem zweiten Lyoner und dem Florentiner, ausgesprochen ist, und daß selbst die Gallicaner ein solches Vorrecht offen anerkennen, und ohne Bedenken einräumen, daß man den dogmatischen Bestimmungen des Papstes wenigstens vorläufig auch inneren Gehorsam schulde. Außerdem bemerken wir, daß es keine Entscheidung der Päpste giebt welche von der allgemeinen Kirche nicht ausdrücklich oder stillschweigend angenommen wäre, und daß es daher durchaus nicht freisteht, sie unter irgend welchem Vorwande zu bekämpfen oder außer Acht zu lassen. Wir unsererseits werden, um es kurz zu sagen, gestützt auf die sichersten Belege aus der heiligen Schrift und der Tradition, ohne jedes zögernde Zweifeln und ohne jede mißtrauische Einschränkung festhalten, daß der Papst in Wahrheit, wie das Florentiner Concil sagt, der Vater und Lehrer aller Christen ist. Des Glaubens, daß Ketzereien und Spaltungen hauptsächlich deshalb entstehen, weil man sich nicht an die Quelle und Wurzel der kirchlichen Einheit hält, werden wir bekennen, daß der Papst jener Fels ist, auf welchen Christi Kirche gebauet wurde, und aus dem sie jene unentwegte Festigkeit zieht, mit der sie die Pforten der Hölle stets als Siegerin besiegt, und Irrthum und Sünde für alle Zeiten von sich fern hält. Mit dem ehrwürdigen Alterthum werden wir bekennen, daß der h. Petrus durch seine Nachfolger spricht und, belehrt durch die Offenbarung des himmlischen Vaters, seine Brüder immerdar stärkt."

13.
Dieckhoff, Bernard,
Professor der Theologie zu Münster.

Compendium ethicae christianae catholicae. Fasc. I. Paderborn, Schöningh. 1852.

Wie kann man erkennen, frägt Dieckhoff (S. 34) in der Erörterung über die Quellen der Moraltheologie, ob überhaupt etwas und was von der Kirche über eine Sittenfrage bestimmt sei? Die Antwort nennt an erster Stelle die allgemeinen Concilien und legt weiterhin den Particularsynoden „ein nicht geringeres Ansehen (non minor autoritas)" bei, für den Fall, daß sie vom apostolischen Stuhle bestätigt seien.

„Denn was man auch von der Unfehlbarkeit des Papstes selbst halten mag: das kann kein Katholik leugnen, daß seine und der Bischöfe gleichlautende Stimme die Stimme der unfehlbaren Kirche ist. Verwegen aber wäre es, zu behaupten, daß durchaus die Uebereinstimmung, zumal die formelle, der Mehrheit der Bischöfe mit dem Papste erfordert werde, damit eine Lehre als Lehre der Kirche bezeichnet werden könne. Denn da die einzelnen Bischöfe irrthumsfähig sind, wie sollte da nicht auch ihre Mehrzahl einmal in Irrthum fallen können? [1])

„Da aber nicht bloß der versammelten, sondern auch der zerstreuten Kirche (ecclesia dispersa) mit Recht die Unfehlbarkeit beigelegt wird, so muß man auch behaupten, daß aus den Entscheidungen des Papstes, denen die Bischöfe, wenn auch stillschweigend, zugestimmt haben, eine Richtschnur für die Lehre in der Moral sowohl wie in der Dogmatik herzuleiten sei." [2])

14.

Dieringer, Franz Xaver,

Domkapitular und Professor der Theologie zu Bonn.

Lehrbuch der katholischen Dogmatik. Mainz, Kirchheim. 1847. 5. Aufl. 1865. — Laienkatechismus über Religion, Offenbarung und Kirche. Ebda. 1865. 2. Aufl. 1868. — Aufsätze in Aschbach's ‚Kirchenlexicon'. — Recensionen im Bonner ‚Theolog. Literatur-Blatt'.

In der ‚Dogmatik' schreibt Dieringer (S. 560; 5. Aufl., S. 623):

„**Träger der kirchlichen Unfehlbarkeit ist der göttlich instituirte Lehrkörper, der mit dem Oberhaupte vereinigte Episkopat der Gesammtkirche.** Dies folgt aus der wesentlichen Identität der nachapostolischen Kirche mit der Urkirche und wird daher auch von allen Katholiken gläubig anerkannt. Die Verheißung der

---

1) Quidquid enim aliquis de infallibilitate ipsius summi pontificis conseat, certe ipsius et episcoporum consonam vocem infallibilis ecclesiae vocem esse, nullus homo catholicus negare potest. Atqui temerarium foret contendere, majoris omnino episcoporum partis cum summo pontifice de aliqua doctrina consensum, formalem praesertim requiri, ut haec ecclesiae doctrina appellari possit. Etenim quum singuli episcopi erroris obnoxii sint, quis infitietur fieri posse, ut etiam major eorum pars aliquando in errorem delabatur?

2) Atque etiam, quum non modo congregatae, sed etiam dispersae ecclesiae infallibilitas jure tribuatur, hoc statuendum est, ex summi Pontificis declarationibus, quibus episcopi, licet tacite, assensi fuerint', doctrinae normam in ethica pariter ac dogmatica peti posse.

Irrthumslosigkeit ist nämlich nicht jedem einzelnen Kirchenvorsteher für sich, sondern denselben insgesammt gegeben worden, weshalb auch die Apostel, wo sie nicht als Organe der Offenbarung, sondern als Hierarchen auftraten, über die obschwebenden Lebensfragen gemeinschaftlich verhandelten und entschieden (Apstg. 15, 5 ff. Gal. 2, 2 ff.). Nicht darauf kommt es an, daß jeder Verkünder der Wahrheit irrthumsunfähig sei, sondern darauf, daß die Kirche nicht irre, und daß sich alle ihre Lehrer katholisch an einander schließen, um in demselben h. Geiste an der Unfehlbarkeit der Kirche zu participiren. Hiebei ist es für das Wesen der Sache gleichbedeutend, ob die **zerstreute** oder die **conciliarisch versammelte Kirche** sich über obschwebende Fragen entscheidend äußere; erforderlich ist nur, daß sich der autorisirte Lehrkörper zu einem bestimmten Satze bekenne. Daher kann nicht allein der Beschluß einer Particularsynode, sondern selbst der Ausspruch eines Einzelnen durch den Beitritt der Gesammtkirche allgemein verbindende Kraft gewinnen. In besonders wichtigen, tief in's kirchliche Leben eingreifenden Fragen ist es der Natur des Verhältnisses angemessen, daß allgemeine Concilien zusammentreten und im h. Geiste berathen und definiren.

„Controvers ist unter den katholischen Theologen lediglich, ob die **Lehrentscheidungen des Oberhauptes der Kirche schon an sich**, insofern er überhaupt in der Qualität (ex cathedra) handelt, unfehlbar seien, oder ob sie unfehlbar erst **werden**, durch den ‖wenigstens stillschweigenden, aus der Nichterhebung einer Einsprache zu constatirenden‖ [1]) Beitritt des Episkopats, wie etwa auch die Lehrentscheidungen der allgemeinen Kirchenversammlungen durch die päpstliche Bestätigung ihre Vollendung gewinnen; ob also die kirchliche Unfehlbarkeit ausschließlich oder doch vorzugsweise im Haupte oder in den Gliedern beruhe. Diese Frage scheint an der Schwierigkeit aller derjenigen zu leiden, welche das Zusammengehörige auseinanderlegen und dann eine Entscheidung über die absolute Wichtigkeit des Einzelnen verlangen. Die . . . . Gründe und Gegengründe sind im Wesentlichen folgende:

„**Die Unfehlbarkeit der Kirche beruht in der Gesammtheit des Episkopats, dessen Oberhaupt der Papst ist**; denn a. es ist nicht nothwendig, daß Ein Hirt der Kirche, wohl aber, daß die Kirche unfehlbar sei; b. die dem h. Petrus verliehene Indefectibilität bezieht sich auf seine Stellung als eines inspirirten Organes der Offenbarung; c. die Kirche ist unfehlbar, auch wenn der zeitliche Papst gestorben, oder wenn es nicht zu ermitteln ist, welcher unter mehreren Gegenpäpsten die Legitimität besitze; d. wäre der Papst unfehlbar, dann würden die allgemeinen Concilien überflüssig sein; e. die kanonischen Satzungen geben die Möglichkeit zu, daß ein Papst in die Häresie verfalle, und diese Möglichkeit würde zur Wirklichkeit werden, wenn die Lehre eines Papstes zur Lehre aller Bischöfe in Widerspruch träte (C. 6. Dist. XL); f. etliche Päpste haben in Sachen des Glaubens wirklich geirrt [2]).

---

1) Das in ‖ ‖ Eingeschlossene hat die erste Auflage nicht.
2) „Von einiger Wichtigkeit sind nur Liberius, Vigilius, Honorius und Johannes XXII. Der Fall des Honorius gilt als der wichtigste."

„Die andere Auffassung, daß die Unfehlbarkeit im Oberhaupte der Kirche beruhe, stützt sich auf diese Gründe: a. die dem h. Petrus auch in Beziehung auf die Lehre göttlich verliehene Bevorzugung kann vernünftiger Weise nur auf seine Stellung als des Oberhauptes der Kirche bezogen werden; b. diese Bevorzugung involvirt die Unfehlbarkeit des Papstes, indem nur deshalb alle Hirten und Heerden verpflichtet sein können ihm zu gehorchen, weil sein Glaube niemals irrig wird; c. durch die allgemeinen Concilien soll die Wahrheit nicht erst ermittelt, sondern nur die Form der Ausspruche feierlicher werden, und ein sich von einem rechtmäßigen und rechtgläubigen Papst trennendes Concil würde eben hierdurch seine Decumenicität einbüßen; d. die Beschlüsse der allgemeinen Concilien erhalten erst durch die päpstliche Confirmation im Gewissen verbindliche Autorität[1]); e. nie hat ein allgemeines Concil eine dogmatische Entscheidung des Papstes reformirt oder auch nur unter der Voraussetzung der Reformationsbedürftigkeit einer abermaligen Erörterung unterworfen; f. der Papst kann als Privatperson, aber nicht als Oberhaupt der Kirche irren; sobald es daher gewiß ist, daß er in letzter Eigenschaft gehandelt, nehmen seine Entscheidungen noch vor dem Beitritte des Episkopats innern und äußern Gehorsam in Anspruch. Die geschichtlich vorgeführten Gegenfälle leiden alle an irgend einem wesentlichen Gebrechen: bald ist der Thatbestand nicht gehörig ermittelt, bald hat der Papst in dem von ihm gemeinten Sinne in der That nicht geirrt, bald ist ihm sein Urtheil abgedrungen worden, bald hat er nicht amtlich als Oberhaupt der Kirche sich geäußert. || g. Die Kirche, wenn sie ein unfehlbares Oberhaupt besitzt, kann ihrem Berufe leichter und vollkommener genügen, als wenn sie bei allen vorkommenden Fällen allgemeine Concilien berufen oder auf andere Weise die Stimmen ihrer Vorsteher einsammeln muß. Christus hat aber gewiß eine Kirche gewollt, welche mit Leichtigkeit und in möglichst kurzer Frist ihrer Aufgabe genügen kann. Fehlt es ihr zeitweilig an einem Oberhaupt, so ist die Kirche dennoch als unfehlbare Autorität da, und wird demnächst auch wieder ein unfehlbares Oberhaupt haben. ||

„Eine vermittelnde Ansicht haben Fenelon und Andere zu vertreten gesucht, diese nämlich, daß die römische Kirche, die Cathedra Petri, unfehlbar sei. Dieselbe hat allerdings den dogmatischen Satz für sich, daß die römische Kirche als die Mutter und Lehrerin aller übrigen anzusehen sei, kann sich aber der Folgerung kaum entziehen, daß die || oberhirtenamtlichen, also die || ex cathedra erlassenen Entscheidungen des Hauptes der römischen Kirche auf Unfehlbarkeit Anspruch haben, || indem die römische Kirche ihr überwiegendes Ansehen doch wohl nur oder vorzugsweise dem Umstande zu verdanken hat, daß sie die Kirche des h. Petrus ist. Allerdings nämlich ist dieselbe, weil gegründet durch die beiden vornehmsten Apostel, die vorzüglichste Zeugin der apostolischen Ueberlieferung; Richterin ist sie aber nur durch ihren Vorsteher, den Hirten der ganzen Christenheit, so daß die in Rede stehende vermittelnde Ansicht doch wieder auf die Unfehlbarkeit der amtlichen Entscheidungen des Papstes hinausläuft.

---

[1] „Inappellable Autorität" 1. Aufl.

Jedenfalls aber stehen sich beide Behauptungen von der Fehlbarkeit oder der Unfehlbarkeit des Papstes als solchem nicht als ebenbürtige Meinungen gegenüber, indem die erstere schon oftmals,[1]) die letztere noch nie eine Censurirung erfahren hat." ||

Kaum so bestimmt äußerte Dieringer sich in seinen Artikeln im Aschbach'schen „Kirchenlexicon':

„In Lehrstreitigkeiten, zu deren Schlichtung allgemeine Kirchenversammlungen nicht berufen werden, entscheidet der Papst rechtskräftig. Ob diese Entscheidungen bloß äußerlich oder auch innerlich verpflichten, ob sie also bloß rechtliche (einstweilige) oder dogmatische (bleibende) Verbindlichkeit haben, hängt von der Beantwortung der Frage ab, ob in Sachen des Glaubens und der Sitten das Urtheil des Papstes ein unfehlbares sei oder nicht" (IV, 428).

„Zu Gunsten der Fehlbarkeit des Papstes beruft man sich vornehmlich darauf, daß die Unfehlbarkeit der Gesammtkirche ... ausreiche, und daß einzelne Päpste in dogmatischen Fragen geirrt haben. Letzteres wird von der anderen Partei bestritten und außerdem gezeigt, daß der dem h. Petrus verliehene Primat die Unfehlbarkeit in sich begreife" (IV, 1073).

Dagegen führt der „Laienkatechismus" (S. 437 ff.; S. 441 ff. der 2. Aufl.) eine entschiedenere Sprache; insbesondere anerkennt er die Meinung von der Infallibilität des Papstes als die allgemeinere. Auf die Frage nämlich: „Wie kommt es, daß die meisten Katholiken das Oberhaupt der Kirche selbst für unfehlbar halten, wenn anders dasselbe als solches d. h. in der Ausübung seines Obersthirtenamtes eine Lehrentscheidung erläßt," antwortet Dieringer:

„Dafür haben dieselben ihre guten Gründe. 1) Die entscheidende Wichtigkeit der Sache verlangt es, daß unfehlbare Urtheile der Kirche mit einer gewissen Leichtigkeit und Raschheit erzielt werden können, während allgemeine Concilien bisweilen auf sehr große Schwierigkeiten stoßen, und Umfragen bei dem gesammten Episkopate sehr zeitraubend sind. Die Zweckmäßigkeit spricht also für die Unfehlbarkeit des Papstes als des obersten Richters in Glaubenssachen. 2) Der Inhalt der Primatialgewalt .... läßt sich mit der Fehlbarkeit ... nicht vereinbaren. Ein unerschütterlicher Glaubensfels (Matth. 16, 18), ein niemals gebrechender Glaube (Luk. 22, 31 f.), ein Führer Aller auf dem Wege des Heiles (Joh. 21, 15 ff.) sollte irrige Entscheidungen geben und damit Alle die seine Unfehlbarkeit glauben und seiner Leitung kindlich sich hingeben, in falsche Lehre verstricken können? 3) Der apostolische Stuhl selbst nimmt für seine Lehrentscheidungen innere Zustimmung

---

1) Dieringer bezieht sich, abgesehen von älteren verworfenen Sätzen, die er anführt, auf die Verwerfung des 4. artic. cleri gallic. und auf den 29. der von Alexander VIII. verurtheilten Sätze.

und gläubige Unterwerfung in Anspruch). Diese Forderung hat nur unter Voraussetzung seiner Unfehlbarkeit sittliche Berechtigung. Ist diese Voraussetzung schwankend und zweifelhaft, warum erklärt sich der Episkopat nicht gegen den Grundsatz als solchen bei all' dessen Zustimmung zum Inhalte der jeweiligen Entscheidung selbst? 4) Man hat bis jetzt auch nicht einen einzigen Fall aufzeigen können, daß ein amtliches Urtheil des Kirchenoberhauptes einen gegen die bereits erklärte oder die später festgestellte Kirchenlehre verstoßenden Irrthum enthalten hätte."

Dieser letzte Satz führt den Verfasser zu den „Fällen des geraden Gegentheils", die als Bedenken gegen die päpstliche Unfehlbarkeit geltend gemacht werden. „Mit diesen", sagt er, „hat es, bis jetzt wenigstens, seine guten Wege, denn sie verstoßen nicht gegen den von mir aufgestellten Grundsatz, indem sie auf Folgendes hinauslaufen":

„1) Ansichten, welche Päpste geäußert haben vor und selbst nach ihrer Erhebung auf den apostolischen Stuhl über noch unentschiedene Fragen sind eben bloße Ansichten und schließen selbst nicht aus, daß der Papst als Richter für das Gegentheilige unfehlbar entscheide. 2) Wenn ein Papst — was aber geschichtlich unerwiesen ist — das Unglück gehabt haben sollte, in der Bedrängniß um des Glaubens willen ein Opfer der menschlichen Schwachheit zu werden, so besäße diese That ebensowenig die Bedeutung einer amtlichen Verwerfung von Glaubenswahrheiten, als die Sünden eines Papstes eine Läugnung der Gebote Gottes sind, oder als die Verläugnung des Apostelfürsten eine amtliche Widerrufung der Lehre von der wahren Gottheit Christi gewesen ist. 3) Ist dasjenige, was ein Papst als Kirchenlehre hinstellt, in sich selbst zugestandenermaßen wahr und gewiß, so hat er keine Irrlehre aufgestellt, wenn er auch unter den gegebenen Verhältnissen noch ein Weiteres hätte sagen müssen, um der kirchlichen Ueberzeugung vollen Ausdruck zu geben. Es trifft ihn alsdann der Vorwurf der Muthlosigkeit oder Feigheit, aber nicht des Irrthums. 4) Lauten die Ausdrücke eines Papstes scheinbar heterodox, ist aber der damit verbundene Sinn nachweislich in der Wahrheit und Rechtgläubigkeit begründet, und vereiniget sich damit noch sogar der Umstand, daß er keine die ganze Kirche bindende, amtliche Entscheidung geben, sondern nur eine Meinung zum Zwecke der Begütigung streitender Parteien kundgeben will: so hat Niemand das Recht, den apostolischen Stuhl ein Tribunal der Fehlbarkeit zu nennen."

In ähnlichem Sinne hat Dieringer sich wiederholt im ‚Theol. Literaturbl.' ausgesprochen. So bemerkt er (1869, Sp. 829) mit Beziehung auf „Berathung und Beschlußnahme allgemeiner Concilien":

„Wer in aller Welt soll darüber entscheiden, ob die Mehrheit oder Minderheit das Richtige d. h. das Offenbarungsmäßige festgestellt, wenn nicht etwa der Papst? Wie kann aber solches der Papst, wenn seine Lehrurtheile nicht unfehlbar sind?"

Und bei einem andern Anlasse schreibt er (ebenda 1866, 138):

„Referent zählt bekanntlich zu den Theologen, welche die Gründe für die Unfehlbarkeit des Kirchenoberhauptes für überwiegend, nahezu entscheidend halten."

Und die historische Seite der Frage insbesondere anlangend, schrieb er in seiner Besprechung des Janusbuches (ebenda 1869, 868):

„Was zum Erweise der Unstatthaftigkeit der Dogmatisation der päpstlichen Infallibilität die stärkste Partie dieses Buches sein sollte, ist die schwächste: der dogmengeschichtliche Gegenbeweis. Gleich der erste Anlauf ist ein verunglückter.... der nächste Fall liegt ganz anders als den Verfassern scheint... Auch in der Ausbeutung der Väter-Literatur sind die Verfasser nicht viel glücklicher."

Daneben bringt er jedoch „in Erinnerung" (ebenda 1869, 910):

„Daß in unserm Vaterlande selbst die Lehre von der Unfehlbarkeit des Kirchenoberhauptes seit Menschengedenken nur als Schulmeinung, nicht als dogma divinum (materiale) gegolten hat, und dies zwar bei solchen, welche wir als grundsätzliche Gegner des Gallicanismus ansehen dürfen.... Auf der andern Seite müssen wir uns auch zu dem Zugeständnisse verstehen, daß zu bestimmten Zeiten es noch nicht völlig klar gestellt sein kann, ob gewisse Lehrwahrheiten bloße Wahrscheinlichkeit und Duldung für sich in Anspruch nehmen dürfen, oder ob sie geradezu entweder offenbarungswidrig oder offenbarungsmäßig seien."

Am 24. Februar d. J. endlich veröffentlichte Dieringer folgende Erklärung über seine „Stellung zur Unfehlbarkeitsfrage" (Köln. Volkszeitung Nr. 57):

„Seitdem ich keinen Anstand genommen habe, eine an Herrn Stiftspropst und Professor Dr. v. Döllinger gerichtete Zustimmungs-Adresse zu unterzeichnen, in welcher indessen über die Beweiskraft der von diesem Nestor der katholischen Theologen deutscher Zunge vorgetragenen Gründe kein Urtheil abgegeben wurde, werden mir von verschiedenen Seiten einzelne Nummern von politischen Zeitungen zugesandt, in welchen unter Berufung auf meine Schriften (Dogmatik, Laienkatechismus) ich eines Abfalles von meinen persönlichen Ueberzeugungen mehr oder weniger höflich beschuldigt werde. Dieser Umstand und die Hoffnung, Einiges zur Orientirung meiner vielen Freunde und ehemaligen Schüler sowie meiner Glaubensgenossen überhaupt beitragen zu können, werden es als gerechtfertigt erkennen lassen, wenn ich in dieser verbreitetsten katholischen Zeitung meine Stellung zu der brennenden Frage des Augenblicks in gedrängter Form zu bezeichnen suche.

1) „Ich habe nie und nirgends gelehrt, daß die Unfehlbarkeit des Kirchenoberhauptes fidei divinae oder ein materielles Dogma sei, noch habe ich den Wunsch geäußert, es möchte diese Lehre zu einem Dogma erhoben werden. Ich habe nie mehr als höchste Wahrscheinlichkeit für sie in Anspruch

genommen. Wenn nun die neuesten wissenschaftlichen Erörterungen, von denen Kenntniß zu nehmen mein Beruf mich verpflichtet, bei mir eine Veränderung der Ansicht bewirkt hätten, so wäre mir widerfahren, was in der Geschichte der Theologie nichts Ungewöhnliches ist: ich hätte meine Ansicht nach Maßgabe der Gründe umgestaltet, die sich meiner frühern Auffassung entgegenstellten.

2) „Meine Lehransicht ist aber im Wesentlichen noch dieselbe, obgleich ich unverhohlen das schmerzliche Bekenntniß ablegen muß, daß die heutigen Vertheidiger der Unfehlbarkeit des Papstes ihr Möglichstes gethan haben, mich darin zu erschüttern. Sie haben es gethan durch die Confundirung der Unfehlbarkeitsfrage mit der Primatialfrage; durch die Häufung von Beweisen, die nichts beweisen; durch ihren Zorn, gleich jenem der Donnersöhne, der ihre Feder dem Geist der Liebe und Gerechtigkeit entfremdet; durch den Hohn, womit katholische Notabilitäten wie Döllinger, Segesser, Montalembert, Gratry, Dupanloup u. s. w. u. s. w. für ihre Verdienste um die Kirche belohnt werden; durch die unmotivirte Behauptung der Dringlichkeit, deren neueste Fassung unwillkürlich an die Fabel vom Lamm und Wolf erinnert.

3) „Niemals habe ich die Unfehlbarkeit des Kirchenoberhauptes in dem Sinne gelehrt, wie sie neuestens, namentlich auch von zwei höchst einflußreichen Erzbischöfen ist aufgestellt und vertheidigt worden: der Papst ist unfehlbar ohne Concil, mit Concil, gegen Concil, d. h. die Unfehlbarkeit der Kirche ist einzig und allein bei ihrem Oberhaupte. Würde ich dieser Auffassung beitreten, so könnte es nur unter Aufgebung meiner seitherigen Lehrmeinung geschehen. Ich trenne nie das Haupt von dem Leib, auch nicht in Gedanken.

4) „Ein durch das Wohl der Gesammtkirche aufgedrängter Opportunitätsgrund ist mir von keiner Seite nahe getreten; wohl aber haben die gegentheiligen Gründe für mich eine geradezu überwältigende Bedeutung.

a. „Haben schon die Vorverhandlungen über die Frage so viele Entfremdungen und Verbitterungen erzeugt, was wird erst geschehen, wenn es sich um den Sinn und die Tragweite der Definition handeln wird!

b. „Praktisch wird bei der unter 3 angedeuteten Form zur Schlichtung der Controversen weniger erreicht sein als heutigen Tages und bis daher selbst bei der gallicanischen Lösung der Frage. Jetzt wird der Weizen der Unterscheidung des Rechts und des Thatbestandes seine volle Blüthe erlangen. Das Schweigen oder Reden des Episkopats ist dem erflossenen Urtheil gegenüber vollkommen gleichgültig. Jeder wird sich zu der Frage für berechtigt halten, ob alle Bedingungen erbracht seien, die zu einem wahren, rechtskräftigen Urtheil des Einzelrichters unerläßlich sind: persönliche Untersuchung, richtiges Verständniß u. s. w.

c. „Das Lehransehen der Bischöfe wird, statt gehoben, geschwächt. Mir galt und gilt die Autorität der allgemeinen Concilien als eine unfehlbare in dem Sinne, daß das Miturtheil der Bischöfe einen wesentlichen Beitrag zur Unfehlbarkeit ihrer Lehrurtheile liefert.

d. „Die Gefahren der Verführung und des Abfalls schwacher Katholiken werden nicht vermindert, sondern vermehrt werden. Mir ist es unmöglich, mit der Frage: „was liegt daran?" über diese Besorgniß zur einfachen Tagesordnung überzugehen.

e. „Das ohnehin schon schwierige Verhältniß der Kirche zu den einzelnen Staaten und Regierungen, katholischen und akatholischen, wird sich nicht verbessern, sondern verschlimmern. Dieser Satz bedarf gar keines Beweises; denn er ist bereits zugestanden.

f. „Die unirten Orientalen werden der lauernden Verlockung zur Lösung des Bandes geradezu in die Arme getrieben.

g. „Die Rückkehr der Getrennten in die Gemeinschaft der Kirche wird nach menschlichem Ermessen für lange Zeit fast hoffnungslos aufzugeben sein. Man bedenke, daß die Traditionen der anatolischen Kirche aus den Jahrhunderten der Patriarchate und Concilien stammen, und daß der Protestantismus in seiner herbsten Form den Papst für den Antichrist erklärte.

h. „So weit meine Wahrnehmungen reichen, lauten die Wünsche derjenigen Außerkirchlichen auf die Verwirklichung der beantragten Dogmatisation, welche der römisch-katholischen Kirche am feindseligsten gegenüber stehen, aus derselben Abnahme ihrer Befürchtungen und Zunahme ihrer Hoffnungen schöpfen.

5) „Warum ich mir als Professor der Theologie erlaubt habe, bei der dargebotenen Gelegenheit auch meinen Namen in die Oeffentlichkeit zu bringen? Antwort: erstens, um der Mehrheit unserer deutschen auf dem Concil anwesenden Bischöfe die Berechtigung zu der Versicherung auch meinerseits zu geben, daß in unserm Vaterlande auch Anhänger der gemäßigten Infallibilitätslehre durchaus auf ihrer Seite stehen: zweitens, weil Diejenigen, denen von Amts wegen später die wissenschaftliche Vertretung der Concilsbeschlüsse zufallen wird (Ordensgelehrte können kommen und gehen, wir werden bleiben), sich wohl auch ihrer Sache annehmen dürfen, so viel dies jetzt möglich ist, insofern die theologischen Lehrkörper dermalen auf dem Concil nicht vertreten sind. Eine theologische Ansicht wissenschaftlich vertreten ist leicht; denn die gründlichste Niederlage des Gelehrten läßt die Kirche und ihr Depositum fidei unverletzt. Anders ist es beim Dogma. In den Augen des Gegners ist die Niederlage des Vertheidigers zugleich eine Niederlage der Kirche selbst. Die Kirche aber muß uns Allen, nächst Gott, immer das Höchste sein.

15.

Dobmayer, Marian,

Mitglied der Gesellschaft Jesu, nach deren Aufhebung Benedictiner. Professor der Theologie zu Amberg und Ingolstadt († 1803).

Institutiones theologicae in compendium redactae ab Emmeramo Salomon, O. S. B., prof. theol. dogmat. in Lyceo Ratisbonensi. Sulzbach, Seidel. 1823.

In dem Artikel „über das Subject der Infallibilität" werden hinsichtlich des Papstes folgende Sätze aufgestellt (I, 394 ff.):

„a. Der Papst hat den ersten und hauptsächlichsten Antheil an der Entscheidung von Glaubensstreitigkeiten [1]), weil er als Haupt der Kirche für die Unversehrtheit des Glaubens, welche unter den Streitigkeiten großen Schaden leidet, pflichtgemäß in der ganzen Kirche wachen muß. Daher wurde auch von Anfang der Kirche an von allen Seiten, wenn man über eine wichtigere Frage uneinig war, an den Papst berichtet."

„b. Die Decrete also, welche er officiell in Sachen der christlichen Religion und Kirche an die ganze Kirche richtet, sind wahrhaft provisorisch [2]), und die Gläubigen müssen ihnen innerlich zustimmen — ex animo acquiescere [3])."

„c. Wenn zu solchen päpstlichen Entscheidungen die Zustimmung der übrigen Bischöfe hinzukommt, so sind sie ohne allen Zweifel unfehlbar [4]). Denn dann spricht in Wahrheit, auf ihrem Fundamente ruhend, mit ihrem Hirten vereinigt, die lehrende Kirche, an welche die lernende Kirche nach Christi Befehl sich halten muß."

---

[1]) Pontifex Romanus primas et ac praecipuas in decidendis fidei controversiis partes habet.

[2]) Decreta ergo ejus ad totam ecclesiam ex officio directa in rebus religionis et ecclesiae christianae vere provisoria sunt.

[3]) Die Gläubigen müssen sich nach diesen Entscheidungen richten, „bis die Sache durch ein vollständiges und höchstes Gericht der Kirche entschieden ist," und Niemand darf inzwischen andere Ansicht aussprechen. „Regel ist: auf Seite derjenigen Bischöfe zu stehen, ob vieler oder weniger, zu denen der Papst steht, dem kraft der göttlichen Verheißung nie Anhänger fehlen werden. Und in der That sind die frei erflossenen, an die ganze Kirche gerichteten dogmatischen Entscheidungen der Päpste stets von jeder Häresie frei gewesen."

[4]) Quodsi decretis eiusmodi pontificiis consensus accesserit reliquorum episcoporum, dubium nullum superesse potest, quin ea sint infallibilia.

16.

Döllinger, Johann Joseph Ignaz von,
Stiftspropst und Professor der Theologie zu München.

Geschichte der christlichen Kirche I. Bd. Landshut, Manz. 1833—35. — Lehrbuch der Kirchengeschichte I. Bd. II. Bd. 1. Abth. 2. Aufl. Regensburg, Manz. 1843. — Christenthum und Kirche in der Zeit der Grundlegung. Ebda. 1860. 2. Aufl. 1868. — Die Papstfabeln des Mittelalters. München, lit.-art. Anstalt. 1863. — Erwägungen für die Bischöfe des Conciliums über die Frage der päpstlichen Unfehlbarkeit. München, Manz. 1869.

Mit Beziehung auf die bekannten biblischen Stellen schrieb Döllinger in einem seiner frühesten Werke (Geschichte der christlichen Kirche I, 1, 353):

„Der Glaube machte Petrus würdig, der Fels und die Grundfeste der Kirche zu werden, und die Liebe befähigte ihn, als oberster Hirt die Heerde Christi zu weiden. Da die Kirche auf dem Glauben erbaut ist, und nur durch den Glauben fortbesteht, so sollte Petrus und die Reihe seiner Nachfolger durch das fortdauernde, stets erneuerte Bekenntniß des Glaubens das Fundament seiner Kirche bleiben."

Ausführlicher bespricht Döllinger die auf Verheißung und Verleihung des Primats bezüglichen Vorgänge in ‚Christenthum und Kirche' (S. 30 ff.), wo er u. A. bemerkt:

„Um seines felsenfesten Glaubens willen eignete [Petrus] sich zum Fundamente der Kirche... ‖ Nicht durch sein Bekenntniß, sondern wegen seines Bekenntnisses sollte auf ihn, diesen Mann mit seinem felsenfesten Charakter, die Kirche erbaut werden, die, wie sie ganz aus Personen, lebendigen Wesen besteht, so auch ein lebendiges, persönliches Fundament damals bedurfte und immerdar bedarf. Da das Gebäude der Kirche ein für alle Zeiten bleibendes sein soll, so ging dieser Vorzug des Petrus, kraft dessen mit ihm, als dem Fundamente, Alles in der Kirche zusammenhängen muß, nothwendig auf Andere nach ihm durch Vererbung über. Dieser so getragenen Kirche verhieß Jesus zugleich die Unvergänglichkeit, sie werde in Folge ihrer Gründung auf Petrus nie von der Macht des Todes und der Unterwelt überwältigt werden. Mit der Schlüsselgewalt sollte ihm die Verwaltung der Güter und Schätze des Hauses übergeben werden; kraft derselben sollte er in Gewährung oder Entziehung dieser Schätze, der Heilmittel der Kirche, auf Erden in einer auch für den Himmel gültigen Weise lösen und binden." ‖ [1])

---

[1]) Das in ‖ ‖ Eingeschlossene hat Döllinger in der 2. Aufl. gestrichen und durch folgendes ersetzt: „Er will sein Haus, die unvergängliche, Kirche, auf den glaubenden und bekennenden Simon bauen, und dieser soll in demselben Sinne das Fundament der Kirche werden, in welchem es nach Paulus und Johannes (Offenbg. 21, 14) alle Apostel geworden sind, aber so, daß er auch in seiner Eigenschaft als Grundbaustein allen andern vorgeht. Zugleich aber soll Simon in diesem auf ihm erbauten Hause

Und über das Gebet des Herrn für Petrus heißt es:

[Damals] hatte [Jesus dem Petrus] zugleich die Versicherung gegeben, daß in Kraft eines besondern, für ihn an den Vater gerichteten Gebetes sein Glaube nicht abnehmen, nicht vergehen werde, und daß er, wenn er von seinem Falle sich wieder erhoben, seine Brüder, die Apostel, im Glauben stärken solle. Der Stuhl Petri sollte eine Stätte der Wahrheit, eine Allen zur Stärkung gereichende Burg des festen Glaubens bleiben. Denn die Worte wie die Gebete des Herrn waren nicht bloß auf die einzelne Person, auf den nächsten Moment gerichtet, sondern sie waren grundlegend und bauend, sie galten vor Allem der Kirche und deren zukünftigen, im Geiste von ihm geschauten Bedürfnissen. So betete er damals mit seinem über alle Zeiten hinausreichenden Blicke für die Einheit der Glieder der Kirche, damit diese Einheit der Welt ein stetes redendes Zeugniß der Wahrheit seiner göttlichen Sendung sein möge." 1)

Das Bild, worin Döllinger (Geschichte der christl. Kirche I, 1, 359 ff.) die Anschauungen Cyprian's von der Stellung des römischen Bischofs zusammenfaßt, bietet u. A. folgende Züge:

„Auf Petrus ist die gesammte Kirche um ihrer Einheit willen gegründet, er ist der Ursprung, der Ausgangs= und Mittelpunkt dieser Einheit der ganzen Kirche ... Christus hatte den Petrus dadurch hervorgehoben, daß er ihm die Bestimmung gab, der Urheber und Repräsentant der kirchlichen Einheit zu sein. Petrus hat diese Prärogative auf die römische Kirche über= tragen ... Der römische Bischof hat daher denselben Gewalt=Vorzug wie sein Vorgänger, d. h. er ist die Quelle und der Mittelpunkt der kirchlichen Einheit, er ist die Person gewordene Einheit; und da dieselbe vornehmlich darin besteht, daß die Kirche von der Menge ihrer Hirten in Einem Sinne, mit einmüthiger Uebereinstimmung geleitet werde, so ist Petrus und der römische Bischof das Princip, von dem diese Sinneseinheit, diese harmonische Leitung ausgeht, und durch welches sie fortwährend erhalten wird; seine Kirche ist die Wurzel und Gebärmutter (radix et matrix) der katholischen Kirche."

Döllinger's Mittheilungen über den „Papst als obersten Lehrer und Beschützer des Glaubens" berichten u. A. (Kirchengeschichte I, 178),

---

die Pflichten und Gewalten, zwar nicht des Hausherrn — dieser ist und bleibt Christus selbst — wohl aber des Hausverwalters empfangen; sie werden ihm verheißen in dem Symbol der Schlüssel mit welchen er die Vorrathsräume des Hauses zu eröffnen, die geistigen Vorräthe und Schätze der Kirche, Lehre und Heilmittel, zu bewahren und auszutheilen befähigt wird."

1) Statt dieses Abschnittes bringt die 2. Aufl. folgenden: „[Damals] hatte er ihm zugleich die Versicherung gegeben, daß in Kraft eines besondern, für ihn an den Vater gerichteten Gebetes, seine Glaubensschwäche nicht bis zum völligen Abfall, zum entschiedenen Unglauben hinabsinken werde. Daran knüpfte Jesus die Mahnung, daß Petrus, wenn er von seinem Falle sich wiederum erhoben, seinerseits die in ihrem Glauben wankend gewordenen Brüder, die Apostel und die übrigen Jünger, befestigen, sie in ihrer Entmuthigung aufrichten, sie mit der Hoffnung seiner sichern und nahen Auferstehung trösten solle."

daß im 5. Jahrhundert Papst „Bonifacius an die orientalischen Bischöfe schreiben konnte, ein Urtheil des apostolischen Stuhles sei unantastbar, und wer sich dagegen auflehne, schließe sich selbst von der Kirche aus". Daß „bereits Theodoret den Vorzug dieses Stuhles, niemals durch eine Irrlehre befleckt zu sein, hervorhob"; daß „um 503 Avitus, Bischof von Vienne, den Papst den Steuermann des von den Stürmen der Häresie bedrängten Schiffes der Kirche nannte'"; daß im 7. Jahrhundert „Sergius, Bischof von Cyprus, denselben [den römischen] Stuhl kraft der Verheißungen Christi für die unerschütterliche Grundfeste des Glaubens erklärte" und „Bischof Stephanus von Dora als Abgesandter des Patriarchen Sophronius von Jerusalem sich ebenso aussprach."

Ueber „Papst und Synoden" berichtet Döllinger u. A. (a. a. O. S. 180):

„Den Glaubens-Entscheidungen der allgemeinen Synoden pflegte ein Decret des römischen Stuhles vorauszugehen, welches dann den Synoden als Muster und Autorität diente. Daher sagte die Ephesinische Synode, als sie das Urtheil gegen Nestorius fällte, daß sie es thue, ‚genöthigt durch die Kanones und durch das Schreiben des Papstes'. Dieselbe begnügte sich, die päpstliche Verdammung des Pelagianismus ohne alle weitere Untersuchung zu bestätigen. Zu Chalcedon berief man sich bei der Fassung des Beschlusses über den dogmatischen Streitpunkt nicht auf das Decret der vorangegangnen Synode zu Constantinopel…, sondern bloß auf die Entscheidung des Papstes."

Ueber Liberius, Virgilius und Honorius lesen wir:

„Papst Liberius verzichtete 357 auf die Gemeinschaft des Athanasius, trat in die der Arianer, und unterschrieb eine der drei zu Sirmium entworfenen Formeln, wahrscheinlich die erste, die, mindestens ihrem wörtlichen Inhalte nach, nicht häretisch, sondern vielmehr, selbst nach dem Zeugnisse des Hilarius, so abgefaßt war, daß auch Rechtgläubige ihr beitreten konnten. Indeß haben in neuerer Zeit Mehrere zu zeigen gesucht, der Fall des Liberius müsse als eine in die Werke des h. Athanasius und die Fragmente des h. Hilarius von einem Arianer eingeschriebene Erdichtung betrachtet werden." (a. a. O. S. 83.)

„Das Schwanken des Papstes Vigilius „hatte keinen Bezug auf das Dogma…, veränderlich zeigte er sich nur über eine Frage der kirchlichen Oekonomie" (a. a. O. S. 149).

„Honorius ließ sich irre führen; sein Antwortschreiben war fast nur der Widerhall des von Sergius gesandten Briefes, und verrieth dabei eine auffallende dogmatische Unklarheit und ein gänzliches Mißverstehen des in Frage gestellten Lehrpunktes… Er kommt durch die Unterscheidung der beiden unvermischt gebliebenen Naturen und ihrer eigenthümlichen Wirkungsweisen der Wahrheit ganz nahe; er behauptet zwar eine Einheit des Willens in Christo, meint aber damit nur die Conformität des menschlichen mit dem göttlichen… Ohne sich also bestimmt für den Monotheletismus zu erklären, begünstigte er doch diese Irrlehre und näherte sich derselben… So konnte man später in diesem unüberlegt abgefaßten Schreiben Stoff zur Verdammung wie zur Entschuldigung des Papstes finden ... Die sechste ökumenische Synode verdammte ihn, weil er in Allem dem Sinne des Sergius gefolgt sei und dessen Lehre bestätigt habe — und so war es allerdings, wenngleich man anzunehmen berechtigt ist, daß Honorius besser gedacht habe als er sich ausgedrückt hat" (a. a. O. S. 157 f.).[1])

Wie Döllinger zuletzt in den ‚Erwägungen' sich ausgesprochen, ist bekannt. Die Meinung von der päpstlichen Unfehlbarkeit trägt „das Brandmal der Illegitimität an der Stirne; sie kann und darf nie zur Dignität einer Glaubenswahrheit erhoben werden." Sie ist „während vieler Jahrhunderte in der Kirche ganz unbekannt gewesen," ist „erst in einer sehr späten Zeit in der abendländischen Kirche und nur in Folge einer Reihe von Fälschungen und Fictionen hervorgetreten" und „die neue Lehrmeinung verhält sich zu der alten Lehre keineswegs als eine richtig gezogene Consequenz, sondern als ein Widerspruch, als die Negation der früheren und die Affirmation einer an deren Stelle sich setzenden völlig verschiedenen und mit ihr nicht zu vereinigenden Doctrin."

Nach Döllinger's Erklärung vom 19. Jan. d. J. in der Augsburger „Allgem. Ztg" wäre die Dogmatisirung der Unfehlbarkeit des Papstes „eine kirchliche Revolution, um so durchgreifender, als es sich hier um das Fundament handelt, welches den religiösen Glauben jedes Menschen künftig tragen und halten soll, als an die Stelle der ganzen, in Zeit und Raum universalen Kirche ein einzelner Mensch, der Papst, gesetzt werden soll." Ja: „in achtzehn Jahrhunderten ist nichts ähnliches vorgekommen."

17.

Drey, Johann Sebastian von,

Professor der Theologie zu Tübingen.

Die Apologetik als wissenschaftliche Nachweisung der Göttlichkeit des Christenthums in seiner Erscheinung. III. Bd. Mainz, Kupferberg, 1847. — Artikel „Kirche" im Freiburger ‚Kirchenlericon'.

Nachdem Drey (Apologetik III, 308 f.) nachgewiesen hat, daß die dem „organischen Körper" oder „der lehrenden und regierenden Kirche"

---

1) In den „Papstfabeln" (S. 107 f.) läßt Döllinger den Liberius eine „schlimmere" Formel unterschreiben, dennoch aber „in keinem Momente seines Lebens eigentlich häretisch" sein. Auch über Honorius urtheilt er nun schärfer: „er hat Schreiben an die orientalischen Kirchen erlassen über deren monotheletischen Inhalt wohl nie ein Zweifel erhoben worden wäre, wenn der Verfasser nicht gerade Papst gewesen wäre" (S. 150). Weiter sagt er: „Wenn der Begriff einer Entscheidung ex cathedra gehörig erweitert, und nur diejenige dogmatische Erklärung dahin gerechnet wird, welche ein Papst nicht in seinem Namen und für sich, sondern im Namen der Kirche mit dem sichern Bewußtsein der in der Kirche herrschenden Lehre, also nach vorausgegangener Umfrage oder conciliarischer Erörterung erläßt, dann — aber auch nur dann, läßt sich sagen, daß Honorius nicht ex cathedra geurtheilt habe."

verheißene Unfehlbarkeit nicht von dem einzelnen Bischofe in Anspruch genommen werden könne, fährt er fort:

„Auch der römische Bischof oder der Papst ist für sich allein nicht unfehlbar. Denn zur Annahme einer solchen Unfehlbarkeit fehlt es ebenso an einer bestimmten Verheißung, wie von Seite der Bischöfe; der Papst ist zwar der Amtsnachfolger des h. Petrus, wie die Bischöfe die Nachfolger der Apostel, aber die Inspiration, die einzige sichere Bürgschaft der Unfehlbarkeit, die Inspiration des h. Petrus ist ebensowenig auf ihn übergegangen, als die Inspiration der übrigen Apostel auf die Bischöfe. Aus den Verheißungen Matth. 16, 18 f.; Luk. 22, 32 läßt sich wohl der Primat des Papstes ableiten . . . ., aber nicht seine Infallibilität, denn diese ist in dem Primat nicht enthalten, gehört nicht zu seinem Begriffe, sondern nur die Repräsentation der Einheit der Kirche, das Recht der Oberaufsicht über die Bischöfe, und das Recht allgemeine zum Wohle der Kirche erforderliche Anordnungen zu treffen. Es fehlt aber zweitens zu der gegentheiligen Annahme auch an einem Grund in der Organisation des lehrenden und regierenden Körpers der Kirche, vielmehr scheint die letztere durch jene Annahme aufgehoben oder wenigstens paralysirt zu werden. Denn nach der von Christus getroffenen Organisation ist, wie Petrus nicht der einzige Apostel, so auch der Papst nicht der einzige Lehrer, nicht der einzige Priester, nicht der einzige Hirte der Kirche, sondern der Mittelpunkt und das Haupt von vielen andern mit dem gleichen Amte betrauten; die Hypothese von der alleinigen Unfehlbarkeit desselben trennt aber den Papst von dem Körper der Bischöfe und der ganzen Kirche, und setzt ihn als den allein infallibeln der Kirche als der fallibeln gegenüber, wodurch der Lehrsatz von der Unfehlbarkeit der Kirche an sich aufgehoben wird, und etwa nur noch insoweit gelten kann, als ihr die Unfehlbarkeit durch den Papst vermittelt wird, nicht aber, daß sie ihr selbst verheißen sei. Endlich fehlt es jener Annahme selbst an einem Grunde im Bewußtsein und in der Geschichte der Kirche. Sie wußte viele Jahrhunderte von einer solchen Behauptung nichts, die Päpste selbst haben sie auch in der Periode ihrer höchsten Macht und ihres höchsten Ansehens nicht aufgestellt, und als es später von Seite einer theologischen Schule geschah, wurde ihr von den übrigen widersprochen."

Im weitern Verfolg erscheint dann die kirchliche Unfehlbarkeit (S. 311)

„als die nie ruhende Wirksamkeit Christi und seines Geistes, womit er das vereinigte Wirken und Handeln des Papstes und der Bischöfe überwacht und leitet, jeden in der Sphäre seiner Amtsthätigkeit nach dem jeweiligen Erforderniß erleuchtend und kräftigend. — Das gemeinsame Wirken und Handeln des Papstes und der Bischöfe kann aber in äußerer Weise in zweifacher Art stattfinden, entweder indem die beiden Factoren der regierenden Kirche sich zu gemeinschaftlichen Berathungen und Beschlüssen versammeln, oder indem der Eine die gesammte Kirche repräsentirende Factor — der Papst — seine motivirte Entscheidung ausspricht, und die Bischöfe seinem Urtheile beitreten."

Die letztere Weise ist „als die ordentliche und gewöhnliche zu betrachten"; sie „ist zu allen Zeiten möglich", und „wird nach der Verbreitung der Kirche über alle Erdtheile zur Nothwendigkeit. Da nun Christus diese Verbreitung wirklich gewollt hat und noch will, so dürfen wir mit Zuversicht erwarten, daß er, der nirgends Concilien angeordnet, dieser ecclesia dispersa seine Verheißung erfüllen, und sie in dem gemeinsamen Zusammenwirken der Bischöfe mit ihrem obersten Hirten durch seinen Geist unterstützen und vor jedem unchristlichen Irrthum bewahren werde" (S. 313).

In dem 1851 veröffentlichten Artikel „Kirche" im Freiburger ‚Kirchenlexicon' (VI, 97 ff.) kennt Drey dann zwei „Formen von Aussprüchen der zerstreuten Kirche," denen er „infallibles Ansehen" zuschreibt; die zweite Form ist die, daß „eine Anzahl von Bischöfen (in Provinzial- und Nationalconcilien) die von ihnen gefaßten Entscheidungen ... dem Papste zur Bestätigung vorlegt." Ueber die Frage, „inwiefern die Unfehlbarkeit den einzelnen, die kirchliche Entscheidung bedingenden Factoren für sich zukomme," sagt er kurz (S. 107):

„Die Frage kann eine von vornherein verfehlte genannt werden, indem sie, wie die Kirche so auch den heiligen Geist gleichsam spalten will, da doch je nur Eine und dieser nur Einer ist, folglich die Verheißung der Unfehlbarkeit nur der ungetheilten und einzigen Kirche gelten kann, die Spaltung aber keine Verheißung für sich aufweisen kann; wie daher allgemein angenommen ist, daß die Gesammtheit des Episkopats nur in Verbindung mit seinem Oberhaupte, oder ein allgemeines Concilium nur unter Zustimmung des Papstes auf Unfehlbarkeit Anspruch machen könne, so fordert es die Consequenz, daß auch den Entscheidungen des Papstes nur unter Voraussetzung der Zustimmung des Episkopats infallibles Ansehen zukomme.... Zur Vermittlung beider Ansichten mag noch die Bemerkung erlaubt sein, daß der die Kirche leitende h. Geist nach seinem Wohlgefallen bald diesen bald jenen Factor seiner Organe zuerst erleuchten, und den andern ihm nachziehen kann."

18.

Droste-Hülshoff, Clemens August von,
Professor der Rechte zu Bonn.

Grundsätze des gemeinen Kirchenrechts der Katholiken und Evangelischen. II. Bd. 1. und 2. Abth. Münster, Coppenrath. 1830—33.

Droste, welcher erklärt, daß er „nach langem Schwanken die Bahn des gallicanischen Systems entschieden betreten" habe, berührt unsern Gegenstand zuerst bei den „wesentlichen" Rechten des Primats (II, 1, 138):

„Zu diesen Rechten gehört nun eine provisorische allgemeine Gesetzgebung und Bestimmung der Glaubenslehre für die ganze Kirche, indem eine definitive und peremptorische Gesetzgebung, besonders in Glaubenssachen, in der Person eines Einzigen niemals durch einen allgemeinen Kirchenglauben für nothwendig zum Primate gehörend anerkannt worden ist." [1]

Aehnlich äußert er sich bei den „streitigen Rechten" des Papstes (II, 1, 154):

„Ob die Unfehlbarkeit des Papstes ein Glaubenspunkt sei, kann nur in der Dogmatik als eine quaestio facti zuerst ausgemacht werden, und daß sie darin als Glaubenspunkt nicht festgestellt und anerkannt sei, ist in Deutschland eine notorische Sache." [2]

Weiter geht der Verfasser bei Darlegung des Verhältnisses des Papstes zu den allgemeinen Concilien. Zu den streitigen Punkten zählt er außer den Fragen, ob die Bestätigung der Beschlüsse eines allgemeinen Concils zu ihrer Gültigkeit nothwendig sei, und ob das Concil in einigen Fällen ohne den Papst gültige Beschlüsse fassen könne, auch die unsere: „ob der Papst ohne das Concil definitive Entscheidungen in Glaubenserklärungen geben könne, welche später nicht wieder aufzuheben seien." Er bemerkt dann (II, 1, 304):

„Da diese Fragen mehr dogmatisch als kirchenrechtlich von Wichtigkeit sind und in fine finali nur aus der Dogmatik entschieden werden können (weil alles Historische hier ohne Zweifel der Dogmatik weichen muß), da zur vollständigen Entwicklung .... ein großer Apparat .... gehört; so will ich hier ohne weitere Entwickelung bloß meine Ansicht angeben... Weil die angegebenen Punkte streitig sind, so ist weder das eine noch das andere Gegentheil eine ausgemachte oder erklärte Glaubenslehre, d. h. in dem Sinne, daß sich ein allgemeines Concilium niemals für das Eine oder das Andere erklärt hat. Gleichwohl halte ich es mit der gallicanischen Kirche für eine nichts desto weniger zu erweisende Glaubenslehre, daß der Papst für sich nicht unfehlbar sei, so daß meiner Meinung nach ein allgemeines Concil, wenn es sich hierüber jemals ausspräche, diesen negativen Satz erklären würde."

---

1) „Allerdings drücken die Decretalen sich hierüber anders aus." Aber an sich sei für den Zweck nicht mehr nöthig, und die Aussprüche könnten in diesem Punkte nur gelten, wenn ihre Kraft von der Kirche selbst anerkannt werde; sonst seien sie testimonia in propria causa.

2) „Daß es nie allgemeiner Kirchenglaube war..., sieht man aus den von Concilien ausgesprochenen Verurtheilungen der Lehren einiger Päpste..., aus der Thatsache, daß Concilien die Entscheidungen der Päpste in Glaubenssachen auf's neue untersuchten und darüber abstimmten, aus den Aussprüchen der Concilien zu Kostnitz und Basel"....

19.
Elger, Ferdinand,
Professor der Theologie zu Leitmeritz.

Lehrbuch der katholischen Moraltheologie. I. Bd. Regensburg, Manz. 1851.

Elger äußert sich (I, 50 f.) in folgender Weise über die „Arten der Verkündigung der christlichen Offenbarung durch die unfehlbar lehrende katholische Kirche."

„Der apostolische Lehrkörper der katholischen Kirche verkündet die Offenbarung Christi auf mehrfache Weise, und zwar:

„1) versammelt in einem Concilium durch eine bedeutende Anzahl seiner Glieder, unter dem Vorsitze des sichtbaren Oberhauptes der Kirche oder mit seiner Zustimmung; 2) zerstreut über den ganzen Erdkreis durch einzelne seiner Glieder, aber in Uebereinstimmung mit dem Haupte und den übrigen Gliedern desselben (per consensum ecclesiae dispersae); 3) durch sein Oberhaupt, wenn es in Sachen der christlichen Offenbarung feierliche Entscheidungen erläßt."

20.
Friedhoff, Franz,
Professor der Theologie zu Münster.

Grundriß der katholischen Apologetik. Münster, Regensberg. 1854. — Gegen-Erwägungen über die päpstliche Unfehlbarkeit. 2. Aufl. Münster, Russell. 1870.

Friedhoff gibt (S. 345 f.) folgende Antwort auf die Frage, „ob dem Papste, als dem Lehrer der ganzen Kirche, Unfehlbarkeit zukomme."

„Aus den Stellen der h. Schrift in welchen Christus den Petrus zum Oberhaupt seiner ganzen Kirche einsetzt ergibt sich, daß der apostolische Stuhl die Grundlage und der Mittelpunkt, der Regulator in Glaubenssachen, der Hirt und das Oberhaupt der ganzen Kirche Christi sein soll. Petrus, in welchem seine Nachfolger zugleich mitverstanden sind, soll das Fundament der ganzen Kirche werden, so daß diese auf ihrem Fundamente ruhend durch keine Macht der Hölle überwunden werden kann; Petrus soll die übrigen Apostel im Glauben stärken; Petrus soll ... die ganze Kirche Christi weiden.

Daraus folgt, daß Christus seiner Kirche diese wesentliche Grundeinrichtung, wonach er ein sichtbares Oberhaupt ... über sie setzte, deshalb gegeben hat, damit die Einheit derselben begründet werde. Denn die Einheit der Kirche kann zunächst nur durch die Einheit der Autorität begründet werden, dann auch durch die gemeinschaftliche Lehre und durch das gemeinschaftliche Streben aller Mitglieder zu einem Ziele. Aber als Centrum der Einheit für die ganze Kirche ist das Oberhaupt der Kirche Lehrer, Priester, Vorsteher im ausschließlichen Sinne. Dieses könnte der Papst nicht sein, und der Endzweck Christi könnte nicht erreicht werden, wenn der Papst als Lehrer der Kirche dem Irrthume unterworfen wäre. Denn damit das menschliche Geschlecht seine Bestimmung, die Vereinigung mit Gott, erreiche, ist vor Allem die richtige Erkenntniß des Christenthums als des Weges zu dieser Vereinigung erforderlich, d. h. die Reinheit und Vollständigkeit der Lehre ... Diese Erkenntniß der Lehre Christi kann dem Menschen nur durch die katholische Kirche zukommen. Die ganze katholische Kirche aber wird durch den römischen Bischof als das Centrum ihrer Einheit zusammengehalten. Deshalb muß auch der römische Bischof in Allem, was er als Oberhaupt der Kirche erklärt und thut, unfehlbar sein. Er, als Oberhaupt der Kirche, ist das Werkzeug, durch welches uns Gott in streitigen Fällen die Wahrheit und seinen Willen kund thut. Ich vermag daher nicht einzusehen, wie man die Unfehlbarkeit des Papstes nicht zugeben und doch katholische Principien festhalten wollen kann. Die Unterscheidung .... zwischen der Unfehlbarkeit der römischen Kirche und der Unfehlbarkeit des Papstes ... kann deshalb nicht gemacht werden, weil jede Kirche erst durch den Bischof eine Kirche ist, erst durch den Bischof als Kirche besteht: Nulla ecclesia sine episcopo. Was von geschichtlichen Thatsachen... eingewendet wird, läßt sich leicht beseitigen ... Auch hat die ganze Kirche die Unfehlbarkeit des Papstes thatsächlich anerkannt. Alle Irrlehrer haben dadurch immer für widerlegt gegolten, daß sie vom römischen Stuhle verworfen waren."

Daraus folge aber nicht, bemerkt der Verfasser weiter, daß die allgemeinen Concilien überflüssig seien: „vielmehr dienen sie dazu, um eine Lehre Christi als eine von den Aposteln nicht bloß in der römischen, sondern in der ganzen katholischen Kirche durch die Succession der Bischöfe überlieferte feierlich auszusprechen."

In den ‚Gegenerwägungen' (2. Aufl. S. 30) sagt Friedhoff: „Der Glaube an die Unfehlbarkeit des Papstes in Glaubens- und Sittenlehren, wenn er als Papst spricht, ist ein Schibboleth des Katholicismus."

21.

Fuchs, Bernhard,
Professor der Theologie zu München.

Artikel „Moral" im Freiburger ‚Kirchenlexicon' Bd. VII, 282 ff.

In den beiden moraltheologischen Werken von Fuchs ist mir eine einschlagende Stelle nicht begegnet; in dem citirten Artikel aber schreibt er hinsichtlich der kirchlichen Ueberlieferung als zweiter Erkenntnißquelle der christkatholischen Moral (S. 284):

„Aus dem Bereiche des traditionell kirchlichen Gebietes heben wir als besonders bedeutsam hervor:

1) Die Bestimmungen und Verordnungen der allgemeinen Kirchenversammlungen, 2) die Entscheidungen und Erklärungen des h. Stuhles .... Die Entscheidungen allgemeiner Synoden haben wie in Sachen des Glaubens so in Gegenständen der christlichen Sitte und Disciplin allgemein verbindende Kraft, während die Bestimmungen von Particularsynoden sich auf die entsprechenden engeren kirchlichen Kreise beschränken, dabei aber immerhin auch sonst beachtenswerth erscheinen. Die moralischen Vorschriften der Bischöfe waren .... von den frühesten Tagen der Christenheit an von großem Gewichte und Ansehen. Eine überragende Bedeutung kommt unstreitig den Entscheidungen des kirchlichen Oberhauptes zu, das besonders seit der Synode von Trient eine rege Thätigkeit auf dem Gebiete moralischer Lehrbestimmungen entwickelte."

22.

Ginzel, Johann Augustin,

Domherr und Professor der Theologie zu Leitmeritz.

Handbuch des neuesten in Oesterreich geltenden Kirchenrechtes. I. Bd. Wien, Braumüller. 1857.

Ginzel beschreibt die „Hierarchie des Lehramtes" wie folgt (S. 113 f.):

„Kraft des den Einzelnen zu Theil gewordenen außerordentlichen Beistandes des h. Geistes war jedes Glied des Apostolates, wie dies die außerordentliche Mission zur Pflanzung des Glaubens erheischte, unfehlbar in Verkündigung der Lehre des Heiles, es mochte dies in Wort oder Schrift geschehen. Sonach waren alle Glieder des Apostolates in Betreff sowohl der unmittelbar von Gott ihnen gewordenen Lehrsendung an alle Völker als auch der ihnen verliehenen persönlichen Unfehlbarkeit einander gleich; dennoch aber waren sie im Gebrauche ihrer Lehrgewalt an Petrus als Haupt des Ganzen so gebunden, daß sie nur in Verbindung mit ihm und in Unterordnung unter ihm ihr Lehramt verwalteten....

„Obschon das Apostelamt sich ununterbrochen im Bischofsamt fortsetzt, so ist doch nur die ordentliche, keineswegs aber die außerordentliche (bestehend in der Lehrsendung an alle Völker und der persönlichen Unfehlbarkeit verbunden mit der außerordentlichen Wunder= und Sprachengabe) apostolische Lehrgewalt auf die Bischöfe übergegangen. Nur die alleinige Gewalt des Petrus erscheint kraft des ihm verliehenen Primates, der ein bleibender ist, als eine ordentliche und bleibende. Demnach gliedert sich die Hierarchie des Lehramts also:

„Die erste und höchste Stufe in derselben nimmt der im Papste immerfort lebende Petrus ein, dem kraft seines auf göttlichem Rechte beruhenden Primates die unumschränkte höchste Lehrautorität zukommt. Dieselbe ist

1) „unbeſchränkt in Anſehung des Ortes und der Perſonen ....
Sie iſt
2) „eine unfehlbare, über jeden Irrthum in Fragen des geoffen=
barten Glaubens erhabene Lehrautorität. Mit dieſer wurde Petrus vom
Herrn für alle Zeit ausgerüſtet [1]) um der Erhaltung der Kirche und ihrer
Einheit willen, welche vorzugsweiſe auf der Einheit des Glaubens beruht.
Der Glaube aber kommt vom Hören und Predigen des Wortes; darum
muß in der Kirche eine unfehlbare Lehrautorität vorhanden ſein, um ſie für
alle Zeit in dem unfehlbaren Glauben zu erhalten. Es war in der Ver=
faſſung der Kirche und des Apoſtolats begründet, daß der Träger des
Primates auch der höchſte Richter in Glaubensſachen ſei, dem als ſolchen
das entſcheidende unfehlbare Endurtheil zuſtehe. [2])

„Dieſen Satz hat das zweite Lyoner allgemeine Concil a. 1274 dogmatiſch
mit den Worten ausgeſprochen: ‚Wie [die heilige römiſche Kirche] vor den
andern verpflichtet iſt, den wahren Glauben zu vertheidigen, ſo müſſen auch
Fragen welche hinſichtlich des Glaubens aufkommen durch ihr Urtheil entſchie=
den werden' — sicut (sancta Romana ecclesia) prae ceteris tenetur fidei
veritatem defendere, sic et si quae de fide suborthae fuerint quaestiones
suo debent judicio definiri. [3])

„Es iſt hiermit ſchon ausgeſprochen, daß die Unfehlbarkeit dem
Papſte nur in dem Falle zukommt, wenn er in ſeiner Eigenſchaft als
höchſter Lehrer der Kirche und aller Chriſtgläubigen [4]) über
einen Gegenſtand der göttlichen Offenbarung ein Urtheil fällt." [5])

Hinſichtlich der allgemeinen Concilien heißt es dann:

„Iſt auch der Papſt allein im Stande, alle Fragen der Wahrheit durch
unfehlbare Entſcheidung zu erledigen und Geſetze für die ganze Kirche zu er=
laſſen, ſo erſcheinen doch allgemeine Kirchenverſammlungen, ‚wenn auch nicht
zur Findung des Urtheils, ſo doch zu ſeiner Kraft und Geltendmachung zu
Zeiten nothwendig' (Phillips) .... In dem Maße aber das Leben der
Kirche ſich mehr und mehr im Haupte centraliſirt hat, mindert ſich die Noth=
wendigkeit allgemeiner Kirchenverſammlungen." (S. 121.)

Zu dem Satze von der Superiorität des allgemeinen Concil's über
den Papſt bemerkt Ginzel (S. 126 f.), er widerſtreite offenbar der kirch=

---

[1] Hiefür bezieht der Verfaſſer ſich S. 86 auf Luk. 22, 31 f. und bemerkt: „So
ward dem Petrus für alle Zeit, da der Glaube vom Hören und Predigen kommt,
vom Herrn die Autorität des unfehlbaren Lehramtes verliehen."

[2] „Nicht dogmatiſch, ſondern nur kirchenrechtlich, wird die Infallibilität
des Papſtes hier begründet, indem dieſelbe als in der Verfaſſung der Kirche wur=
zelnd nachgewieſen wird."

[3] „Die Unfehlbarkeit der dogmatiſchen Ausſprüche des Papſtes iſt wörtlich
weder hier noch anderwärts definirt worden. Dennoch iſt dieſelbe thatſächlich im
Leben der Kirche außer Frage geſetzt..., und beſonders in der neueſten Zeit auf
unwiderſprechliche Weiſe durch den von Pius IX. aufs feierlichſte als Dogma aus=
geſprochenen Satz von der unbefleckten Empfängniß der ſeligſten Jungfrau."

[4] „Oder wie man ſagt, ex cathedra, vom Lehrſtuhl herab, hoc est, wie
Devoti erklärt, universalis magistri suscepta persona."

[5] „Nur der alſo beſchränkte Satz von der Infallibilität des Papſtes iſt haltbar."

lichen Verfassung und enthalte „offenbaren Unsinn," da „an eine Trennung der auf dem allgemeinen Concil versammelten Hierarchen vom Papste, ihrem Haupte, nicht gedacht werden könne, ohne das allgemeine Concil im Begriffe aufzuheben." Ebensowenig habe er Sinn, wenn und so lange der Papst selbst verbunden mit den Bischöfen das allgemeine Concil constituirt; er würde dann aussagen: der Papst sei über sich selbst. Wohl aber gelte er für den Fall, daß der Papst bloß durch Legaten vertreten ist; „denn in diesem Falle bedarf die Versammlung der Bestätigung durch den Papst, dessen Person ausschließlich die Prärogative der Unfehlbarkeit zukommt, und der Confirmirende steht unzweifelhaft über dem zu Bestätigenden." Endlich habe er auch Sinn und Geltung von früheren allgemeinen Kirchenversammlungen, über deren „Entscheidungen und Gesetze der Papst kraft seiner höchsten Lehr- und gesetzgebenden Autorität so erhaben ist, daß er allein berechtigt ist, die dogmatischen Beschlüsse derselben unfehlbar zu interpretiren sowie den Disciplinargesetzen derselben zu derogiren und von denselben zu dispensiren."

Alledem entsprechend zählt Ginzel zu den „aus der höchsten Lehrautorität des Papstes fließenden Rechten" (S. 160):

1) „Das Recht die Summe der geoffenbarten Wahrheit in symbolischen Schriften darzulegen; 2) über einzelne Glaubenswahrheiten dogmatische Bestimmungen zu erlassen; 3) in höchster Instanz alle Glaubens und Lehrstreitigkeiten endgültig zu entscheiden; 4) alle wider die kirchliche Wahrheit laufenden Sätze und Meinungen als Irrthümer zu verwerfen" ....

23.

Gousset, Thomas Maria Joseph,
Cardinal-Erzbischof von Rheims, früher Professor der Theologie zu Besançon.

Théologie dogmatique. Tome I. VI. éd. Paris, Lecoffre. 1852. — Dogmatik. Nach der 7. Auflage aus dem Französischen übersetzt und herausgegeben von Dr. Franz Bittner. I. Bd. Regensburg, Manz. 1855.

Gousset antwortet auf die Frage nach dem Träger der Unfehlbarkeit (S. 611; S. 663 der Uebersetzung):

„Die Unfehlbarkeit der Kirche ruht hauptsächlich in dem Lehrkörper, welcher aus dem Papste besteht und den Bischöfen die in Gemeinschaft mit dem heiligen Stuhle sind; oder: der Papst und die Bischöfe sind Glaubensrichter, mit Ausschluß der Priester, der niederen Kleriker und der Laien"[1].

---

[1] L'infaillibilité de l'église réside principalement dans le corps enseignant, qui se compose du pape et des évêques en communion avec le saint siége, ou: le pape et les évêques sont juges de la foi....

Dann bespricht er zunächst die Unfehlbarkeit der conciliarisch versammelten Kirche, insbesondere die allgemeinen Concilien, „welche nicht nothwendig sind," ferner die Unfehlbarkeit der zerstreuten Kirche. „Die Kirche ist unfehlbar in dem Lehramte des Papstes und der Bischöfe auch wenn sie nicht zum Concil versammelt sind" (S. 623, resp. 676). Weiter (S. 626 ff., resp. 679):

„Damit ein dogmatischer Erlaß des Papstes Glaubensnorm sei, genügt es daß sie von der Mehrzahl der Bischöfe angenommen ist, ausdrücklich oder stillschweigend. [1]

„Es handelt sich hier um einen dogmatischen Erlaß, d. h. um einen Erlaß der eine den Glauben, die Moral oder die allgemeine Kirchenzucht betreffende Entscheidung enthält, ... vom Papste an die ganze Kirche gerichtet wurde und von der Mehrzahl der Bischöfe ausdrücklich oder stillschweigend angenommen ist. Einstimmigkeit im strengen Sinne ist unter den Bischöfen nicht nothwendig; es genügt daß die Mehrzahl derselben dem Urtheil des Papstes beipflichtet. Ebenso wenig ist es nothwendig, daß diese Zustimmung eine ausdrückliche oder äußere sei. Nimmt ein Bischof eine dogmatische Bulle an, so wird als zustimmend angesehen; und er stimmt als Bischof, als Hirt, als Glaubensrichter, welches auch der Beweggrund seiner Zustimmung sein mag, wirklich durch die bloße Thatsache bei, daß er sie stillschweigend unterschreibt oder sie ohne irgend eine Einwendung annimmt. Das Stillschweigen der Bischöfe muß also als hinreichendes Zeichen ihrer Annahme betrachtet werden.

„.... Der Lehrkörper kann nicht gegen den Glauben irren; er ist unfehlbar in seiner Lehre und in seinen Entscheidungen. Wenn nun aber die Erlasse des Stellvertreters Christi, wo er von seinem apostolischen Stuhle herabspricht und sein Wort alle Bischöfe der Christenheit vernehmen läßt, ohne daß von der Mehrzahl derselben Einsprache erfolgt, keine Glaubensregeln wären, wenn sie in irgend einem Punkte von der wahren Lehre abwichen: dann könnte der Irrthum in der Kirche siegen; es gäbe dann kein Mittel sich gegen die Verführung zu waffnen ....

„Man wendet ein: die Mehrzahl der Bischöfe prüft die Erlasse nicht, welche der Papst an sie richtet, weil sie ihn als unfehlbar betrachtet; sie urtheilen nicht, sie entscheiden nicht; sie pflichten einfach seinem Urtheile bei; weil ihre Zustimmung keine andere Grundlage hat als ihre Meinung von dem Ansehen des Stellvertreters Christi, so ist sie keine Stimme die gezählt werden kann; mit einem Worte sie handeln nicht als Glaubensrichter. Aber das ist eitle Spitzfindigkeit; denn erstens handelt es sich hier nicht bloß um das Urtheil, sondern auch um das Lehramt der Bischöfe. Wenn sie ein apostolisches Decret annehmen, so lehren sie ihm entsprechend. Der Körper der Bischöfe kann aber nicht irren, mag er nun richten oder lehren. Zweitens:

---

1) Pour qu'une constitution dogmatique du souverain pontife soit règle de foi, il suffit qu'elle ait été acceptée par le plus grand nombre des évêques, soit expressément, soit tacitement.

wenn die Bischöfe welche an die Unfehlbarkeit des Papstes glauben von diesem eine dogmatische Constitution erhalten, so prüfen und beurtheilen sie, ob dieselbe authentisch ist oder nicht; und ihre Authenticität einmal angenommen und festgestellt, u r t h e i l e n sie, daß dieselbe der Lehre der Kirche conform sei, und e n t s c h e i d e n, daß sie als Glaubensregel angenommen werden müsse: ist aber das Urtheil einmal vorhanden, was kümmern uns die Gründe und Ursachen, die dasselbe möglicher Weise bestimmt haben?

Im weiteren Verlaufe seiner Darstellung begründet Gousset den Primat des Papstes und entwickelt die wichtigsten Vorrechte desselben; darunter (S. 709 f. resp. 768):

„Dem Papste steht es an erster Stelle zu über dogmatische Fragen zu entscheiden.¹)

„Obgleich alle Bischöfe Glaubensrichter sind, so sind sie in ihren Urtheilen doch alle der Autorität des Stellvertreters Christi, des Nachfolgers Petri, untergeordnet, der vom Herrn den Auftrag erhielt, ‚die Lämmer und Schafe zu weiden‘ . . . und seine ‚Brüder zu befestigen.‘ Stets muß es in der Kirche einen Petrus geben, seine Brüder im Glauben zu befestigen. Das ist das Mittel die Einheit der Gesinnungen zu erhalten, welche der Erlöser vor allen Dingen verlangte, und diese Autorität ist für die Bischöfe um so nothwendiger, je weniger befestigt ihr Glaube ist im Vergleich zu dem der Apostel.“ [Nach Bossuet.]

„[Die Verheißung bei Matth. 16, 18] bietet uns möglichst große Sicherheit für die Rechtgläubigkeit der Lehre des h. Petrus und seines Nachfolgers. Der Papst kann nicht allen Gläubigen einen Irrthum gegen den Glauben lehren, ohne daß der Irrthum das Fundament der Kirche und folglich die Kirche selbst überwältigte.“

Der Cardinal zeigt dann unter Anderm, daß dieser Satz der früheren Lehre der französischen Kirche entspreche, und daß man in der Praxis diesen Satz in Frankreich stets anerkannt habe. Schließlich kommt er auf die gallicanische Declaration von 1682, und (S. 742 f., resp. 805) auf ihren vierten Satz insbesondere. „Sie dachte über die Infallibilität des Papstes, nicht wie die Versammlung von 1626; sie dachte nicht wie man allgemein in der Kirche dachte.“

---

1) C'est au pape principalement qu'il appartient de prononcer sur les questions relatives à la foi; oder (S. 707): Le pape a la principale part aux decisions concernant la foi.

24.
Gratry, A.,

Priester des Oratoriums von der unbefleckten Empfängniß, Mitglied der französischen Akademie.

De la connaissance de Dieu. II. édition. Paris, Douniol. 1854. — Ueber die Erkenntniß Gottes. Nach der 5. Originalauflage ins Deutsche übertragen von Konr. Jos. Pfahler. Regensburg, Manz. 1858. — Briefe an Mgr. Dechamps. Autorisirte Uebersetzung von Friebolin Hoffmann. Erster Brief. Münster, Brunn. 1870.

Der Schrift „von der Erkenntniß Gottes" ist ein „Abriß des katholischen Glaubens" (compendium catholicae fidei) angehängt. Zu dem Satze „In der Feststellung der von Christo überlieferten Glaubens- und Sittenlehre ist die Kirche unfehlbar sowohl wenn sie zerstreut als wenn sie auf ökumenischen Concilien versammelt ist," macht Gratry hier die folgende Anmerkung (II, 412; II, 192 der Uebersetzung):

„Fast alle Katholiken glauben und alle nehmen in der Praxis an, daß ‚der Papst, wenn er feierlich (ex cathedra) in Sachen der Glaubens- und Sittenlehre ein Urtheil fällt, unfehlbar ist'. Die Kirche hat jedoch diesen Satz nicht als Glaubensartikel ausgesprochen."

Der ‚erste Brief' dagegen hat die Läugnung der Unfehlbarkeit des Papstes zur Voraussetzung; er beschäftigt sich zum größten Theile mit dem Satze, daß Papst Honorius als Häretiker von Concilien und Päpsten verurtheilt sei, um daraus dann Schlüsse gegen die Unfehlbarkeit des Papstes ziehen zu lassen.

25.
Hagel, Maurus,

Professor der Theologie zu Dilingen.

Demonstratio religionis christianae catholicae. Tom. I. Theologia dogmatica generalis. Augsburg, Kollmann. 1831.

Der Verfasser lehrt (S. 170):

„Der römische Bischof ist der Lehrer und Richter der ganzen Kirche; denn da er den Primat inne hat, muß er sorgen, daß Christi Lehre in allen Kirchen rein und ganz sei und daß über dieselbe entstehende Streitigkeiten beigelegt werden."[1]

---

[1] Episcopus Romanus magister ac judex totius ecclesiae est; cum enim primatum gerit, curare debet, ut in omnibus ecclesiis doctrina Christi salva et integra sit, et controversiae circa illam ortae finiantur.

Es sei auch, wie man aus Avitus von Vienne sehe, bei den Alten Regel gewesen, sich in Zweifeln an den Papst zu wenden. Daher hätten auch die Entscheidungen der Päpste das höchste Gewicht und seien nach dem Briefe des h. Petrus Chrysologus an Eutyches so aufzunehmen, als wären sie aus dem Munde Petri hervorgegangen. Aber darum sei das Ansehen des Papstes doch nicht so hoch, daß keine Apellation möglich wäre: die Meinung von seinem **unfehlbaren** Ansehen „ist in finsterer Zeit aufgekommen (tenebricoso tempore prodiit), und weder in der h. Schrift noch in der Ueberlieferung der Vorfahren enthalten; ja die Alten billigten päpstliche Entscheidungen nicht eher als sie ihre Uebereinstimmung mit Schrift und Erblehre erkannt hatten." Aber man muß nach dem Verfasser sich an das Urtheil des Papstes halten, „bis die höchste kirchliche Autorität etwas Anderes bestimmt hat."

26.

Hefele, Carl Joseph von,

Bischof von Rottenburg, früher Professor der Theologie zu Tübingen.

Conciliengeschichte. I.—III. Bd. Freiburg, Herder. 1855—58.

Hefele's eingehende Untersuchung über den Fall des **Liberius** I, 657 ff.) gelangt zu folgenden Resultaten:

„1) daß Liberius zur dritten sirmischen Synode berufen wurde. Daß auf dieser die semiarianische Richtung wieder über die anomöische [streng arianische] siegte, und die zweite (ganz anomöische) sirmische Formel wieder verdrängt wurde; daß übrigens 2) auf der dritten sirmischen Synode kein neues Glaubensbekenntniß aufgestellt, sondern nur die älteren eusebianischen Glaubensdecrete,[1] namentlich ein antiochenisches vom Jahre 341, erneuert und unterschrieben worden seien, und zwar auch von Liberius. 4) Daß dieser damit zwar die Formel „gleichen Wesens" aufgab, aber nicht weil er etwa von der orthodoxen Lehre abgefallen wäre, sondern weil ihm glauben gemacht wurde, diese Formel sei der Deckmantel von Sabellianismus und Photinianismus; 5) daß er aber andererseits um so energischer auf das Bekenntniß drang, der Sohn sei in **Allem** auch in dem **Wesen**, dem Vater ähnlich, womit er in Anbetracht des in Nr. 4 Gesagten wohl nur im **Worte**, aber nicht dem wahren Glaubens**inhalte** nach von der orthodoxen Formel abwich, was durch sein nachheriges Auftreten für die Orthodoxie bestätigt wird;

---

[1] Die „keine **directe** und **ausdrückliche** Verwerfung des orthodoxen Glaubens enthielten," S. 673.

endlich 6) daß Liberius fortan mit jenen Bischöfen, welche, wie er, die dritte sirmische Formel unterschrieben hatten, Kirchengemeinschaft unterhielt; also auch mit manchen Arianern, welche aber seit dieser Unterschrift, und durch sie, sich vom strengen Arianismus entfernten." (S. 661 f.)

Dieselben Resultate spricht der Verfasser in kürzerer Fassung nach Abhörung der Gegengründe wiederholt S. 672 f. aus.

Von der dritten allgemeinen Synode zu Ephesus erzählt Hefele (II, 183 f.)

„Am Schlusse [des in der 2. Sitzung vorgelesenen päpstlichen Schreibens] wird noch gesagt; er [Papst Cölestin] sende die Deputirten, damit sie den Verhandlungen anwohnen und was der Papst schon früher beschlossen habe ausführen, und zweifle nicht, daß die versammelten Bischöfe denselben beistimmen werden.

„Uneradytet sich in dem letzten Satze das Papalbewußtsein sehr stark aussprach, waren doch die Mitglieder über das päpstliche Schreiben sehr erfreut . . . .

„Der päpstliche Legat Projectus wies sofort genauer auf den Inhalt des päpstlichen Schreibens hin, daß nämlich der schon früher vom Papste erlassene Spruch jetzt zum Nutzen der katholischen Kirche und nach der Regel des allgemeinen Glaubens zur Vollendung gebracht werden solle, d. h. daß alle Bischöfe dem päpstlichen Spruch beizutreten und ihn so zu einem Urtheil der gesammten Kirche zu erheben hätten. Hiernach hatte die Synode nach des Papstes Meinung nicht mehr zu untersuchen, ob Nestorius Irriges lehre, vielmehr stehe dies durch den römischen Spruch schon fest, und der Synode sollte nur obliegen den letztern durch ihren Beitritt zu kräftigen. Die Synode selbst hatte in ihrer ersten Sitzung ihre Aufgabe factisch anders gefaßt und eine neue Untersuchung . . . . eingeleitet; besungeachtet gab sie jetzt der päpstlichen Auffassung theils stillschweigend theils ausdrücklich ihre Zustimmung, indem Erzbischof Firmilian von Cäsarea in Kappadocien erklärte: ‚das frühere Schreiben des apostolischen Stuhles an Cyrill habe schon Sentenz und Regel über die nestorianische Frage enthalten, und sie, die versammelten Bischöfe, hätten danach sich richtend diesen Typus nur vollzogen und die kanonische und apostolische Verurtheilung gegen Nestorius ausgesprochen.'"

Recht ausführlich hat Hefele die Honoriusfrage besprochen. Seine Analyse des ersten Briefes dieses Papstes, nach welcher derselbe zunächst „die Sache schon von vornherein nicht richtig anfaßte," dann, als er „ganz auf dem rechten Wege war, die Consequenzen nicht richtig zog," schließt mit folgenden Sätzen:

„Weil der unverdorbene menschliche Wille Christi stets dem göttlichen unterthan und conform ist, so hat Honorius diese moralische Einheit beider verwechselt mit Einheit überhaupt oder physischer Einheit, um welche letztere es sich doch hier handelte. Selbst die klaren Stellen der h. Schrift worin Christus seinen menschlichen Willen von dem des Vaters unterscheidet konnten ihn nicht zur Anerkennung dieses menschlichen Willens bestimmen. Unterschied mit Gegensatz verwechselnd glaubte er zwei unterschiedene Willen in Christus nicht zulassen zu dürfen, um nicht häretisch zwei gegensätzliche einander widersprechende Willen in ihm zugeben zu müssen" (III, 138).

Bei der Besprechung des fragmentarisch erhaltenen zweiten Briefes des Honorius bemerkt Hefele, daß auch hier

„Das Wollen und Wirken unrichtig nur von der Person nicht von der Natur ausgehend betrachtet wird... Aber doch schreitet Honorius selbst wieder über diesen Irrthum hinaus.. Er sagt jetzt ganz richtig: ‚die göttliche Natur (in Christus) wirkt das Göttliche, die menschliche aber vollzieht das was des Fleisches ist‘, und: ‚wir verkünden die zwei Naturen, die in der Einen Person... unvermischt wirken was ihnen eigen ist‘. Hiermit hatte Honorius die orthodoxe Lehre ausgesprochen, und es wäre völlig unrecht, ihn der Häresie zu bezüchtigen. Aber im Widerspruche zu diesen seinen eigenen Aeußerungen stellt er auch jetzt wieder die beiden Ausdrücke ‚Eine‘ und ‚zwei‘ Wirkungsweisen [Energien] auf gleiche Linie.... Nachdem er selbst gesagt hatte: ‚Beide Naturen wirken was ihnen eigen ist‘, war es Inconsequenz, den Terminus ‚zwei Energien‘ verbieten zu wollen. Aengstliche Sorge für Erhaltung des Friedens und Mangel an Klarheit, auch nachgiebige Gefälligkeit gegen die Constantinopolitaner waren Schuld, daß der Papst den richtigen Ausdruck für die orthodoxe Lehre verwarf und damit der Häresie nicht unbeträchtlichen Vorschub leistete. Das Anstößigste im ersten Briefe, die Behauptung des ‚Einen Willens‘, dem Wortlaute nach der aufgelegte Monotheletismus, ist in den Fragmenten des zweiten Briefes nicht mehr wiederholt. Ob es im letzteren überhaupt gar nicht gestanden, kann nicht entschieden werden. Auf jeden Fall hat es Honorius nicht widerrufen, und darum hatten die Monotheleten, formell wenigstens, alles Recht, sich auf ihn als ihren Patron und Vorkämpfer zu berufen. Und hierin liegt seine zweite Schuld. Wie er einerseits (negativ) den richtigen Ausdruck der orthodoxen Lehre (‚zwei Energien‘) verbot, so hat er andrerseits den terminus technicus der Häresie selbst ausgesprochen. Und doch dachte er auch in diesem Punkte nicht häretisch, sondern nur unklar.... und versäumte nur die richtige Consequenz aus seiner eigenen richtigen Prämisse zu ziehen" (III, 147 f.).

Und nach der Prüfung verschiedener Entschuldigungen:

„So bleibt uns denn das Resultat: Die beiden Briefe des Honorius ... zeigen, daß Honorius factisch von den beiden heterodoxen Terminis ‚Ein Wille‘ und ‚Eine Energie‘ den ersteren selbst gebrauchte, den anderen aber mit dem Schlagworte der Orthodoxie ‚zwei Energien‘ auf gleiche Linie stellte und Beide verwarf; sie zeigen aber auch, daß die Grundanschauung des Honorius, die Grundlage seiner Argumentation, und damit er selbst im Herzen orthodox war, und sein Fehler nur in unrichtiger Darstellung des Dogma's und in Mangel an logischer Consequenz bestand" (S. 147 f.).

„In dieser Weise erledigt sich uns die Frage nach der Orthodoxie oder Häresie des Papstes Honorius, und wir halten so den Mittelweg zwischen denen welche ihn auf e i n e Stufe mit Sergius und Cyrus stellten und unbedenklich den Monotheleten beirechneten, und denen, welche durchaus keine Makel an ihm duldend, in das Schicksal der nimium probantes verfallen sind, so daß sie lieber die Aechtheit der Acten des sechsten allgemeinen Concil's ... läugnen oder auch dem ökumenischen Concil einen factischen Irrthum ... zuschreiben wollen".

„Der Mittelweg, den wir für den richtigen halten . . ., ist aber wesentlich verschieden von dem, welchen Garnier entdeckt haben wollte, und worauf ihm so viele angesehene Theologen und Historiker folgten, daß diese Ansicht meist für die gewöhnliche erklärt wird. Hiernach wird zugegeben, daß die sechste allgemeine Synode die Briefe des Honorius wirklich und mit Recht anathematisirt habe, aber nicht als ob sie irgend etwas Häretisches enthielten . . ., sondern . . . weil Honorius durch Anbefehlung des Silentiums der Häresie mächtigen Vorschub geleistet habe. Auch diese Meinung, scheint mir, ist z u günstig für Honorius, indem sich uns herausstellte, daß seine Briefe namentlich der erste, in der That Irriges enthielten" (S. 150 f.).

Was dann das Anathem über Honorius betrifft,

„so kann kein Zweifel sein, daß [die sechste allgemeine Synode] seine Briefe und ihn selbst für häretisch erklärte. . . . Er wurde nicht . . . . weil er zur Unzeit g e s c h w i e g e n, sondern weil er p o s i t i v in seinen Briefen Häretisches vorgetragen und die Häresie bestätigt hatte, mit dem Anathem belegt. Aber wie stimmt dies mit unserm eigenen früher abgegebenen Urtheile über Honorius zusammen? Wir behaupteten ja, daß die Grundanschauung des Honorius, die Grundlage seiner Argumentation, und damit er selbst im H e r z e n orthodox war. Allerdings; aber die Synode mußte sich an das halten was vorlag und dies war a. die Aufstellung der häretischen Formel ‚Ein Wille' und b. die Verwerfung der orthodoxen Formel ‚zwei Energien'. Die Briefe des Honorius enthielten also f a c t i s c h Häretisches und verdienten das strenge Urtheil der Synode um so mehr, je größeren Vorschub sie, weil von der höchsten kirchlichen Autorität ausgegangen, der Häresie leisten mußten und leisteten. Enthielten aber die Briefe wirklich Häretisches und hat Honorius die Irrthümer, die er darin behauptet und verkündet, später nicht zurückgenommen, so konnte die Synode auch die Person des Honorius mit Censur belegen. Was er factisch sagte . . . . das galt, und darnach mußte die Synode urtheilen, das Urtheil darüber, ob er es nicht so schlimm meinte, und ob er nur in D a r s t e l l u n g des Dogma's gefehlt habe ohne im H e r z e n Häretiker gewesen zu sein, dem allsehenden Auge Gottes überlassend" (III, 269).

„Sehr beachtenswerth ist die Art und Weise, wie Papst Leo das Anathem über Honorius bestätigte. Wir finden [in seinen Worten], a. daß auch er das Anathem über ihn spreche. b. Aber er unterscheidet ihn doch von den eigentlichen ‚Erfindern des neuen Irrthums', anathematisirt ihn nicht als einen a u s ihnen, sondern m i t ihnen und bezeichnet c. ganz richtig seine

Schuld theils als bloße Nachlässigkeit, theils als unbesonnene Zustimmung" (III, 270).

„Was aber aus der Geschichte des Honorius in Betreff der Infallibilität des Papstes resultire, das zu erörtern liegt nicht in unserer Aufgabe, und wir begnügen uns mit der Bemerkung, daß die Animadversiones, welche der Kirchengeschichte des Natalis Alexander beigegeben wurden, um dieses Werk wieder aus dem Index zu befreien, im Interesse der Infallibilität nachzuweisen suchten: ‚die Briefe des Honorius, wegen deren er der Häresie angeklagt wurde, waren Privatbriefe, keine dogmatischen Schreiben‘"[1].

Die Frage, ob der Papst unter oder über einem allgemeinen Concil stehe, faßt nach Hefele (I, 46) die „tiefere und richtigere Auffassung nicht nach der abstracten Kategorie von **ober** und **unter**." Der Papst verhalte sich zum allgemeinen Concil wie zur Kirche; er stehe aber nicht über oder **unter**, sondern **in der Kirche**, gehöre nothwendig zu ihr, sei ihr Haupt und Mittelpunkt. Wie der menschliche Organismus ohne Haupt kein wahrer Leib, sondern nur ein todter Rumpf sei, so bilde auch „eine noch so große Versammlung von Bischöfen keine allgemeine Synode, wenn sie vom Haupte, d. i. vom Papste, getrennt" sei. Daher sei jene Frage von vornherein verfehlt. Wohl aber könne gefragt werden, ob der Papst von einem allgemeinen Concil abgesetzt werden könne. Als einzigen Absetzungsgrund läßt Hefele die Häresie gelten.

27.
Hettinger, Franz,
Professor der Theologie zu Würzburg.

Apologie des Christenthums. II. Bd. Die Dogmen des Christenthums. 2. Abth. Freiburg, Herder. 1867. — 3. Auflage. II. Bd. 3. Abth. Ebda. 1869.

Hettinger spricht in den Vorträgen über „die katholische Kirche" (3. Aufl. II, 3, 1 ff.) auch vom Primat: daß der Herr „unter den Aposteln Einen, Petrus, der zuerst und allein das Bekenntniß des Glaubens an Christum ausgesprochen, zum Fundamente seiner Kirche erwählte, welches das Ganze tragen, mit dem das Ganze in innigstem Zusammenhange bleiben soll"; daß er der Kirche, „weil auf dieses Fundament gebaut, ewige Dauer verhieß"; daß er dem Petrus „die Weide übertrug über seine Lämmer und seine Schafe, d. i. ihn zum Hirten

---

[1] Honorii epistolae, ob quas haeresis fuit accusatus, privatae fuerunt, non dogmaticae.

ſetzte über ſeine geſammte Heerde, als ſichtbares Haupt an ſeiner Statt, dem darum alle Gehorſam ſchuldig ſind"; daß „aus der Aufgabe und dem Zwecke des Primats, welcher dem Petrus geworden — die Begründung und Erhaltung der Einheit in der Kirche — ſich nothwendig deſſen Permanenz durch alle Jahrhunderte ergibt." Dann berührt er das Wirken der Kirche, „wie ſie als feſtgeſchloſſenes Ganze beſtand, unter der Führung eines Hauptes, deſſen Auge das Ganze überſchaute, deſſen Worte Alle gehorchten, der der Vater iſt und Lehrer der geſammten Chriſtenheit, welchem in Petrus von Jeſus Chriſtus die Vollgewalt übertragen wurde, die Geſammtkirche zu weiden, zu lenken und zu regieren." Dazu fügt Hettinger folgende Anmerkung (S. 13 f.):

Iſt der Papſt, wenn er der Kirche einen Glaubensſatz vorlegt (definitio dogmatica ex cathedra) fehlbar oder nicht? Die Einen verneinen, die Andern bejahen. Wieder Andere ſuchen zu vermitteln. Er ſei unfehlbar, ſagen ſie, wenn er aus dem Geſammtbewußtſein der Kirche herausſpreche, denn dieſe kann nicht fehlen. Iſt es möglich, daß der Papſt n i c h t aus dem Geſammtbewußtſein der Kirche ſpricht, d. i. daß das Haupt im Glauben ſich trennt von den Gliedern, die Glieder ſich trennen von dem Haupte, d. i. daß die Einheit des Glaubens in der Kirche, dieſes Siegel ihrer Göttlichkeit, je auch nur auf einen Augenblick nicht mehr beſteht? Da die Kirche unvergänglich iſt, ſo wird die Einheit von Haupt und Gliedern — Papſt und Episkopat — nie zerriſſen werden, d. i. der Papſt w i r d der Verheißung gemäß immer aus der Einheit, dem Geſammtbewußtſein der Kirche herausſprechen, und wo der Papſt, da wird auch die wahre Kirche ſein, ebenſo wie der katholiſche Geſammt-Episkopat nie von der Lehre des Hauptes abfallen wird. Ueberdies: was ſoll eine Vollgewalt des Lehramtes im Glauben, wenn dieſes den Irrthum lehren kann? Sie iſt illuſoriſch, den Glauben ſelbſt ſchädigend und ein unerträglicher Druck für die Gewiſſen. Die Möglichkeit eines unfehlbaren Lehramtes des Primates wird der nicht beſtreiten, der an eine höhere Leitung der Kirche glaubt; die Unfehlbarkeit des päpſtlichen Lehramtes iſt nur e i n e Wirkung deſſelben einen Geiſtes, der jetzt durch den Ausſpruch der Geſammtkirche — Papſt und Biſchöfe — und jetzt durch jenen des „Hirten der Hirten' (Theod. Stud. ad Leon III.) ſich bethätigt. Eine mechaniſche, das Geſetz der Entwicklung verkennende Anſchauung wird freilich weder die Bedeutung der Primatialgewalt noch die des Lehramts der Geſammtkirche wahrhaft zu würdigen im Stande ſein und bald das Eine bald das Andere zu einſeitig und ausſchließlich betonen".

28.
Kistemaker, Johann Hyacinth,

Die heiligen Schriften des neuen Testaments, übersetzt und erklärt. 2. Auflage. I—IV. Bd. Münster, Theissing. 1825. — Exegetische Abhandlung über Matth. 16, 18—19 und 19, 3—12 oder über den Primat Petri und das Eheband. Göttingen, Dieterich. 1806.

Nach Kistemaker (II, 28 ff.) hat Christus bei Matth. 16, 18. dem Petrus „vor den andern Aposteln einen Vorrang an Ansehen, Macht und Würde in seiner Kirche verheißen". Und

„das wiederholt und bestätigt er V. 19 in einem andern Bilde. Seine Kirche ist der herrliche, der große Tempel Gottes; wer drinnen ist, wohnet schon hienieden im Reiche der Himmel, in dem Reiche, das führet zur herrlichen Wonne. Die Schlüssel zu diesem Reiche gibt er dem Petrus. Er gibt ihm auch die Gewalt zu binden und zu lösen.... Derjenige, dem er in Gegenwart aller Apostel solche Gewalt vor allen andern mittheilt, dem ertheilt er offenbar einen Vorrang".

Der Verfasser bezieht sich dann auf seine ‚exeget. Abhandlung über den Primat'. Hier stellt er (S. 21) die Frage: „Welche Erklärung und Anwendung der besagten Worte ist zu weit ausgedehnt und zu viel umfassend, als daß man sie hineinlegen könnte und dürfte?" Er antwortet:

„Einige haben aus den erwähnten Worten folgende Primats=Rechte herleiten wollen: 1) In Petro allein und seinen Nachfolgern wohne die Fülle der geistlichen Jurisdiction, wie in der Urquelle, aus welcher ein gewisser, bestimmter Antheil auf andere einzelne Bischöfe übergehe. 2) Die Nachfolger Petri seien unfehlbar in ihren Definitionen ex cathedra.... Daß aber diese Sätze aus den Worten Christi nicht mit Fug können hergeleitet werden, ist offenbar und ließe sich leicht zeigen... Die katholische Kirche lehrte und trug nur als Glaubensartikel jenen Vorzug Petri und seiner Nachfolger vor, welcher dazu nothwendig war, daß sie Fels oder Oberhaupt der Kirche und Centrum unitatis in Glaubens= und Sittenlehren seien. Die genaue Festsetzung solcher wesentlichen Primatsrechte gehört nicht hierher, und ist auch immer einigen Schwierigkeiten unterworfen... Darum muß ich auch bemerken..., daß eben jene übermäßige Ausdehnung der Primats= Rechte den Grund oder die Veranlassung oder den Vorwand zur unstatthaften oder ungebürlichen Beschränkung derselben gegeben hat".

Zu Lukas 22, 31 f. wird u. A. bemerkt (III, 406 f.):

„Jesus hat auch gebetet zu seinem Vater für alle elfe.... Insbesondere aber hat er gebetet für Simon Petrus, weil derselbe wohl dessen mehr bedurfte, aber auch weil er erkoren war als vorzügliches Werkzeug des Glaubens, als der Fels auf dem die Kirche gegründet sein sollte. Daher spricht Jesus zu ihm: ‚dereinst, wenn du dich wirst bekehrt haben, befestige deine Brüder'. ‚Deine Brüder' heißt hier nicht die Apostel — die bedurften solcher Befestigung nicht — sondern die andern Gläubigen, auch nicht sowohl die bei Lebzeiten der Apostel, sondern die nach deren Tode. Die sollte er befestigen, d..h. er und seine Nachkommen, die auf seinem Stuhle sitzen würden. Denn die Verheißungen der Macht und Würde, welche Jesus den Aposteln gibt, gehen auf ihre Nachfolger über, sind von diesen und jenen zu verstehen... So werden denn mit Grund die Worte des Herrn ‚Ich habe für dich gebeten, daß dein Glaube nicht abnehme' auf des Petrus Nachfolger bezogen. Das thaten kirchliche Lehrer in den ersten Jahrhunderten. Wie viel mehr thun wir es, die nach beinahe achtzehn Jahrhunderten Zeugen sind des unwandelbar auf des Petrus Stuhl fortbestehenden Glaubens als einer Wirkung dieses Gebetes Jesu des Herrn".

Und zu Joh. 21, 15 ff. lesen wir (IV, 493 f.):

„Dem Petrus also gab er insbesondere, ihm vorzüglich vor den Anderen, solchen Auftrag: ‚Weide meine Schafe'; den hohen Auftrag, seine Heerde zu weiden, wie sein, des Oberhirten Stellvertreter. Allen seinen Aposteln hatte er nach seiner Auferstehung die Macht gegeben, die Sünden zu erlassen oder zu behalten; dem Petrus absonderlich gab er die ‚seine Heerde' zu weiden. Zuvor hatte er ihm verheißen: auf ihn Petrus, den Felsen werde er seine Kirche bauen. Nun gibt er ihm in andern bildlichen Worten eben diese vorzügliche Würde, seine Heerde zu weiden, d. h. seine ganze Gemeinde, alle Gläubigen, die da lehren und vorstehen, und die da gelehrt und geführt werden".

29.
Klee, Heinrich,

Professor der Theologie zu Bonn und München.

System der katholischen Dogmatik. Bonn, Marcus. 1831. — Katholische Dogmatik. I. Bd. Mainz, Kirchheim. 1835. Vierte Auflage in einem Bande [von Prof. Heinrich]. Ebenda. 1861. — Lehrbuch der Dogmengeschichte. I. Bd. Mainz, Kirchheim. 1837.

In dem ‚System' (S. 107 ff.) spricht Klee von der „Indefectibilität des Primats" und versteht darunter, daß der Primat „als solcher nie von Christi Erlösungs-Wahrheit und Gnade, von seinen Lehren und Sacramenten abfallen, und Unchristenthum als Christenthum zu nothwendiger Annahme vorstellen könne". Und

„diese Indefectibilität des Primats (welche jedoch von der Kirche nicht als Dogma besonders und eigentlich gefaßt und zum Glauben vorgestellt ist) mag wohl so erhellen oder wenigstens so erscheinen, daß man, wo auch seine Beistimmung, doch auch seine Wegwerfung zurückhält".

In seinem größeren dogmatischen Werke spricht Klee von der „Infallibilität"; seine frühere kurze Ausführung erscheint hier (I, 210 ff.; 4. Aufl. S. 152 ff.) erweitert und übergearbeitet; sie ist mit zahlreichen Beweisstellen aus den Vätern versehen. Zunächst bemerkt er:

„Daß der Infallibilität des Papstes keine dogmatische Qualität vindicirt werden soll, daß dieselbe nie als wesentliche Lehre der Kirche feierlich ausgesprochen, sondern nur als eine höchst achtungswürdige Meinung in der Kirche von Vielen behauptet wurde, und hier mit ihren Gründen darzustellen ist, wonach sie nicht so leichtsinnig und schnöde zu verurtheilen ist, sondern einer ernsten Erwägung und gar des Beifalls werth erscheinen könnte".

Diese Gründe sind folgende: [1])

„1) In der ... Verheißung Christi (Matth. 16, 16 f.) wird [der Primat] als unerschütterlicher Fels bezeichnet, die Festigkeit der Kirche als von seiner Festigkeit abhängig dargestellt. Muß um der Worte Christi willen der Kirche die Unfehlbarkeit in Glaubenssachen zuerkannt werden, warum nicht auch und zuerst dem von Christo zu ihrem Fundament erkorenen Felsen? Oder will man mit den Gallicanern annehmen, Christus habe so nur verkünden und verbürgen wollen, daß der Primat nicht auf alle oder lange Zeit im Irrthum verbleiben könne, so ist dieses eine an der Schriftstelle verübte exegetische Gewaltthat, durch welche, da sie nur dem Primat gelten soll, der Kirche selbst ein empfindlicher Streich versetzt wird; denn gleicherweise könnte man auch gegen diese eine solche Exception vorbringen ...

„Weiter ist auch in der von Christus dem Apostel Petrus übertragenen Hut und Weide seiner Schafe und Lämmer (Joh. 21, 32 ff.) die Gewährschaft der Unfehlbarkeit des Primats enthalten, indem dieser mit der Einbuße der Wahrheit, der rechten Lehre und der rechten Sacramente Christi auch das Recht und die Macht, das Object und Mittel der Hut und Weide der Heerde Christi verloren hätte [2]). In dieser wie in der vorigen Stelle dürfte dann auch eine Berechtigung gefunden werden zu der bei Vielen vorkommenden höhern Deutung des Gebetes Christi für Petrus, daß sein Glaube nicht untergehe (Luk. 22, 32), und des hiermit verbundenen Auftrages seine Brüder zu befestigen".

„2) Von den ältesten Zeiten an hat die römische Kirche und der apostolische Stuhl die Prärogative der Infallibilität in Sachen des Glaubens theoretisch und praktisch sich vindicirt, ihre Entscheidungen als die Petri, des Stellvertreters Christi, und als Aussprüche Christi selbst erklärt. Aber

---

[1]) Ich citire nach der 4. Auflage, welche sich „abgesehen von einzelnen Worten an dem Texte Klee's keine Aenderung erlaubt" hat, während die 3. nach Klee's Tode durch Fr. S[ausen] besorgte Auflage gleichfalls eine unveränderte war, sofern nicht das Manuscript des Verfassers zu einer Aenderung Anlaß gab. Was sich in der 1. Auflage nicht findet, schließe ich, so fern es von Erheblichkeit ist, in ‖ ‖ ein.
[2]) In seinem 1829 veröffentlichten ‚Commentar über das Evangelium nach Johannes' hat Klee das noch nicht ausgeführt.

nicht bloß in der römischen Kirche finden wir diese Ueberzeugung, sondern auch in allen übrigen Kirchen. Eine Reihe von Kirchenvätern und Kirchenschriftstellern der ältern und nachfolgenden Zeiten preisen Rom als dem Irrthum unzugänglich. So Cyprian, Basilius, Hieronymus, Augustin, Theodoret, Bachiarius (span. Mönch 420), Johannes von Nikopolis, Ferrandus, Epiphanius von Constantinopel (520), Maximus der Philosoph, Aldhelm (609), Alcuin, Hinkmar, Rather von Verona, Bernardus, und mögen als Zeugen der Meinung ihrer Zeit und der Vorzeit von der hohen Verläßlichkeit und Treue Rom's in Bewahrung des überlieferten Glaubens auch Valentinian und Justinian gehört werden. Rom ist [nach den Vätern] das rechte Orientirungsmittel in Bezug auf die Gegenstände des Glaubens, seine Entscheidung ist die Petri, wodurch jeglicher Zweifel behoben, jeglicher Zwist geschlichtet wird; der Papst ist der allgemeine Hirt und Lehrer der ganzen Kirche, seine Aussprüche Urtheile des authentischen Ministeriums".

„3) Der Primat ist keine todte und abstracte Monas, kein mathematischer Punkt, sondern ein wahrhaftes, centrales, strahlendes Leben, eine kräftige actuose Mitte, bestimmt den kirchlichen Organismus in der Einheit des Leibes und Geistes zu halten; dieses kann er aber nur sein durch die von ihm authentisch zu verkündende Wahrheit, daß also mit dem Fortbestande des Primats als solchen dessen Infallibilität mit anzunehmen ist. Ohne diese Hut und Weide der Heerde Christi kein Magisterium. || Wäre bloß das allgemeine Concil die Instanz, wo Glaubensstreite geschlichtet, Häresien verurtheilt werden können, so wäre . . . . für die Aufrechthaltung der Rechtgläubigkeit nicht genügend gesorgt . . . . Und warum soll die vis veridica, welche der Kirche zugelegt werden muß, nicht dem Hauptorgan derselben zugelegt werden können? Nach der Argumentation der Gallicaner: die Kirche sei als Ganzes infallibel, der Papst sei nur ein Theil der Kirche, also nicht infallibel, könnte auch gefolgert werden, daß Petrus nicht infallibel gewesen, daß das allgemeine Concil nicht infallibel sei; oder wollte man sagen, das allgemeine Concil repräsentire die ganze Kirche, so würde man erwiedern können, daß ebenso auch der Primat die ganze Kirche repräsentiren könne. Es ist aber auf diese Argumentation weiter zu bemerken, daß das Ganze größer ist als seine Theile, aber nicht anders beschaffen als seine Theile". ||

Klee tritt dann den Nachweis an, daß „von den Fällen, da der mit dem Primat investirte, in dogmatischen Entscheidungen, oder wie die Schule sich ausdrückt, vom Lehrstuhle herabsprechende (ex cathedra loquens) Papst sich wirklich von der Wahrheit entfernt haben soll, keiner hinreichend documentirt ist". Zum Schluß wiederholt er, daß er „nur eine Meinung in der Kirche, kein Dogma der Kirche exponirt habe", und bemerkt ferner:

„Für die Praxis ergibt sich aber auch für die welche an dieser Meinung nicht halten keine Bedenklichkeit; denn die doctrinale Entscheidung des Kirchenoberhauptes gestaltet sich durch die folgende Beistimmung der Bischöfe zum formellen Urtheil der ganzen Kirche als solcher . . . Wie dann aber, wenn die Bischöfe mit der doctrinalen Aussprache nicht einverstanden wären? Hierauf ist zu sagen, daß dieses nie der Fall sein wird. Nie wird die relative Allgemeinheit der Bischöfe der Entscheidung des h. Stuhles opponiren. Denjenigen aber welche spottweise von einer Inspiration des Papstes reden ist zu bemerken, daß es sich hier nicht von eigentlicher Inspiration und Revelation neuer Doctrinen handelt, sondern von bloßer Assistenz des Geistes Gottes zur Erhaltung und Bezeugung der von Anfang geoffenbarten Lehre, wie auch eine solche Assistenz, nicht Inspiration, der Kirche, und dem allgemeinen Concil vindicirt wird".

In der „Dogmengeschichte" lesen wir (I, 97 ff.):

„Eine höchst merkwürdige, wenngleich wieder aus den Wirren der Zeit sehr begreifliche Erscheinung bleibt die Opposition, welche sich in der Kirche selbst gegen den Primat organisirte, und welche bei dem Proteste, den Primat in seinem Wesen anzuerkennen, darauf hinauslief, denselben in seiner Wirksamkeit und Wirklichkeit in aller Weise zu verkümmern. Diese Opposition, welche auf den Universitäten, namentlich der pariser, ihren Sitz aufgeschlagen hatte, trat in den Concilien von Pisa, Constanz, Basel und in einer Menge Schriften mit großer Kühnheit auf, bekämpfte die bisher gangbare Meinung der päpstlichen Infallibilität, verkündete die Unterordnung des Kirchenoberhauptes unter die allgemeinen Concilien, proclamirte das Recht von Entscheidungen des Papstes auch in rein doctrinellen Dingen zu appelliren, denselben gar abzusetzen und die Prärogative seines Stuhles auf eine andere Kirche zu übertragen. Dieser falschen conciliarischen Richtung, welche die Kirche unfehlbar zuerst oligarchisch und später demokratisch aufgelöst haben würde, mußten sich die Päpste mit aller Entschiedenheit widersetzen. Gegen die Appellation vom Papste an das Concil erklärten sich darum sehr scharf Martin V., Pius II. und die folgenden Päbste. Später sehen wir allerdings auch die französischen Bischöfe wiederum den Primat ohne Restriction und selbst dessen untrügliche Lehrautorität anerkennen; dies hinderte aber die gallicanische Richtung nicht, sich dennoch wiederum so mächtig zu erheben, daß sie sich 1682 in den bekannten Propositionen förmlich constituirte und trotz den hierwider ergangenen Erklärungen der Päpste und mehrer Particularkirchen und der gründlichen Expositionen der Theologen sich erhielt und, nachdem sie durch die Complication mit dem Jansenismus sich noch geschärft, endlich in gröberer Gestalt in Deutschland als Febronianismus sich reproducirte. Erst in der jüngsten Zeit erlag dieselbe den Angriffen eines Maistre und, wie sehr er sich selber darnach untreu wurde, des De la Mennais".

30.
Klofutar, Leonard,
Bischöfl. Consistorialrath und Professor der Theologie zu Laibach.

Commentarius in evangelium S. Matthaei. Wien, Selbstverlag. 1866.

Bei der Erklärung von Matth. 16, 18 bemerkt Klofutar (S. 238):

„Wenn auch die übrigen Apostel vom h. Paulus (Eph. 2, 20) allgemein das Fundament der Kirche genannt werden, so hindert das nicht, daß Petrus das Fundament der ganzen Kirche ist; denn weil er der Fels heißt, auf welchen die ganze Kirche gebaut werden soll, so wird er vor den übrigen Aposteln in einer besondern und ausgezeichneteren Weise als das Fundament erklärt; Petrus für sich, die Uebrigen in Vereinigung mit Petrus; Petrus unter den sichtbaren Fundamenten zweiten Ranges das Haupt- und erste Fundament, welches alle übrigen zugleich zusammenhält und leitet; Petrus gleichsam der Probirstein, an welchem der wahre Glaube vom falschen unterschieden wird." [1]

In der Erklärung des „Binden und Lösen" in B. 19 stimmt Klofutar so gut wie wörtlich mit Bisping überein. —

31.
Knoll, Albert,
(Albertus a Bulsano)
Priester des Kapuzinerordens, Lector der Theologie.

Institutiones theologiae dogmaticae generalis seu fundamentalis. Innsbruck, Wagner. 1852. — Editio III. Turin, Marietti. 1864. — Institutiones theologiae theoreticae seu dogmatico-polemicae. Vol. I. Ed. altera. Ebda. 1862. — Institutiones theologiae theoreticae seu dogmatico-polemicae ab auctore in compendium redactae. Ebda. 1865.

P. Albert lehrt zunächst (1. Aufl. S. 538; 3. Aufl. S. 382): „Das Subject der Unfehlbarkeit oder die unfehlbare, lehrende Kirche machen die Bischöfe mit ihrem Haupte, d. i. mit dem Papste, aus". Diese „allgemeine lehrende Kirche" könne auf doppelte Weise sprechen: versammelt auf dem Concil, zerstreut über den Erdkreis. Unter den Mitteln den „außerconciliaren Consensus der Kirche" zu erkennen, nennt

---

[1] Petrus pro se, reliqui in communione cum Petro; Petrus inter secundaria seu visibilia fundamenta principale et primum, quod reliqua simul contineat et dirigat; Petrus quasi lapis lydius, ad quem probatur vera fides a falsa.

Knoll zuerst die päpstlichen Constitutionen, welche „nach Lehre aller katholischen Theologen unfehlbar sind, wenn alle oder die meisten Bischöfe sie unterschreiben". Ob sie aber vor der Zustimmung der lehrenden Kirche für unfehlbar zu halten, oder: ob der Papst bei Aussprache einer Glaubenslehre ex cathredra für sich unfehlbar sei oder nicht: darüber werde noch unter den Theologen verhandelt.

Schon in der ersten Auflage vertritt nun unser Theologe die Unfehlbarkeit (S. 555 ff.): „Sehr gewichtige (gravissimi) Theologen legen dem Papste Unfehlbarkeit bei, wenn er als Haupt der gesammten Kirche eine Glaubens- und Sittenlehre vorstellt oder ... ex cathedra spricht". Dann führt er die „hauptsächlichsten Gründe" dieser Theologen aus, und zeigt schon dadurch klar genug, daß diese Ansicht die seine ist. Schließlich bemerkt er (S. 559):

„Wenn auch die Unfehlbarkeit des Papstes durch vielfache Beweise erhärtet wird, so kann sie doch nicht zu den Glaubenssätzen gezählt werden (ad fidei dogmata referri non potest). Denn die Theologen welche sie geläugnet haben sind nicht als Irrlehrer verurtheilt. Auch hat in der Kirche nicht das feste und stete Bewußtsein gelebt, daß die Entscheidungen des Papstes durchaus unfehlbar und unwiderruflich seien [1]. Denn obgleich die Päpste die ausgebrochenen Irrlehren verurtheilt und den rechten Glauben ausgesprochen haben, wurden doch, nicht ohne große Mühen und Kosten, allgemeine Concilien gehalten, damit durch diese die Streitigkeiten unfehlbar und unwiderruflich geschlichtet und die Dogmen ausgesprochen würden.... Uebrigens räumen alle katholischen Theologen ein, auch die welche die Unfehlbarkeit läugnen, daß die Entscheidungen des Papstes von höchstem Ansehen sind und mit Ehrfurcht aufgenommen werden müssen, und Niemand darf, wie Gerson sagt, das Gegentheil von ihnen lehren."

Die dritte Auflage behandelt die Frage nicht bloß ausführlicher sondern tritt auch entschiedener auf. Es heißt:

„Die Unfehlbarkeit des Papstes [im bezeichneten Falle] wird von sehr vielen und sehr gewichtigen Theologen vertheidigt, denen wir sehr gern beipflichten. Denn für diese Unfehlbarkeit sprechen sehr haltbare Gründe." [2]

Knoll läßt diese Gründe folgen. Er argumentirt zuerst aus den drei Bibelstellen [3], weiter aus Aussprüchen der Väter und Concilien

---

1) Neque in ecclesia firma et constans persuasio viguit, Romani pontificis definitiones omnino infallibiles et irrefragabiles esse.
2) Si autem [pontifex Romanus] ut primas doctrinam fidei et morum universae ecclesiae proponit seu ... si loquitur ex cathedra, infallibilitas ipsius a plurimis et gravissimis theologis defenditur, quibus libentissime subscribimus. Hanc enim infallibilitatem solidissima argumenta probant.
3) Mit dem Fundamente falle das Haus, könne dieses nicht fallen, so auch jenes nicht, denn das Haus erhalte seine Festigkeit vom Fundamente, nicht umgekehrt;

und aus geschichtlichen Vorgängen, endlich aus dem Begriffe und Zwecke des Primates[1]) sowie aus der Unmöglichkeit immer allgemeine Concilien zu halten, und aus der Schwierigkeit den Consens der über die Erde zerstreuten Bischöfe in Kenntniß zu bringen.

In der Schlußbemerkung heißt es jetzt (S. 398):

„Die Unfehlbarkeit des Papstes kann zwar nicht zu den Glaubenssätzen gezählt werden, weil die Theologen welche sie läugnen und bestreiten nicht als Häretiker verdammt sind; aber mit Recht wird sie doch eine theologisch sichere (theologice certa) genannt, so daß wer sie läugnet und bestreitet kaum dem Prädicat der Verwegenheit (nota temeritatis) entgehen dürfte." Dann nach einigen Worten über die gallicanische Declaration: „Seitdem hat es indeß einige Theologen gegeben, welche die Unfehlbarkeit des ex cathedra sprechenden Papstes bestritten. Jedoch bekennen Alle, daß die Entscheidungen des Papstes, weil er der höchste Hirt Aller ist, und weil bei ihm alle Kirchen zusammenströmen (ad ipsum omnes confluunt ecclesiae), deren Tradition und Glauben er am Besten kennen kann, von dem höchsten Ansehen sind und mit Ehrfurcht aufgenommen werden müssen, und daß Niemand das Gegentheil von ihnen lehren darf."

Die Lösung einer Anzahl, namentlich der Geschichte entnommenen Einwürfe berücksichtigt auch das was früher der Verfasser selbst aus der Abhaltung allgemeiner Concilien gefolgert hatte.

In der zweiten Auflage der größeren Dogmatik (I, 70) sagte Knoll bei der Behandlung der Quellen der Dogmatik, schon vor dem Erscheinen der dritten Auflage der Fundamentaltheologie:

„Von welchem Ansehen solche [päpstliche] Entscheidungen sind, wurde in der Theologia generalis gezeigt. Die haltbarsten Gründe aus Schrift, Vätern und Geschichte, durch die fast einstimmige Meinung der berühmtesten Theologen gekräftigt, beweisen, daß die dogmatischen Entscheidungen des Papstes, wenn er ex cathedra spricht, schon an sich unfehlbar sind. Obgleich das aber nicht als Glaubensartikel ausgesprochen ist, so geben doch Alle zu, daß sie von dem größten Gewichte seien, und daß man nicht ihr Gegentheil lehren dürfe. Endlich ist es nach katholischen Grundsätzen ganz

---

Christus werde also nicht einem festen Hause ein erschütterliches Fundament gegeben, sondern dem Fundamente die Beständigkeit, dem Haupte der Kirche die Irrthumslosigkeit verliehen haben. Das Gebet Christi gehe auf das Haupt der Kirche zum Besten der Kirche; Christi Gebet sei aber wirksam. Wenn der Papst, der Lämmer und Schafe, die lehrende wie hörende Kirche zu weiden habe, irren könnte, so würden entweder Alle in Irrthum geführt, oder die Heerde würde dem Hirten weichen.

[1]) „Der Papst hat den Primat, damit er der Kirche als Haupt vorstehe, sie als Fundament trage (sustineat), als Hirt weide und sie so auf sicherem Wege zum Heile führe. Könnte er aber in seinen dogmatischen Entscheidungen irren und könnten diese von der übrigen Kirche umgeändert werden (reformari), so würde das Fundament durch das Gebäude gefestigt, das Haupt vom Körper geleitet und die Schafe würden den Hirten weiden und aus der Irre auf den rechten Weg zurückführen."

gewiß, daß die genannten päpstlichen Entscheidungen unfehlbares und unumstößliches Ansehen haben, wenn ihnen die Zustimmung der Bischöfe oder der zerstreuten Kirche beitritt."

In dem ‚Compendium' (I, 30) heißt es dann ganz kurz:

„Daß die vom Papste in Glaubenssachen erlassenen Entscheidungen von unfehlbarem Ansehen sind (infallibilis autoritatis), wurde schon in der Theologia generalis bewiesen."

32.
Lapide, Cornelius a,
(van den Steen),

Priester der Gesellschaft Jesu, Professor der Theologie zu Löwen und Rom, † 1637.

Commentarii in quatuor evangelia. Augsburg, Veith. 1735.

In der Erklärung von Matth. 16, 18 f. gibt der Verfasser (1, 318) den Sinn der Worte „auf diesem Felsen" u. f. w., folgendermaßen an:

„Deshalb nenne ich dich Petrus oder Fels, weil .... ich auf dich, Petrus, wie auf den festesten Felsen meine Kirche bauen werde, daß sie, auf dir ruhend, festen Bestand habe gegen alle Angriffe der Irrlehrer und Gottlosen, und daß du sie im wahren Glauben und in der Verehrung Gottes erhaltest und tragest, wie der Fels als das Fundament das ganze auf ihn gebaute Haus trägt und erhält.[1])

Zu den Worten „und die Pforten der Hölle" u. f. w. lesen wir (I, 319):

„Drittens verspricht hier Christus der Kirche sowie ihrem Haupte Petrus d. i. dem Papste Sieg und Triumph über Alles. Der Grund ist, weil Christus ihr zur Seite steht und für sie kämpft. Und wiederum stehen Christus und der h. Geist mit besonderer Sorgfalt ihrem Haupte, dem Papste, zur Seite, daß er im Glauben nicht irre,[2]) sondern fest sei wie ein Diamant, nach Chrysostomus' Ausdruck, und daß er die Kirche recht lenke und regiere und sie leite auf den Weg des Heiles, wie auch Noah die Arche leitete, daß sie nicht verschlungen wurde von der Fluth."

---

1) ... super te, Petre, quasi super petram firmissimam aedificabo ecclesiam meam, ut tibi innixa firma consistat contra omnes haereticorum et impiorum insultus, utque tu eam in vera fide et cultu dei contineas et sustentes, sicut petra quasi fundamentum sustinet et continet totam domum in ea aedificatam.

2) Rursum Christus et spiritus sanctus peculiari cura assistunt capiti ejus, Romano pontifici, ut in fide non erret.

Ferner zu den Worten „Und was immer du binden wirst" u. s. w. (I, 320):

[Durch dieses Bild] bezeichnet [Christus] also dasselbe wie durch die Schlüssel und den Felsen: die höchste Gewalt Petri in der Regierung der Kirche. Die Bindegewalt ist also sehr umfassend (amplissima) und wird in verschiedener Weise von Petrus und dem Papste gebraucht .... Zum Fünften [übt der Papst sie aus], wenn er die Christen durch Glaubens=erklärungen verpflichtet, indem er ex cathedra entscheidet und erklärt was zu glauben sei, was als irrthümlich und ketzerisch zu verwerfen." [1]

Zu Lukas 22, 32 schreibt unser Exeget (II, 224):

„Christus hat durch dieses Gebet dem Petrus zwei große Vorzüge vor den übrigen erfleht und erlangt. Der erste ist ein persönlicher, daß nämlich Petrus nie den Glauben an Christus verlöre.... Das ist wahrscheinlich, aber nicht sicher.... Der zweite und zwar sicherere Vorzug war dem Petrus mit allen seinen Nachfolgern gemeinsam, daß nämlich er und die übrigen Päpste.... niemals öffentlich vom Glauben abfielen, so daß sie die Kirche eine Ketzerei lehrten oder einen Irrthum, welcher gegen den Glauben ist. [2]

„Denn Christus mußte in seiner allweisen Fürsorge seine Kirche, die stets vom Teufel gesichtet und versucht wird, nicht bloß zu Petri Zeit sondern für alle Zukunft bis zum Ende der Welt mit einem Orakel des wahren Glaubens versehen, das sie bei jedem Glaubenszweifel zu Rathe ziehen, und von dem sie im Glauben unterwiesen und befestigt werden könnte; denn sonst könnte die Kirche im Glauben irren.... Dieses Orakel der Kirche also sind Petrus und alle ihm nachfolgenden Päpste." [3]

---

1) Quinto, obligando christianos definitionibus fidei, dum pontifex ex cathedra definit et declarat quid credendum sit, quid ut erroneum et haereticum respuendum.

2) Alterum et certum privilegium fuit commune Petro cum omnibus ejus successoribus, ut scilicet ipse et ceteri pontifices Romani .... nunquam publice a fide deficerent, sic ut ecclesiam docerent haeresin aut errorem aliquem qui sit contra fidem.

3) Opus enim fuit ut Christus .... Ecclesiae suae .... non tantum tempore Petri sed omni deinceps futuro usque ad finem mundi prospiceret de oraculo verae fidei, quod ipsa in omni fidei dubio consuleret, et a quo in fide instrui et confirmari posset; alioqui enim ecclesia in fide posset errare ... Hoc ergo ecclesiae oraculum est Petrus omnesque succedentes Romani pontifices.

33.
Laurent, Johannes Theodor,
Bischof von Chersones i. p., ehemaliger apostolischer Vicar von Hamburg und von Luxemburg.

Christologische Predigten. II. Theil. Aus dem Priesterthum, Lehramt und Königthum des Herrn. Mainz, Kirchheim. 1860. — Größerer Katechismus der römisch-katholischen Religion, zunächst für das apostolische Vicariat Luxemburg. Luxemburg, Schmit-Brück. 1847.

Die ‚Christologischen Predigten' bringen in der Reihe „vom Stellvertreter des Herrn" eine über „das oberste Lehramt des Papstes" (S. 606 ff.). Ich hebe aus derselben Folgendes aus:

„[Christus] mußte sorgen für den Fortbestand seines gesprochenen Wortes, für die Fortsetzung seines äußern Lehramtes. Dies sein äußeres Lehramt hat er .... seinen Aposteln aufgetragen .... Diesen .... Aposteln verlieh er solche Fülle von Erleuchtung des Geistes, daß sie alle persönlich in seiner Wahrheit befestigt, in der Wissenschaft und Predigt seines Wortes unfehlbar wurden.... Diesen Wundervorzug wollte der Herr aber nicht zum bleibenden Zustand seiner Kirche machen; der Lehrbeistand seines heiligen Geistes sollte sich .... an den Lehrern in der Kirche nicht wie an den Aposteln in Weise der Inspiration oder als unmittelbare persönliche Eingebung erweisen, sondern in Weise der Conservation oder als allgemeine Hütung seines im Gedächtniß der Kirche niedergelegten .... Wortes. Allein ...., welcher Weise soll denn die Einheit des Worts Gottes bei der Vielheit der nicht persönlich und unmittelbar vom h. Geist erleuchteten Prediger, die unwandelbare Bedeutung dieses Wortes bei dem Wandel und Wechsel des menschlichen Sinnes erhalten werden? ... Durch kein anderes Mittel als den Felsengrund, auf dem er seine Kirche so gebaut hat, daß die Pforten der Hölle sie nicht überwältigen werden.... Der Grundstein, der diese ihre Ueberwältigung durch seine Felsenfestigkeit unmöglich macht muß sie also auch der Lüge unzugänglich machen; ... muß selbst die Säule und Grundfeste der Wahrheit sein" (S. 609).

Der Verfasser zeigt dann wie „Christus den Petrus auch ausdrücklich zum obersten Lehrer an seiner Statt in der Kirche gemacht hat": er erinnert an Petri Glaubensbekenntniß, dem die Verheißung des Primates folgte, sowie an die Erneuerung dieses Bekenntnisses Joh. 6, 69 f. und bespricht dann Lukas 22, 31 f. (S. 611 ff.):

„Er wendet sich an den Petrus allein .... und versichert nur diesem insbesondere: Ich habe für dich gebetet, daß dein Glaube nicht abnehme. Er hat für den Petrus gebetet, seinen himmlischen Vater nämlich, von dem er ‚weiß, daß er allzeit erhört wird' (Joh. 11, 42), und hat also erlangt um was er gebeten, nämlich für den Petrus einen Glauben an ihn, der nicht abnehme, nicht leide, nicht fehle, nicht ermangle, in Mitte aller Anfechtungen des Teufels, wie viele auch immer in denselben vom Glauben abfallen mögen. Nach dem bereits erörterten katholischen Begriff vom Glauben bezeichnet derselbe nicht allein den (subjectiven) Akt, sondern auch den (objectiven) Inhalt, befaßt mit der Glaubenstugend auch die Glaubenslehre. Wenn also Petri Glaube nicht abnehmen, nicht fehlen soll, so ist ihm dadurch mit der unzerstörbaren Glaubenstugend auch die unverlierbare Glaubenslehre zugesichert; Petrus kann nie in Un- und Irrglauben fallen, muß sich des ganzen Glaubensinhalts immer klar und sicher bewußt bleiben. Das hat ihm Jesus Christus erbeten und verheißen.... Um das Geheimniß der menschlichen Freiheit zu vereinbaren mit dem Geheimniß der göttlichen Gnade, wollte der Sohn Gottes nicht jeden Einzelnen der Gläubigen oder Glaubenslehrer im Glauben feststellen, sondern immer nur einen unter Allen, nur den Petrus; und wer von den Brüdern sich an dem Petrus festhielt, der sollte durch ihn im Glauben befestigt werden. Das erhellt aus dem Auftrage..: ,und du, dereinst bekehrt, befestige deine Brüder!' Christus sorgt für den Petrus, und läßt den Petrus für die Brüder sorgen; Christus stellt den Petrus fest im Glauben, und der Petrus soll die Brüder im Glauben festhalten. Das konnte keineswegs befremden, nachdem Christus schon den Petrus zum Grundstein gemacht hatte, worauf er seine Kirche so baute, daß die Höllenmacht sie nicht wanken zu machen vermochte. Das Gebet Christi für den Petrus war eine nothwendige Ergänzung der Verheißung Christi an den Petrus; sollte Petrus der Fels sein, so mußte Christus machen, daß er f e s t s t a n d ; sollte Petrus die Kirche tragen, so mußte Christus ihn stärken, um seine Brüder zu b e f e s t i g e n. Alle Gläubigen, auch die Apostel, sind auf dem Felsenmann gegründet, darum stehen sie alle im Glauben fest, mitten in allen Anfechtungen, womit der Geist der Lüge sie zu erschüttern suchte....

„Die bekannten Handlungen des Lebens Petri nach seiner Bekehrung sind lauter Glaubensbefestigungen für seine Brüder...; Petrus tritt überall als der Glaubenslehrer auf. Dies Amt der Glaubenslehre in der Kirche hat denn auch vor Allem Petrus seinen Nachfolgern, den Päpsten, übertragen. Wie an Christo nichts so sehr in die Augen fiel..., als daß er der von Gott gesandte Lehrer war..., so ist auch an seinem Statthalter die Lehrthätigkeit die hervorragendste und durchschlagendste in allen Zeiten. Wir mögen das päpstliche Lehramt in ein doppeltes, ein gewöhnliches und außergewöhnliches unterscheiden. In seinem gewöhnlichen Lehramt beauftragt der Papst die Bischöfe in allen Sprengeln der Kirche mit der Lehre des Glaubens.... In der Ausübung dieser Lehrthätigkeit werden alle Bischöfe vom Papste überwacht und verbürgt, und der Beweis ihrer Rechtgläubigkeit und Rechtlehrung ist ihre fortdauernde Gemeinschaft mit dem apostolischen Stuhle.... Das dem apostolischen Stuhle eigenthümlich zustehende Geschäft der Glaubensfortpflanzung unter die noch unchristlichen Völker besorgt der Papst durch die Anstalt der Propaganda zu Rom.... Zur außergewöhnlichen Lehrthätigkeit des Papstes gehört die Beantwortung der Fragen.... über den Sinn des Wortes Gottes, über den Inhalt der Kirchenlehre, die... sich erheben, und welche die Bischöfe zu lösen sich nicht getrauen.... Die außergewöhnliche Lehrthätigkeit des Papstes erfordert ferner die Schlichtung aller S t r e i t i g k e i t e n in Glaubenssachen..., die Verurtheilung aller I r r t h ü m e r wider die

Glaubenslehre . . ., und zwar mit endgültigem Spruch, der als Glaubens=
regel anzusehen; so daß wer einer solchen päpstlichen Lehrentscheidung nicht
innerlich zustimmt und äußerlich beipflichtet, und also die Kirche in ihrem
Oberhaupte nicht hören will nicht mehr zur Kirche zählt, sondern ihr ist
‚wie ein Heid und Publican' (Matth. 18, 17).

„Diese Lehrvollmacht des Papstes in der Kirche Christi wird mit einem
geeigneten Namen die päpstliche Unfehlbarkeit genannt, und dieser
Name besagt, daß der Papst, wann er zur Kirche spricht, um sie über Glau=
benswahrheiten zu belehren, nicht fehlen noch irren, nicht täuschen noch trügen
kann; denn Unfehlbarkeit ist gleichbedeutend mit Erkenntniß und Bekennt=
niß der Wahrheit, ist von der Wahrheit untrennbar. Unfehlbarkeit ist daher
aber auch keine menschliche Eigenschaft . . . . Darum eben gehört jedoch die
Unfehlbarkeit, die unverbrüchliche Wahrheit und unwandelbare Wahrhaftig=
keit, auch dem Papst, insofern er Gottes und Christi Statthalter und das
sichtbare Haupt der Kirche Christi ist . . . . Mit dieser Erklärung sind sogleich
die argen Mißverständnisse beseitigt, als bedeute die päpstliche Unfehlbarkeit
eine willkürliche Allwissenheit, oder eine sittliche Unsündigkeit: sie bezeichnet
nichts Anderes als die von Christo seinem Statthalter verheißene und ver=
bürgte Gewißheit der Erkennung und Sicherheit der Bekennung der Lehre
Christi für die Kirche Christi. So genommen aber versteht sich die Unfehl=
barkeit des Papstes von selbst. Wie könnte der Papst der Statthalter
Christi sein in dessen Königthum, welches in Bezeugung der Wahrheit be=
steht, wenn ihm je die Wahrheit Christi fremd werden könnte? Wie könnte
der Papst das Haupt der Kirche Christi sein, deren Hauptgut die Wahrheit
Christi ist, wenn er diese Wahrheit Christi je könnte verrathen und ver=
lieren? Wie könnte der Papst der Fels sein welcher die Kirche wider die
Höllenstürme stets unerschütterlich aufrecht'hielte und trüge, wenn er selbst
im Glauben könnte wanken? . . . Wie könnte der Papst ‚der Lehrer aller
Christen' sein, (Concil von Florenz), wenn er nicht alle christliche Wahr=
heit wüßte? Und was hülf' es den Christen, daß ihr Lehrer die christliche
Wahrheit wüßte, . . . wenn er ihnen etwas Anderes als die christliche
Wahrheit sagen könnte? Die Wahrheit Christi und die Wahrhaftigkeit
Gottes muß also allzeit mit dem Papst sein, wo er als Papst spricht. Das
besagt ja die große Verheißung Christi an Petrus und seine Nachfolger,
durch welche . . . . der Sohn Gottes mit seinem unfehlbaren Gebet seinem
Stellvertreter zu allen Zeiten wider die Anfechtungen des Satans einen
nicht abnehmenden, nicht fehlenden, immer dauernden, unfehlbaren Glauben
zur Befestigung seiner Brüder zusicherte . . . .

Diese Unfehlbarkeit des Papstes sei denn auch, fährt Laurent fort,
„alle christliche Zeit hindurch von der ganzen Christenheit geglaubt, von
der lehrenden Kirche angenommen, von der theologischen Wissenschaft
nicht in Frage gestellt worden". Letzteres habe erst die gallicanische
Declaration gethan. Von dieser geht der Verfasser zum Emser Congreß
über. Dann wendet er sich gegen die Einwürfe (S. 620 ff.):

Die Unfehlbarkeit des Papstes ist „nicht ein ausdrücklich erklärter und bestimmter Glaubenssatz; aber noch viel weniger ist sie eine bloße theologische Meinung." Ein einzelner Glaubenssatz ist sie aber nicht, „weil das was allen kirchlichen Lehrbestimmungen zu Grunde liegt, sie alle als Ursache bewirkt, sie alle als Richter aufstellt, die höchste und letzte Autorität der lehrenden Kirche selbst, nicht füglich besonderer Gegenstand ihrer eigenen Bestimmungen sein kann; denn wäre der Papst nicht von vornherein unfehlbar, so würde er es durch seine Bestimmung nicht werden, und ist er von vornherein unfehlbar, so braucht er sich nicht erst als solchen zu bestimmen, sondern nur als solcher zu benehmen und zu handeln."

Auf den Einwurf, der unfehlbare Glaubenslehrer sei nicht der Papst sondern das allgemeine Concil, bemerkt der Verfasser, ein solches bestehe nicht ohne den Papst, der es zu berufen, zu leiten, zu bestätigen habe, durch dessen Zustimmung allein seine Lehrbestimmungen unfehlbar würden, durch dessen Mißbilligung auch das zahlreichste Concil den Character eines allgemeinen verliere. „Wenn nun vom Papst die Unfehlbarkeit auf das Concilium ausgeht, dann muß sie doch wohl ursprünglich im Papst sein." Die Behauptung aber, „seine Zusammenkunft mit dem Episkopat sei die Bedingung seiner Unfehlbarkeit", sei „wider die Theologie", nach welcher der Papst „die Versammlung der Bischöfe mit der Autorität versieht und beschlußfähig und unfehlbar macht, nicht umgekehrt"; — „wider die Bibel", nach welcher Christus „dem Petrus den unfehlbaren Glauben erbeten habe um die Brüder zu befestigen, nicht den Brüdern, um den Petrus zu befestigen"; — „wider die Vernunft, da der Heiland eine Gabe seines Stellvertreters, die zur Verwaltung seiner Kirche unerläßlich ist, dessen unfehlbare Lehrautorität, die zum ersten Lebensbedürfniß der Kirche, ihrer beständigen Glaubenssicherheit, allezeit erfordert ist, doch nicht von einer Bedingung abhängig gemacht haben kann, die nicht in den Händen seines Stellvertreters liegt, nämlich von einer allgemeinen Versammlung der Bischöfe, die weder immerwährend ist noch sein kann, noch auch in bestimmten Zeitfristen wiederkehrt . . . . und in den bringendsten Fällen, wo die weltliche Macht mit dem Irrthum einverstanden, oft gar nicht anwendbar sein dürfte; — endlich wider die Geschichte, da die Kirche drei Jahrhunderte vor dem ersten allgemeinen Concil . . . . bestanden hat, und jetzt auch schon drei Jahrhunderte nach dem letzten allgemeinen Concil . . . . besteht, und doch in diesen beiden Zeiträumen so wie auch in den Zwischenzeiten der allgemeinen Concilien die Päpste nie angestanden haben, die vorkommenden Glaubenszweifel zu lösen und die auftauchenden Glaubensirrthümer zu verwerfen, ohne je die schuldige innere und äußere Unterwürfigkeit der Gläubigen unter ihre Entscheidung von der Entscheidung eines künftigen Concil's abhängen zu lassen, dem sie nie etwas Anderes als die Anerkennung und Bekräftigung ihres Urtheils einräumten, und das auch nie etwas mehr in Anspruch nahm. Nein, das Auge das schaut und der Mund der redet kann nirgendwo anders am Leib sein als am Haupte; dies schauende und redende Haupt, der oberste Lehrer der Kirche, kann keine collective Behörde sein, die nur je zuweilen und zu unbestimmten Zeiten, bald hier bald da existirt, sondern muß eine bestimmte, in der Kirche immer gegenwärtige, immer an demselben Ort wohnende, allen Mitgliedern der Kirche bekannte und zugängliche **individuelle Persönlichkeit** sein, wie sie sich im Papst beständig erneuert. Dies Haupt wäre aber weder sehend noch sprechend, sondern blind und stumm, wenn es Irrthum schaute und Lüge redete, wenn es im Erkennen und Aussprechen der Glaubenswahrheit fehlbar wäre; muß also unfehlbar sein. — Darum ist es jedoch keineswegs nöthig anzunehmen, der Papst vernehme die Glaubenslehre durch unmittelbare persönliche Eingebung des heiligen Geistes, wie sie den heiligen Aposteln beiwohnte; die Lehre der Kirche besteht nicht aus immer neuen **Inspirationen**, Eingebungen, dergleichen die Ketzerei zu haben sich einbildet oder vorgibt, sondern aus den alten immer gleichen **Traditionen**, Ueberlieferungen der Lehre Christi.... Die vorzügliche Erleuchtung des heiligen Geistes, die dem Papst als obersten Lehrer der Wahrheit Christi beiwohnen muß, besteht also in dessen mittelbarer Leitung in die Wahrheit Christi und Behütung vor allem Irrthum wider dieselbe durch Gottes Geist, zur vollständigen Bewahrung und klaren Deutung des überlieferten Wortes Christi. Diese Erleuchtung verträgt daher auch von Seiten des Papstes die Anwendung aller geeigneten **Mittel** zur Erkennung, Geltendmachung und Verbreitung der göttlichen Wahrheit, obschon keineswegs die Art und das Maß seiner Anwendung solcher Mittel die Zuverläßigkeit und Verbindlichkeit seiner Lehrentscheidungen beeinträchtigen darf.... Eins der wirksamsten Hülfsmittel für den Papst ist eben die **Versammlung** aller Zeugen der Ueberlieferung und Lehrer des Glaubens in der ganzen Kirche, das allgemeine Concilium, das mit dem Papst verbunden an der ihm verheißenen Glaubensunfehlbarkeit Theil nimmt und deshalb mit Recht sich ‚im heiligen Geist rechtmäßig versammelt' heißt.... Aber es bleibt dem Papst überlassen zu beurtheilen, ob es dieses außerordentlichen und großartigen Mittels Noth thut und Möglichkeit gibt, oder ob ihm sein gewohnter beständiger Rath genügt, der wie ein stäter Ausschuß des kirchlichen Lehrkörpers ihn allezeit umgibt, d. i. das Collegium der **Cardinäle** der römischen Kirche".

„Die letzte Ausflucht der Widerspenstigen gegen die Lehrautorität des Papstes schreibt die Entscheidung nicht der päpstlichen Lehrerklärung selbst zu, sondern der **Einstimmung** des, wenn auch nicht versammelten sondern zerstreuten, **Episkopates** mit jener Lehrerklärung. Dabei fallen sie aber in die ungeheure Inconsequenz oder Widersinnigkeit, das ihnen gehässige Wunder der Unfehlbarkeit, welches wir gemäß den Verheißungen Christi für den Papst allein annehmen, ohne alle Verheißung Christi einem jeden Bischof insbesondere, wenigstens in der Mehrzahl des Episkopats beilegen zu müssen, da sonst ja keiner der Bischöfe mit Gewißheit wüßte, ob er dem Papste zustimmen solle oder nicht, und eine Menge von menschlichen fehlbaren Meinungen doch unmöglich zu einer göttlichen unfehlbaren Gewißheit zusammenwachsen kann." Die einzelnen Gläubigen müßten zudem dann untersuchen, auf welcher Seite die meisten Bischöfe ständen.

„Auch dieses wie alle andern Auskunftsmittel anstatt der päpstlichen Unfehlbarkeit laufen darauf hinaus, die Kirche ohne entscheidende Lehrautorität, daher ohne Glaubenseinheit zu lassen.... Der unfehlbare Papst dagegen ist keinesfalls getrennt vom Episkopat in seiner gesunden Mehrheit, sondern nur dessen allgemeines (capitales und centrales) Haupt- und Mittelorgan, welches an und für sich selbst, durch sein Bewußtsein und seinen Ausspruch, allezeit gerade die Uebereinstimmung des Episkopats enthält und ausdrückt. Nur findet dabei ein ganz anderes Verhältniß statt als welches die Gegner annehmen, und das gerad umgekehrte: nicht geht die Entscheidung des Papstes einseitig vor und kommt die Zustimmung des Episkopats einseitig nach, sondern die Uebereinstimmung des Episkopats ist im Grund der Kirche schon da, und die Entscheidung des Papstes stellt dieselbe an's Licht. Die Unfehlbarkeit des Papstes besteht eben darin, die Uebereinstimmung der lehrenden Kirche über irgend eine Glaubenslehre mit Gewißheit zu erkennen und mit Bestimmtheit auszusagen; und so ist diese Unfehlbarkeit des Papstes ein nothwendiges Ergebniß.... aus der lebendigen organischen Einheit des Hauptes mit dem Leib der Kirche und insbesondere dem Lehrkörper derselben, keineswegs aber ist eine erst zu untersuchende und zu erweisende Uebereinstimmung mit dem Lehrkörper Postulat und die Bedingung der Unfehlbarkeit päpstlicher Entscheidung."

Schließlich spricht die Verfassung von der thatsächlichen Erweisung der päpstlichen Unfehlbarkeit in der Geschichte.

Schon früher hatte Laurent in dem Katechismus, den er als apostolischer Vicar von Luxemburg „mit Beirath weiser Priester" verfaßte, und 1847 in seinem Sprengel „zum ausschließlichen Gebrauch" vorschrieb, die Unfehlbarkeit des Papstes in folgender Weise dargestellt (S. 76 ff.):

„43. Frage. Kann der Papst in allen seinen amtlichen Verrichtungen auf den Beistand des h. Geistes rechnen?

„Antwort. Ja, da der Papst alle seine Amtshandlungen an Christi Statt verrichtet, so wird ihm auch der h. Geist darin beistehen; bei seiner wesentlichsten und wichtigsten Handlung aber, der Entscheidung der Glaubenslehre, kann ihm dieser Beistand des h. Geistes nicht fehlen.

„44. Frage. Ist der Ausspruch des Papstes in Glaubenssachen unfehlbar?

„Antwort. Ja, wenn der Papst als Oberhaupt der Kirche an die ganze Kirche spricht, so muß sein Ausspruch unfehlbar sein.

„45. Frage. Warum müssen die päpstlichen Lehrentscheidungen unfehlbar sein?

„Antwort. Die päpstlichen Entscheidungen müssen unfehlbar sein, weil ein Irrthum vom Papste der Kirche gelehrt die Verheißungen Christi falsch machen würde; denn dann würde 1) der Felsengrund der Kirche wanken, 2) der Glaube des Nachfolgers Petri abnehmen, und irre werden, und 3) die Heerde Christi von seinem Nachfolger auf schlimme Weide geführt werden.

„46. Frage. Sind die päpstlichen Lehrentscheidungen auch immer fehllos gewesen?

„Antwort. Ja, in achtzehnhundert Jahren hat der Papst nie eine Lehrentscheidung gegeben die nicht von der ganzen Kirche gläubig angenommen worden wäre.

„47. Frage. Hängt nicht von der allgemeinen Annahme der Bischöfe die Unfehlbarkeit der päpstlichen Lehrentscheidungen ab?

„Antwort. Nein, denn dann würde nicht die Kirche auf dem Petrus, sondern der Petrus auf der Kirche ruhen; dann würde nicht Petrus seine Brüder im Glauben stärken, sondern die Brüder den Petrus; dann würde nicht der Hirt die Schafe weiden, sondern die Schafe den Hirten.

„48. Frage. Wie kann der Papst, ein Mensch, unfehlbar sein?

„Antwort. Der Papst ist nicht als Mensch unfehlbar; sondern als Papst, das ist als Stellvertreter Christi, in der Belehrung der Kirche.

„49. Frage. Woher und wie ist der Papst unfehlbar?

„Antwort. Der Papst ist unfehlbar, weil der h. Geist ihn erleuchtet, um das zu erkennen und auszusprechen was die immerwährende Lehre der Kirche über einen fraglichen Gegenstand ist.

„50. Frage. Sind die Entscheidungen des Papstes nicht seine Erfindungen?

„Antwort. Nein, die Entscheidungen des Papstes sind nur der Ausdruck des Bewußtseins oder der Ueberlieferung der Kirche.

„53. Frage. Hat der Papst immer allein die Lehrerklärungen oder Gesetzbestimmungen für die Kirche gegeben?

„Antwort. Nein, in wichtigen Fällen ist oft vom Papst eine Versammlung der Bischöfe zusammenberufen worden, um unter seinem Vorsitz und mit seiner Bestätigung die Glaubenslehre zu erläutern und Gesetze abzufassen.

„57. Frage. Muß der Papst eine Kirchenversammlung berufen um in Sachen des Glaubens zu entscheiden?

„Antwort. Nein, da eine Kirchenversammlung von zeitlichen Umständen abhängt, die nicht immer in der Gewalt des Oberhauptes der Kirche stehen, so kann eine solche Kirchenversammlung keine nothwendige Bedingung sein um die Kirche zu lehren; wie denn auch das Oberhaupt der Kirche viele Glaubensstreitigkeiten allein entschieden hat.

„88. Frage. Bekommen die päpstlichen Lehrentscheidungen nicht erst durch die Genehmigung einer allgemeinen Kirchenversammlung bleibende Festigkeit?

„Antwort. Nein, die Lehrentscheidungen des Papstes haben durch sich allein volle und unwiderrufliche Gültigkeit, da, wie unser h. Vater Pius IX. sagt, ‚Gott selbst im apostolischen Stuhl die lebendige Autorität aufgestellt hat, die den wahren und richtigen Sinn seiner himmlischen Offenbarung zu lehren und festzusetzen, und alle Streitigkeiten in Glaubens- und Sitten-Sachen mit unfehlbarem Urtheil zu entscheiden hat, damit nicht die Gläubigen umhergetrieben werden von jedem Wind der Lehre durch die Schalkheit der Menschen zur Verstrickung des Irrthums'."

34.

Liebermann, Franz Leopold Bruno,

Generalvicar des Bisthums Straßburg, früher Regens und Professor der Theologie zu Mainz.

Institutiones theologicae. Ed. II. Tom. II. Mainz, Müller. 1827. — Ed. VI. Tom. II. Mainz, Kirchheim. 1844. — Ed. X. Tom. I. Ebda. 1870.[1])

Liebermann stellt in seiner Abhandlung über den Träger der Infallibilität (II, 586 ff.; I, 484 ff.) zunächst die Sätze auf: "Nur die Bischöfe richten nach göttlichem Rechte in Sachen des Glaubens". "Die zerstreute Kirche ist in Sachen des Glaubens und der Sitten unfehlbar"; "die auf einem allgemeinen Concil versammelte Kirche ist unfehlbarer Glaubensrichter"[2]). Zur Frage, "welches die Befugniß (autoritas) des Papstes bei Glaubensstreitigkeiten sei", erinnert er zunächst, es handle sich hier nicht um die höchste Regierungsgewalt der römischen Kirche, sondern bloß um die Befugniß hinsichtlich der Glaubenslehren (de sola autoritate dogmatum). In dieser Beziehung sei zuerst zu bemerken, daß gewisse Sachen so in der Natur des Primates und in der beständigen und allgemeinen Uebereinstimmung aller Kirchen begründet und gewurzelt seien, daß sie vom apostolischen Stuhle nicht getrennt werden können, während über andere Stücke auch unter den Katholiken ohne dem Glauben zu nahe zu treten (salva fide) gestritten werden könne. Daher dürfe man nach keiner Seite zu weit gehen: nicht "die Wahrheit verkürzen und dem heiligen und göttlichen Ansehen des höchsten Stuhles zu nahe treten"; aber auch "nicht katholischer sein wollen als die katholische Kirche selbst, und nicht sofort eine Ketzerei riechen (haeresin odorari) wo die Kirche Freiheit lasse zu disputiren". "Wer dem Urtheile der Kirche vorauseilend fromme und rechtgläubige Männer, ja die größten und gefeiertsten Geister dem Vorwurf der Glaubensverletzung aussetzt: der nützt nicht, sondern schadet der Religion"[3]).

---

1) Die im Todesjahre Liebermann's erschienene 6. Auflage, resp. die neueste 10. Auflage, weicht von der zweiten meist nur in Unwesentlichem ab; Aenderungen von einiger Erheblichkeit notire ich. Die Seitenzahlen gebe ich nach der 2. und 10. Auflage.
2) Soli episcopi jure divino causas fidei judicant; — ecclesia per orbem dispersa in rebus fidei et morum infallibilis est; — ecclesia docens in concilio generali congregata est judex fidei infallibilis.
3) Non prodest sed obest, qui ipsius ecclesiae judicium praevertens pios et orthodoxos viros, imo maxima et celebratissima ingenia in violatae fidei contumeliam adducit.

„Wenn nun," schreibt Liebermann weiter, „eine Lehre schon von der Kirche ausgesprochen ist, so braucht vom apostolischen Stuhle keine neue Entscheidung zu erfolgen, um die Glaubenslehre gegen die Ketzerei zu erklären; aber Sache des Papstes ist es, den Glaubensdecreten Achtung und Geltung zu wahren. Dieses Recht ist nothwendig mit dem Primate verbunden, und die Päpste haben es von jeher geübt... Wenn aber eine neue Irrlehre aufkommt, so muß der Papst nach der ihm für die ganze Kirche obliegenden Hirtenwachsamkeit dafür sorgen, daß der Irrthum baldmöglichst ausgerottet und die Gläubigen vor Ansteckung bewahrt bleiben; und wenn er die Bischöfe der betreffenden Provinz nicht wachsam genug oder zur Unterdrückung des Irrthums nicht mächtig genug sieht, so mag er mit dem Gewichte seines Ansehens hinzutreten und als Hirt und Lehrer aller Gläubigen den Irrthum durch feierliches Urtheil verwerfen. Solche Decrete gehen die ganze Kirche an, und ihnen ist von Allen Gehorsam zu leisten, weil sie von dem erlassen werden der das Haupt der Kirche ist, und der Erbe und Wächter der apostolischen Ueberlieferung, die besonders in der römischen Kirche unverletzt bewahrt ist.[1] Und das war der Glaube aller Jahrhunderte und steter Brauch der Kirche im Morgen- wie im Abendlande. Fast sämmtliche Irrlehren sind vor allen Entscheidungen der Concilien von den Päpsten verurtheilt; mit welcher Ehrfurcht aber solche Entscheidungen und dogmatische Schreiben von der ganzen Kirche aufgenommen wurden bezeugen die Aussprüche der Väter und die Acten der Concilien."

„Bis soweit ist unter den Katholiken keine Meinungsverschiedenheit..; anders aber ist es bei der weiteren Frage, ob der Papst unfehlbarer Richter der Streitfragen sei, oder: ob er von Gott in der Entscheidung von Fragen des Glaubens und der Sitten solche Gewalt habe, daß sie vor aller Beistimmung der Kirche von jeder Gefahr zu irren frei sei."[2]

Das werde von sehr vielen berühmten Theologen ersten Ranges behauptet, insbesondere sei Melchior Canus ganz dafür.

Nach einigen Bemerkungen über die Erklärung des gallicanischen Klerus, die er nicht vertheidigen will und von der er nicht sieht, was sie der Kirche genützt, erinnert Liebermann:

„Es ist meiner Meinung nach auch bei dieser Streitfrage Manches unklar ausgesprochen, und die Verschiedenheit liegt oft mehr im Ausdruck als in der Sache. Alle Vertheidiger der Infallibilität geben zu, daß der Papst als privater Lehrer auch in Glaubens- und Sittenfragen irren könne, ja daß er der Häresie verfallen könne und damit von selbst aufhöre Haupt und Glied der Kirche zu sein. Sehr viele räumen auch ein, daß der Papst

---

1) Ejusmodi decreta ad totam pertinent ecclesiam, atque iis obsequium ab omnibus exhibendum est, quia ab eo divulgantur qui caput est ecclesiae et apostolicae traditionis, quae in Romana potissimum ecclesia intacta semper conservata [ed. II.: diligentius conservata] fuit, haeres et custos.

2) An Romanus pontifex sit judex controversiarum infallibilis, seu an eam a Deo habeat in decidendis fidei et morum quaestionibus autoritatem quae libera sit ab omni errandi periculo ante omnem ecclesiae consensum.

irren könne, wenn er als Papst und Hirt der Gläubigen einen Ausspruch über Glauben und Sitten thut, ohne Cardinäle und Bischöfe gefragt zu haben, ohne vorherige Prüfung und Besprechung ¹). Wenn sie also sagen, der Papst sei unfehlbar, wenn er ex cathedra spreche, so erklären sie auch, was ex cathedra sprechen heiße: nämlich wenn er, nachdem er die Schrift und die in der römischen Kirche von den Apostelzeiten her unverletzt bewahrte Ueberlieferung befragt, Rath und Stimme der Cardinäle und der benachbarten Bischöfe entgegen genommen, als oberster Hirt der Kirche allen Gläubigen etwas zu glauben oder zu beachten vorschreibt. ²) Natalis Alexander fügt noch hinzu: ‚Wenn seine Erlasse und Bestimmungen durch die hinzutretende Bestimmung der Kirche befestigt werden‘; wäre das nothwendig, so würde zwischen dieser und der gallicanischen Ansicht wenig Unterschied sein. Der ganze Unterschied, meine ich, wäre der, daß nach den Einen der päpstliche Ausspruch erst durch den Beitritt der Kirche unabänderlich wird, nach den Andern jener Beitritt der sichere Beweis wäre, daß Petrus durch den Papst gesprochen habe, oder daß eine Entscheidung von Petri Stuhl ausgegangen und eben dadurch unabänderlich sei. ³) Auch ist nicht zu übergehen, daß nach den meisten Vertheidigern der Unfehlbarkeit der Papst dann ex cathedra spricht, wenn er nach Erörterung der Streitfrage und mit Beachtung der Tradition der römischen Kirche seinen Ausspruch thut; daß aber die Gallicaner zugeben, wenn auch glaubenswidrige Entscheidungen vom Papste gefällt würden, so könnten diese doch nicht dem Stuhle Petri zugerechnet werden, und der Glaube der römischen Kirche bleibe immer unerschüttert. Wie wird denn der oberste Hirt irren, wenn er von Petri Stuhle spricht und nach dem Glauben der römischen Kirche seinen Spruch fällt?"

Schließlich formulirt der Verfasser seinen Satz in folgenden Worten:

„Nach den Principien des katholischen Glaubens ist es gewiß, daß der Papst an der Entscheidung von Glaubensstreitigkeiten den Haupt-Antheil hat, und daß sein Urtheil, wenn die Beistimmung der Kirche hinzutritt, unumstößlich sei. Ob es aber vor der Zustimmung der Kirche unfehlbar sei, darüber sind verschiedene Meinungen zulässig, ohne dem Glauben zu nahe zu treten." ⁴)

---

1) Concedunt etiam plerique, tunc errare posse pontificem, quando ut pontifex et pastor fidelium de fide vel moribus pronuntiat inconsultis cardinalibus aut episcopis, absque praevio examine et discussione.

2) ... quando ad scripturam et traditionem, quae in Romana ecclesia a temporibus apostolorum incorrupta servatur, attendens, adhibito cardinalium et vicinorum antistitum consilio et suffragiis aliquid tamquam supremus ecclesiae pastor fidelibus universis credendum aut observandum proponit. Die 2. Auflage folgt in dieser Erklärung ganz dem Natalis Alexander.

3) Totum ut opinor in hoc situm esset, ut alii dicant decretum pontificis irreformabile demum fieri per consensum ecclesiae; alii, consensum illum argumentum esse, quo certo nobis constare debeat, Petrum per pontificem locutum esse seu decisionem ex Petri cathedra prodiisse atque hoc ipso esse irreformabilem.

4) Ex principiis fidei catholicae certum est, summum pontificem in dijudicandis fidei controversiis praecipuas partes habere; ejusque judicium, si ecclesiae consensus accesserit, esse irreformabile. An autem ante ecclesiae consensum infallibile sit, libere et salva fide controvertitur.

Liebermann läßt sich dann einwenden, aus den Bibelstellen die er für den ersten Theil seines Satzes angezogen folge auch die Unfehlbarkeit des Papstes; dazu kämen noch „unzählige Zeugnisse aus Vätern und Concilien". Aber er läßt sich auf die Sache nicht ein¹): alle jene Stellen würden nicht beweisen, daß es sich um einen Glaubenssatz handle (rem ad fidem pertinere); also könne salva fide darüber gestritten werden. Und „eine Frage gehört noch darum nicht sofort zum Glauben, wenn ihre Vertheidiger Bibel- und Vätertexte sammeln, welche ihnen ihre Ansicht klar und deutlich zu enthalten scheinen. Die Vertheidiger der gegentheiligen Ansicht erklären jene Stellen anders, und der Glaube greift nicht Platz wo die Sache noch streitig ist und die Kirche beiden Theilen Freiheit der Meinung läßt."

Unser Dogmatiker gibt dann ein Beispiel von gallicanischer Exegese, und schließt²) mit dem Satze Tournely's, es sei sehr schwer, die Masse von Zeugnissen welche die Vertheidiger der Infallibilität vorbringen mit der Erklärung des gallicanischen Klerus zu vereinen.

Endlich frägt Liebermann: Wenn die Zustimmung der Kirche nothwendig sei, damit das Urtheil des Papstes von Allen für richtig und unabänderlich gehalten werde, was für eine Zustimmung es denn sein müsse, eine vorhergehende, begleitende oder nachfolgende³)? Ob eine ausdrückliche erfordert werde oder ob eine stillschweigende genüge? Antwort: Jede genüge.

35.

Liguori, der h. Alphons Maria,

Bischof von St. Agatha, Stifter der Congregation des allerheiligsten Erlösers, †1787.

Theologia moralis. Curavit P. Michael Heilig. Tom. I. Mecheln, Hanicq. 1845.

Der h. Alphons hat seinem Tractat „von den Gesetzen" eine längere Abhandlung über den 29. der von Papst Alexander VIII. ver-

---

1) Die ausdrückliche Bemerkung der 2. Auflage, er sei fest entschlossen, sich für keine Ansicht auszusprechen — cum firmiter nolus propositum sit, nullius sententiae patrocinium suscipere — fehlt in der 6. Auflage.
2) Diese Bemerkung fehlt in der 2. Auflage.
3) Die 2. Auflage fragt: „welche Zustimmung der Kirche also erfordert werde" u. s. w.

worfenen Sätze¹) einverleibt. Im erſten Theile beſpricht er die Infalli=
bilität (S. 134 ff.).

Er ſtellt zunächſt die verſchiedenen Meinungen hin: die häretiſche der
Proteſtanten, „daß der Papſt fehlbar ſei auch als oberſter Lehrer und auch
wenn er mit einem Concil ſpräche"; die zweite ganz entgegengeſetzte, „der
Papſt könne auch, wenn er als Privatmann ſpreche, nicht irren"; die dritte,
„von Einigen" vorgetragene, „der Papſt ſei fehlbar, wenn er außerhalb eines
Concil's lehre".

„Die vierte, allgemeine Anſicht, der wir zuſtimmen, iſt: obgleich der
Papſt als Einzelperſon oder als Privat=Lehrer irren kann (wie er auch
fehlbar iſt in Fragen über Thatſachen, die vorwiegend von menſchlichen
Zeugniſſen abhängen): ſo ſagen wir doch, daß der Papſt, wenn er als
oberſter Lehrer ex cathedra, nämlich vermöge der dem Petrus übertragenen
höchſten Gewalt die Kirche zu lehren, entſcheidet und ſpricht, in der Ent=
ſcheidung von Streitigkeiten bezüglich der Glaubens= und Sittenlehre durch=
aus unfehlbar ſei²). Für dieſe Meinung ſind der h. Thomas .... und im
allgemeinen alle übrigen Theologen (et communiter reliqui theologi
omnes). . . . Darunter ſind Einige, welche ſagen, der Papſt ſei unfehlbar,
aber nur dann, wenn er bei Entſcheidung der Streitfragen mit reiflicher
Ueberlegung vorangeht und das Urtheil Verſtändiger hört³); aber richtiger
ſagen Andere, dieſe Bedingung gebe nur an was angemeſſen, nicht was
nothwendig ſei. Denn Alle welche die päpſtliche Unfehlbarkeit annehmen,
müſſen einräumen, daß die Verheißung der Unfehlbarkeit nicht den Berathern,
nicht der Unterſuchung, ſondern einzig dem Papſte gegeben worden; ſonſt
könnten die Irrlehrer ſtets entgegnen, es habe keine hinreichende Unterſuchung
ſtattgefunden, wie thatſächlich die Sectirer gegen das Tridentinum einge=
wandt haben. Zur Leitung des h. Geiſtes aber wird es gehören, daß
der Papſt in ſo wichtigen Sachen nie voreilig und unüberlegt handle und
entſcheide."

Liguori liefert dann ſeinen Beweis aus der Schrift (beſonders aus

---

1) Der verworfene Satz lautet: „Nichtig und hundertmal widerlegt iſt die Be=
hauptung von der Autorität des Papſtes über ein allgemeines Concil, und von ſeiner
Unfehlbarkeit in der Entſcheidung von Glaubensfragen" — futilis et toties con-
vulsa est assertio de pontificis Romani supra concilium oecumenicum autoritate, atque in fidei quaestionibus decernendis infallibilitate.

2) Quarta vero communis sententia, cui nos subscribimus, est, quód,
licet Romanus pontifex quatenus particularis persona sive privatus doctor
possit errare (sicut etiam est fallibilis in quaestionibus meri facti, quae ex
hominum testimoniis praecipuo pendent); cum tamen papa loquitur tamquam doctor universalis definiens ex cathedra, nempe ex potestate suprema,
tradita Petro docendi ecclesiam, tunc dicimus, ipsum in controversiis fidei
et morum decernendis omnino infallibilem esse.

3) . . . tum tantum cum in quaestionibus definiendis mature procedit,
sapientum judicium audiendo.

Matth. 16, 18)¹), den Concilien²), den Vätern, der (älteren) gallicanischen Schule selbst und aus innern Gründen. Er schließt sich dabei dem h. Thomas an, daß die Kirche deshalb nicht irren könne, weil der Papst nicht irren könne, und daß die Einheit des Glaubens nicht gewahrt werden könne, wenn Glaubensstreitigkeiten nicht durch das Haupt der Kirche entschieden werden.

„Aus Alledem", heißt es zuletzt, „schließen die Gottesgelehrten, daß unsere Ansicht wenigstens einem Glaubenssatze sehr nahe stehe (fidei proxima); und die entgegenstehende (sagt Bellarmin) ‚scheint durchaus irrig und der Irrlehre sehr nahe zu sein' ".

Verschiedene nachträgliche Bemerkungen fassen besonders die Zustimmung der Kirche ins Auge, ohne welche nach der gallicanischen Proposition das Urtheil des Papstes nicht unumstößlich sein soll.

„Was für eine Zustimmung? Nach Einigen die aller Gläubigen, nach Andern wenigstens die aller Bischöfe; nach Andern genügt die einer Provinz; nach Andern ist die der Mehrzahl der Bischöfe erforderlich". Aber, das Letzte angenommen: wenn nun die Hälfte der Bischöfe zustimmt oder nur eine Minderheit? „Wer wird dann den Streit entscheiden, falls man nicht einen höchsten Richter anerkennt, der Glaubenssachen unfehlbar entscheiden kann? Genügt aber die Mehrheit der Bischöfe, so müssen wir Alle an die Unfehlbarkeit des Papstes glauben...; denn nicht bloß die Mehrheit, sondern fast die ganze Kirche, mit Ausnahme Frankreichs, lehrt sie und hat sie stets gelehrt" (S. 143).

---

1) Dabei zieht er u. A. eine Stelle Leo's des Großen an: „[Petrus] gefiel in dieser Erhabenheit des Glaubens [dem Herrn] so sehr, daß er selig gepriesen wurde, und die heilige Festigkeit des unverletzlichen Felsens erlangte, auf welchem gebaut, die Kirche über die Pforten der Hölle und die Gesetze des Todes siegen sollte" — Tantum in hac fidei sublimitate complacuit [Christo], ut, beatitudinis felicitate donatus, sacram inviolabilis petrae acciperet firmitatem, supra quam fundata ecclesia portis inferi et mortis legibus praevaleret. Sermo 94. de transfig.
2) Liguori beruft sich u. A. auf das Concil von Florenz (s. oben S. 3) und das zweite Concil von Lyon. Was er aus dem letzteren anführt ist eine Zusammenziehung folgender Stelle aus dem Glaubensbekenntnisse welches der griechische Kaiser brieflich ablegte: „Die heilige römische Kirche hat auch den höchsten und vollen Primat und Principat über die ganze katholische Kirche inne, den sie vom Herrn selbst im Apostelfürsten und Haupte Petrus, dessen Nachfolger der römische Bischof ist, mit der Fülle der Gewalt empfangen hat, wie sie als wahr in Demuth anerkennt. Und wie sie vor den übrigen gehalten ist, die Wahrheit des Glaubens zu vertheidigen, so müssen auch Glaubensstreitigkeiten, wenn solche entstehen, durch ihr Urtheil entschieden werden." — Ipsa quoque sancta Romana ecclesia summum et plenum primatum et principatum super universam catholicam ecclesiam obtinet, quem se ab ipso Domino in beato Petro apostolorum principe sive vertice, cujus Romanus pontifex est successor, cum potestatis plenitudine recepisse veraciter et humiliter recognoscit. Et sicut prae ceteris tenetur fidei veritatem defendere, sic et si quae de fide subortae fuerint quaestiones suo debent judicio definiri.

Schließlich beschäftigt Liguori sich mit den angeblichen Fällen von irrigen päpstlichen Entscheidungen in Glaubenssachen, insbesondere mit Liberius, Vigilius und Honorius.

36.

Maier, Adalbert,

Professor der Theologie zu Freiburg.

Commentar über das Evangelium des Johannes. II. Bd. Freiburg, Herder. 1845.

Maier bemerkt (S. 415) zu Joh. 21, 15—18:

„Auf die Bedingung der Liebe hin erneuert der Herr dem Petrus in bildlicher Sprache seine apostolische Berufung. ‚Lämmer' und ‚Schafe' geht nicht auf verschiedene Personen, sondern es ist das Erstere nur ein zärtlicher Ausdruck mit derselben persönlichen Beziehung wie das Letztere; mit beiden Ausdrücken sind aber nach der Gleichnißrede Kap. 10 nicht nur diejenigen gemeint welche wirklich schon im Glauben mit Christus verbunden sind, sondern auch jene welche zwar noch nicht bekehrt sind, aber die moralische Befähigung zum Glauben haben. Die Ausdrücke ‚hüten' und ‚weiden' umfassen alle geistige Wirksamkeit, die Lehrthätigkeit sowohl als auch das Regierungsgeschäft in der Kirche (s. Apgsch. 20, 28; I. Petr. 5, 2). In dem Auftrage ‚hüte' oder ‚weide meine Lämmer' liegt für sich angesehen keine Bevorzugung des Petrus vor den übrigen Aposteln, da der bildliche Ausdruck ‚weiden' Apgesch. 20, 28 sogar von den Presbytern gebraucht wird; auch nicht darin, daß der Herr den Petrus allein und zwar mit dreimaliger Wiederholung des Auftrages anspricht, denn dazu hatte er eine besondere Veranlassung, die nur rücksichtlich dieses Jüngers vorhanden war [die dreimalige Verläugnung]; es legt sich aber in den Auftrag eine Bevorzugung im Hinblicke auf Matth. 16, 18; denn nach dem Sinne der höhern Bestimmung, die dem Petrus dort zugesprochen wird, muß auch die Erneuerung seiner Bestimmung aufgefaßt werden".

37.

Maldonat, Johannes,

erster Professor aus der Gesellschaft Jesu zu Paris, † 1583.

Commentarii in quatuor evangelistas. Ad optimorum librorum fidem recudi curavit Conradus Martin, episcopus Paderbornensis. Ed. III. Mainz, Kirchheim. 1862.

Maldonat's Bemerkungen zu Matth. 16, 18 f. (I, 217 ff.) beschäftigen sich mit dem Nachweise des Primates.

„Mit den Worten ‚und auf diesen Felsen' u. f. w. erklärt Christus, er werde dem Petrus die hohe und einzige Würde verleihen, daß er auf ihn seine Kirche baue, d. h. ihn als Haupt seiner Kirche einsetze und zu seinem Stellvertreter in derselben mache.... Auch durch die Worte ‚dir will ich geben' u. f. w. wird dem Petrus der Principat in der Kirche verliehen; denn die Schlüssel eines Hauses oder einer Stadt pflegt der zu haben der Herr (princeps) im Hause oder in der Stadt ist... Dem Petrus sind die Schlüssel übergeben, d. h. die höchste Gewalt in der Kirche nach Christus: er schließt und Niemand öffnet; er öffnet und Niemand schließt.... Das folgende Bild ‚was immer du binden wirst' u. f. w. besagt dasselbe".

Wichtiger ist für uns, was Malbonat zu Lukas 22, 31 f. schreibt (II, 336 ff.):

„Ohne Zweifel deutet Christus auf die Verläugnung des Petrus; aber er blickte auch weiter, nicht bloß auf die Versuchungen welche Petrus und die übrigen Apostel für sich während ihres Lebens, sondern auch auf die welche ihre Nachfolger d. h. die Kirche je zu bestehen haben sollten. Das ‚ich habe gebeten' ist in gleichem Sinne gesagt wie das andere Wort ‚ich bin bei euch alle Tage bis zum Ende der Welt' (Matth, 28, 20). Und es ist an sich glaublich, daß Christus so lange bittet, Petri Glaube möge nicht abnehmen, als der Teufel ihn versucht. Dieser aber bereitet stets Versuchungen und wird sie bereiten, so lange die Kirche streitet: Christus wird also immer bitten. Und was er dem Petrus sagt, das muß man als auch seinen Nachkommen und der ganzen Kirche gesagt ansehen.... Daher haben alte und angesehene Erklärer mit Recht aus dieser Stelle die stete Fortdauer des Glaubens der römischen Kirche und der Nachfolger Petri in derselben gefolgert. Denn von dem Glauben der ganzen Kirche war Rede bei Petrus, der das Haupt der Kirche sein sollte[1].

„Aus den Worten ‚und du ... befestige deine Brüder' wird es dann vollends klar, daß Christus hier nicht bloß von der Zeit der Verläugnung Petri spricht, und auch nicht ausschließlich von Petrus selbst, sondern von allen seinen Nachfolgern. Denn während der Leidenszeit hat Petrus die übrigen Apostel nicht befestigt; und das Bedürfniß die Andern zu befestigen sollte immer dauern. Daher befiehlt er in der Person Petri allen Nachfolgern Petri, ihre Brüder im Glauben zu befestigen. Wie können sie aber befestigen, wenn sie selbst irren können[2]"?

---

[1] Itaque recte ex hoc loco antiqui gravesque autores collegerunt, ecclesiae Romanae et successorum in ea Petri fidem fore perpetuam. Omnis enim ecclesiae fides asserebatur in Petro, qui ecclesiae caput futurus erat.

[2] Itaque in persona Petri omnes Petri successores jubet fratres in fide firmare. Quomodo firmare possunt, si errare ipsi possunt?

38.
Martens, Wilhelm,
Professor der Theologie zu Pelplin.

Grundriß zu Vorlesungen über das heutige katholische Kirchenrecht. Danzig, Weber. 1868.

Martens läßt in diesem Grundrisse, welcher keine Ausführungen bietet, aber „für die wichtigsten geltenden Rechtssätze einige der kürzesten und präcisesten Zeugnisse beibringen" soll, seine Stellung zu unserer Frage dadurch klar genug erkennen, daß er unter der Ueberschrift „Der Papst als oberster Lehrer, Wächter und Verkündiger des Glaubens" (S. 68) zunächst den 7. der von Sixtus IV. 1479 verworfenen Sätze — welcher behauptet: „die Kirche der Stadt Rom kann irren" —, den 29. der von Alexander VIII. am 7. Decbr. 1690 verworfenen Sätze[1]) und die 23. These des Syllabus zusammenstellt. Diesen reiht er die Aussprüche der jüngsten Provincialconcilien von Köln und Utrecht an; nach ersterem ist

„das Urtheil des Papstes in Glaubensfragen an sich unabänderlich";[2])

und die Bischöfe die auf letzterem versammelt waren

„halten zweifellos fest, daß das Lehramt des Papstes in Glaubens- und Sittensachen unfehlbar sei"[3]).

39.
Martin, Konrad,
Bischof von Paderborn, früher Professor der Theologie zu Bonn.

Die Wissenschaft von den göttlichen Dingen. 3. Auflage. Mainz, Kirchheim. 1869. — Lehrbuch der katholischen Religion für höhere Lehranstalten. 11. Auflage. Ebda. 1862.

In der ‚Wissenschaft' schreibt Martin (S. 366):

„Den Aposteln verlieh Christus jedem einzeln und persönlich die Gabe der Unfehlbarkeit; denn jeder Einzelne von ihnen mußte als sein Gesandter die christliche Wahrheit der Welt erst verkünden; ihren Nachfolgern aber, den Bischöfen, verlieh er nicht jedem einzeln diese Gabe, sondern verlieh

---

1) S. oben S. 70, Anm. 1.
2) ... in fidei quaestionibus per se irreformabile est judicium papae.
3) Romani pontificis magisterium in iis quae ad fidem moresque spectant infallibile esse indubitanter retinemus.

sie ihnen nur in ihrer Gesammtheit und in Vereinigung mit dem jedesmaligen Nachfolger dem römischen Papste".

• Und bald darauf (S. 370):

„Frägst du nun, . . . wo man die kirchlichen Lehren und Dogmen auffinden könne, so antworte ich, daß du sie findest in den Beschlüssen allgemeiner Concilien, in den Lehrentscheidungen des römischen Stuhles, in den sogenannten kirchlichen Glaubensbekenntnissen . . . . auch in dem von der Kirche verordneten Lehrbuche, dem römischen Katechismus; endlich . . . . in der Liturgie der Kirche.".

Etwas eingehender äußert derselbe Theologe sich in dem ‚Lehrbuch‘, wo er zuerst „die Träger des unfehlbaren Lehramtes" folgendermaßen angibt (I, 291):

„Von den Aposteln besaß . . . . jeder Einzelne die Gabe der Unfehlbarkeit . . . . In der nachapostolischen Zeit aber besitzt sie nur die Gesammtheit der rechtmäßigen Nachfolger der Apostel, d. h. die Gesammtheit der Bischöfe in der Unterordnung unter den römischen Papst. So hat man die betreffenden Verheißungen der h. Schrift in der Kirche von jeher verstanden; und es ward zugleich durch diese Einrichtung wie durch ein neues Band die kirchliche Einheit und Gemeinschaft befestigt. Die Gesammtheit der mit dem römischen Papste vereinigten und ihm untergeordneten Bischöfe wird daher auch die lehrende Kirche schlechthin genannt, und eben diese ist . . . . ‚eine Säule und Grundfeste der Wahrheit‘ (I. Tim. 3, 15)".

„Die Art und Weise wie die Kirche ihr unfehlbares Lehramt ausübt" sei, entwickelt der Verfasser, „verschieden nach den verschiedenen Zeitumständen und Bedürfnissen." Er nennt zuerst die Aufstellung von Glaubensbekenntnissen und die Versammlung allgemeiner Concilien, und schreibt weiter (I, 295):

„Die Kirche spricht sich mit Unfehlbarkeit über Gegenstände des Glaubens und der Sitten öfters auch nur in feierlichen Entscheidungen oder Erklärungen ihres Oberhauptes, des römischen Papstes, aus, denen dann die übrigen Bischöfe entweder ausdrücklich oder stillschweigend zustimmen".

Und zu diesem Satze bemerkt er:

„Der römische Papst, das Oberhaupt der Kirche, ist von Christus ganz besonders als Wächter und Beschirmer des orthodoxen Glaubens bestellt (Luk. 22, 32), und öfters sind ausgebrochene Glaubensstreitigkeiten einfach durch solche feierliche Lehrentscheidungen des heiligen apostolischen Stuhles entschieden und gefahrdrohende Irrthümer überwunden worden".

Neuerdings hat der Bischof von Paderborn über unsere Frage sich ausgesprochen in einem durch sein General-Vicariat veröffentlichten Schreiben aus Rom vom 26. Februar 1870.

„Möchten doch", heißt es hier, „Alle nur sich selber fragen, ob sie nicht mit gutem und ruhigem Gewissen schon längst geglaubt, daß den amtlichen Entscheidungen des heiligen Stuhles in Glaubens= und Sittenlehren sich jeder Sohn der Kirche aufrichtig unterwerfen müsse! Seit dem letzten allge= meinen Concil von Trient sind doch bekanntlich mancherlei Irrlehren auf= getaucht. Wer hat diese aber als Irrlehren gekennzeichnet und verurtheilt?..

„Und wo sind die Katholiken, die sich für befugt gehalten, gegen die Verwerfungsurtheile welche der heilige Stuhl über diese Lehren gefällt als unbefugt erlassene Protest zu erheben, oder diese Urtheile etwa nur für provisorisch gültige anzuerkennen, für Urtheile die durch das erste beste allge= meine Concil wieder umgestoßen oder reformirt werden könnten?"

„Im Gegentheile, bis jetzt hat in solchen Dingen stets bei uns, wie bei unsern Vätern und Urvätern, unangefochten das bekannte Wort des heiligen Augustinus gegolten: ‚Roma locuta, causa finita' (Rom hat in der Sache entschieden und die Sache ist damit abgethan). Aus der allerneuesten Zeit erinnere ich hier nur an das im Jahre 1860 abgehaltene Kölner Provincial= Concil. Heißt es dort nicht ausdrücklich: die Glaubensentscheidungen des Papstes seien an sich irreformabel?[1]) Und meines Wissens .... hat kein einziger weder der dort anwesenden Oberhirten .... noch auch der anderen Mitglieder der Synode und der daran betheiligten Theologen diesen Aus= spruch des Concil's auch nur einen Augenblick beanstandet. Das Concil ist dann seiner Zeit vom heiligen Stuhle ausdrücklich bestätigt und in den betreffen= den einzelnen Diöcesen rechtmäßig promulgirt worden. Ich habe aber nicht gehört, weder daß in diesen Diöcesen, noch daß in ganz Deutschland, wo die Decrete des Concil's bekannt geworden, gegen die genannte Lehre des Concil's auch nur eine einzige katholische Stimme sich erhoben."

„Und doch würde, wenn das Vaticanische Concil die Frage der ‚päpst= lichen Infallibilität', in welcher Form auch immer, bejahend entschiede, dasselbe gewiß um kein Haarbreit mehr lehren, als was die genannte Kölner Synode in den gedachten Worten, und was mit ihr so viele andere in allen Landen der Christenheit in neuerer Zeit abgehaltene Provincialsynoden gelehrt, und was alle treuen Söhne der Kirche von jeher, wenn auch nicht so klar bewußt, ganz unzweifelhaft geglaubt und festgehalten haben. Denn sind die Glaubens= entscheidungen des Papstes wirklich an sich irreformabel, und muß ich mich als treuer Sohn der Kirche ihnen wirklich aufrichtig unterwerfen, so sehe ich nicht, wie man dann an der Unfehlbarkeit dieser Glaubensentscheidungen noch vorbeikommt. Eine Glaubensentscheidung des heiligen Stuhles nicht für bloß provisorisch gültig, sondern für endgültig halten und derselben nicht etwa mit dem bloß heuchlerischen Gehorsam des Schweigens, sondern mit dem Gehorsam der innern Zustimmung des Geistes und des Herzens sich unterwerfen und doch diese Entscheidungen noch für möglich trügliche und fehlbare ansehen, das ist nun einmal für mich, und ich glaube auch für jeden anderen Denkenden, ein vollendeter Widerspruch."

„In meinem Verhalten zur Sache selbst würde, auch wenn das Vati=

---

1) S. oben S. 74, Anm. 2.

canonische Concil die vielgenannte Frage nicht verhandeln oder entscheiden wird, dennoch eine Aenderung nicht eintreten. Ich würde mich nach wie vor verpflichtet erachten, den amtlichen Glaubensentscheidungen des heiligen Stuhles sowohl selbst mich aufrichtig zu unterwerfen, als auch zu dieser Unterwerfung diejenigen die mir anvertraut sind anzuhalten. Und zwar würde ich nach wie vor diese Pflicht der Unterwerfung für mich von demselben Augenblicke an eintreten sehen, wo mir die Glaubensentscheidungen des obersten Hirten und Lehrers der Kirche auf welchem Wege auch immer zuverlässig bekannt geworden sind; und ich würde nicht nach der sogenannten gallicanischen Theorie diese Pflicht der Unterwerfung erst noch von einem hinzukommenden stillschweigenden oder ausdrücklichen Consens der übrigen Kirchenhirten abhängig machen. Denn wie soll ich mir denn von dem stillschweigenden Consens der Bischöfe Gewißheit verschaffen, und wie lange soll ich die Erfüllung der Pflicht der Unterwerfung aufschieben dürfen, um zu sehen, ob und wie viele Bischöfe etwa zustimmen oder vielmehr nicht widersprechen werden, und was endlich soll ich in der Zwischenzeit thun, bis ich auf welche Weise auch immer des geforderten stillschweigenden Consenses mich versichert haben würde! Soll ich vielleicht mein Urtheil ganz suspendiren, soll ich zwischen Glauben und Nichtglauben unsicher hin- und herschwanken, oder soll ich gar, wie Einige ungeschickt genug in Vorschlag gebracht, etwa erst nur provisorisch glauben?" (Mainzer Journ. Nr. 59.)

40.
Maßl, Franz Xaver,
Religionslehrer am Gymnasium zu Straubing.

Erklärung der heiligen Schriften des Neuen Testamentes. I.—V. Bd. 3. Auflage. Straubing, Schorner. 1841.

Maßl bemerkt zu Luk. 22, 32 (Bd. IV, 94 f.):

„Jesus redet wegen der Versuchung die über Alle kommen soll den Petrus insbesondere und vor allen Uebrigen an, als den ersten, das Haupt der übrigen Apostel, und verspricht ihm allein für ihn zu beten, nicht, als wollte er für die übrigen Apostel nicht beten, daß sie in der Versuchung gestärkt würden, denn auch für diese hat Jesus gebeten (Joh. 12, 9; 11, 15); sondern weil er wußte, daß Petrus einer schwereren Versuchung als die übrigen Apostel ausgesetzt würde, und er des Gebetes bedürftiger sei; dann aber auch, weil er den Petrus erkoren hatte als vorzügliches Werkzeug des Glaubens, als Fels auf den er seine Kirche gründen wollte, und somit betete Jesus für die Erhaltung des Glaubens der ganzen Kirche, worüber er ihn als Verwahrer des Glaubensschatzes — und in ihm alle seine Nachfolger — zu setzen entschlossen war. ‚Wenn Jesus betete‘, sagt der h. Augustin, ‚daß der Glaube des Petrus nicht erlösche, was bat er anders, als daß sich sein Wille immer vollkommen frei, vollkommen fest, unüberwindlich und unveränderlich an dem Glauben halten möge'. Wenn nun die Verheißungen der Macht und Würde die Jesus dem Petrus gemacht hat, in ihm sich erfüllen, und die verheißene und nachher ertheilte Macht und Würde überging auf seine Nachfolger: warum sollte nicht auch die Verheißung des unüberwindlichen Glaubens übergegangen sein auf Petri Nachfolger, und somit der Glaube des rechtmäßigen Erben des Stuhles Petri die Verheißung der Unveränderlichkeit und Unüberwindlichkeit, somit der Unfehlbarkeit haben? Noch deutlicher springt die Wahrheit dieser Behauptung in die Augen, wo man den Sinn der Worte ‚Und dereinst, wenn du bekehret bist, stärke deine Brüder‘ richtig auffaßt. Es wird das conversus zwar allgemein übersetzt: ‚wenn du bekehrt bist‘; allein nach dem Buchstaben und nach dem hebräischen Sprachgebrauche muß richtiger übersetzt werden: ‚und auch du dereinst stärke hinwieder deine Brüder‘, d. h. wie ich dich im Glauben bestärke und erhalte, so sollst auch du hinwieder deine Brüder im Glauben bestärken und befestigen. Unter den Brüdern dürfen aber hier nicht allein die Apostel, sondern es müssen darunter auch alle Gläubigen verstanden werden. Wie also Jesus sich dem Petrus als den Erhalter seines Glaubens zu erkennen gab, so sollte auch Petrus, so auch jeder seiner Nachfolger Erhalter des Glaubens aller übrigen Gläubigen sein, und es ist hiermit dem Petrus und allen seinen rechtmäßigen Nachfolgern zugesichert, daß mit ihrer Würde als **Oberhaupt der Kirche** die Unüberwindlichkeit im Glauben verbunden sei, so zwar, daß auf ihnen die Erhaltung des Glaubens beruhe. So haben diese Stelle alle heiligen Väter und kirchlichen Lehrer erklärt und verstanden, und um wie weniger dürfen wir aus der Tiefe dieser Anschauungsweise der fraglichen Stelle auf die Oberfläche einer Erklärungsweise hervortreten, die, den Zeitideen huldigend, das Wahre und Erhabene mit der Lüge der Zeit und ihrer Gemeinschaft vertauscht hat, da wir seit achtzehn Jahrhunderten Zeugen sind des unwandelbar auf Petri Stuhl fortbestehenden Glaubens!" —

Zu den beiden andern Stellen spricht Maßl nicht von der Unfehlbarkeit des Papstes.

41.
Meßmer, Alois,
Professor der Theologie zu Brixen.

Erklärung des Johannes-Evangeliums. Herausgegeben von Dr. Joh. Chrys. Mitterrutzner. Innsbruck, Wagner. 1860.

Meßmer bespricht zu Joh. 21, 15 ff. (S. 438 ff.) die Bedeutung dieses Vorganges im Leben Petri, erörtert, warum jetzt Liebe von ihm verlangt wird. „Die Frage ‚liebst du mich mehr‘ ... steht offenbar in nahem Zusammenhange mit der Uebergabe der apostolischen Gewalt"; von der „größern Liebe" muß man auf „höheren Grad apostolischer Gewalt" schließen.

„Das Weiden der Lämmer schließt die Leitung und liebevolle Fürsorge für die Kirche in sich. Indem [Christus] ihm seine Lämmer übergiebt, hat der Apostel sich als Nachfolger Christi zu betrachten, der sein Amt im Namen Christi führt und ihm verantwortlich ist. Indem er ihm aber seine Heerde schlechthin übergibt ohne irgend eine Ausnahme, ist er der Nachfolger Christi auch im ganzen Umfange des Amtes."

In den wechselnden Ausdrücken ‚hüten, weiden' ist „schwerlich ein Unterschied des Sinnes"; „ebensowenig bedeutet vermuthlich ‚Schafe' etwas anderes als ‚Lämmer'"; insbesondere ist es „schwerlich zu billigen", unter ersteren die Vorsteher zu verstehen; „denn diese sind ja selbst Hirten". „Die Uebergabe einer Gewalt über die der andern Apostel liegt nicht in diesem höchst unbedeutenden Ausdrucke, sondern vielmehr im Zusammenhange und in der Bedeutung der ganzen Handlung. Sie liegt einmal darin daß er dem Petrus allein diesen Auftrag gibt, ferner darin daß er eine größere Liebe von ihm verlangt, endlich in dem Zusammenhang dieses zweiten Berufes mit dem ersten."

42.

Möhler, Johann Adam,

Professor der Theologie zu Tübingen und München, † 1838.

Die Einheit der Kirche oder das Princip des Katholicismus. 2. Auflage. Tübingen, Laupp. 1843. — Symbolik. 6. Auflage. Mainz, Kupferberg. 1843. — Kirchengeschichte. Herausgegeben von Pius Bonifacius Gams, O. S. B. I.–II. Bd. Regensburg, Manz. 1867.

Daß Möhler in seinen früheren Jahren aus den oft angezogenen Bibelstellen nicht die Unfehlbarkeit des Papstes folgerte, ergibt sich für Matth. 16, 18 und Joh. 21, 15 ff. zur Genüge daraus, daß er (Einheit der Kirche S. 238 f.) in dieser Stelle für sich nicht einmal eine volle Begründung des Primates fand, sondern das Hauptgewicht darauf legte, daß Petrus factisch seine Stellung bekundete." In derselben Schrift [1]) schließt er seine Erörterung über den Primat mit folgenden Worten (S. 246):

„Zwei Extreme im kirchlichen Leben sind aber möglich, und beide heißen Egoismus; sie sind: wenn ein Jeder oder wenn Einer Alles sein will; im letzten Falle wird das Band der Einheit so eng und die Liebe so warm, daß man sich des Erstickens nicht erwehren kann; im ersten fällt Alles so

---

[1]) Es muß daran erinnert werden, daß sie Manches enthält was Möhler selbst „in späteren Jahren nicht mehr zu billigen gesonnen war." Reithmayr in Möhler's Lebensskizze vor der 6. Auflage der ‚Symbolik' S. XX. Vgl. Freiburger ‚Kirchenlericon' VII, 193.

auseinander, und es wird so kalt, daß man erfriert; der eine Egoismus erzeugt den andern: es muß aber weder Einer noch Jeder Alles sein wollen; Alles können nur Alle sein und die Einheit Aller nur ein Ganzes. Das ist die Idee der katholischen Kirche."

In Möhler's ‚Kirchengeschichte', wie sie jüngst größtentheils aus nachgeschriebenen Heften veröffentlicht wurde, finden wir Cyprian's Anschauungen über den Primat in folgendem Satze angegeben (I, 395):

„In Petrus war die Kirchengemeinschaft concentrirt; dann ging sie dadurch, daß sie auf die andern Apostel überging, in eine Vielheit auseinander, so daß, wie alle Bischöfe gleichsam nur der vervielfältigte Petrus sind, sich wieder alle Gewalt in ihn zurückzieht."

Bei der Darstellung des Primates vom vierten bis zum achten Jahrhundert lesen wir (a. a. O. I, 587):

„Wir bemerken, daß im Verlaufe dieser Zeit nicht nur ganze Landstriche der Häresie anheimfielen, sondern daß selbst viele, ja die meisten Patriarchal-Stühle davon angesteckt waren. Bei alle dem aber stand der apostolische Stuhl zu Rom fest . . . . Dadurch wurde die Ueberzeugung befestigt, daß an den römischen Stuhl besondere Verheißungen geknüpft wären. Liberius und Honorius fielen zwar; aber dies war gar kein Moment. Liberius war gar nicht in Rom, sondern ferne davon im Exil. In Rom hatte er einen natürlichen Rath, im Exil stand er allein. Wir dürfen aber den Papst nie als isolirte Person betrachten. So sehr sein Fall auf seiner Seele lastet, so wenig kann er dem römischen Stuhle zur Last gelegt werden. Nach Rom zurückgekehrt blieb er standhaft. — Was den Honorius betrifft, so ließ Gott seinen Irrthum zu, um zu erkennen zu geben, daß das Haupt nie ohne Episkopat, und dieser nie ohne sein Haupt betrachtet werden darf."

Das große abendländische Schisma führt Möhler auf „die zwei Gegensätze, die sich bis auf unsere Zeit erhalten haben, das Papal- und Episkopal-System", bei deren kurzer Zeichnung er bemerkt, daß nach jenem „der Papst das Subject der kirchlichen Infallibilität" sei, nach diesem „die Infallibilität beim allgemeinen Concilium ruhe." Es heißt weiter (II, 507):

„Ohne entscheiden zu wollen, welches die richtige Ansicht sei, haben wir nur zu bemerken, daß in den ersten Jahrhunderten beide Gegensätze nicht vorhanden waren. Unter einem allgemeinen Concilium dachte man sich ein Concilium bei welchem der Papst ohnehin schon ist. Er steht weder über noch unter, sondern in der Mitte desselben. Man sagte noch nirgends: der Papst ist infallibel, sondern der Episkopat mit dem Primate. Keine Scheidung, keine Trennung war vorhanden. Was soll das Haupt ohne Glieder, was die Glieder ohne Haupt? In historischer Beziehung ist aber noch zu bemerken: jedes dieser beiden Systeme, welche, absolut aufgefaßt, irrig scheinen, hat sich im Verlaufe der Zeit praktisch als nützlich erwiesen. Ohne die große Centralisation in Rom wäre die Kirche im Mittelalter nicht gerettet worden, und ohne die Grundsätze des Episkopalsystem's wäre die Kirche vom Schisma nicht befreit worden. Man muß jedes dieser Systeme in seiner geschichtlichen Entwickelung betrachten, sonst aber festhalten was in der alten Kirche festgehalten wurde."

In der ‚Symbolik' lehrt Möhler begreiflicher Weise nur (S. 393):

„Die dogmatischen Bestimmungen des (mit der allgemeinen Mitte vereinigten) Episkopates sind untrüglich, denn er repräsentirt die allgemeine Kirche, und eine von ihm falsch aufgefaßte Glaubenslehre würde das Ganze dem Irrthum preisgeben. Ist daher die Anstalt, welche Christus zur Erhaltung und Erklärung seiner Wahrheit errichtet hat, in dieser ihrer Function keinem Irrthum unterworfen, so auch das Organ nicht, durch welches die Kirche sich ausspricht."

Schließlich ist noch zu beachten, wie Möhler sich (a. a. O. S. 17) über den symbolischen Charakter päpstlicher Constitutionen „besonders der von Innocenz X. erlassenen Bulle gegen die fünf Propositionen des Jansenius und die Bulle Unigenitus von Clemens IX." ausspricht.

„Es ist allerdings von diesen Constitutionen zu sagen, daß sie keinen symbolischen Charakter haben, indem sie nur gewisse Sätze als irrthümlich bezeichnen, die dem Irrthum entgegenstehende Lehre aber nicht aufstellen, sondern vielmehr als bekannt voraussetzen. Ein Glaubenssymbol muß aber Lehren darbieten, nicht bloß Irrlehren verwerfen. Da die genannten Bullen jedoch die Bestimmungen von Trient strenge festhalten und ganz im Geiste derselben gefaßt sind, da sich dieselben überdies auf manche wichtige Frage beziehen und diese im Sinne der genannten Bestimmung, wenn auch nur negativ lösen, so werden wir .... manche katholische Glaubenslehre durch sie erläutern."

43.

Müller, Andreas,

Domkapitular zu Würzburg.

Lexicon des Kirchenrechts und der römisch-katholischen Liturgie. IV. Bd. Würzburg, Etlinger. 1831. — 2. Aufl., 2. Ausg. Regensburg, Manz. 1851.

Zu den „wesentlichen Rechten des Papstes" gehört (S. 165 resp. 211):

„6) Das Recht, bei entstandenen Glaubensstreitigkeiten provisorische dogmatische Entscheidungen zu geben. Hier können nämlich nicht sogleich Concilien zusammenberufen werden; es kann daher das Kirchen-Oberhaupt in Nothfällen, um die Glaubens-Einigkeit zu erhalten, innerhalb der durch die h. Schrift, Tradition und allgemein anerkannten Kirchensatzungen festgesetzten Grenzen provisorische allgemeine Decrete erlassen; volle dogmatische Kraft erhalten solche aber erst dann, wenn die Uebereinstimmung der Kirche hinzugekommen ist."

44.

Müller, Ernst,

Domkapitular, Regens und Professor der Theologie zu Wien.

Theologia moralis. Liber I. Wien, Mayer. 1868.

S. 8 lesen wir bei der Besprechung der Tradition:

„Die Constitutionen und Decrete der Päpste, durch welche theils falsche Sätze über Moralsachen verworfen werden, theils ausdrücklich ausgesprochen wird was man festzuhalten und zu thun habe, und gleichfalls die auf die Moral bezüglichen Entscheidungen der päpstlichen Congregationen sind für die Entwickelung der Moralwissenschaft sehr gewichtig und bedeutungsvoll."[1]

45.

Oswald, Johann Heinrich,

Professor der Theologie zu Paderborn.

Eschatologie. 2. Auflage. Paderborn, Schöningh. 1869.

Bei der Erörterung über das besondere Gericht berührt Oswald die irrigen Aeußerungen Johann's XXII. und bemerkt dazu Folgendes:

„Die Gallicaner haben auch dies Factum gegen die persönliche Unfehlbarkeit des Papstes geltend zu machen gesucht. Es ist indeß zu bemerken, daß Johann den Gegenstand stets nur disputationis causa und als Privatmann behandelt hat, ohne je eine Entscheidung ex cathedra oder als summus doctor ecclesiae darüber zu erlassen.... Als Theologe freilich hat der Papst geirrt. Dabei mag doch auch zu seiner persönlichen Rechtfertigung als eines solchen dienen, daß er ernstlich versichert hat, nie von der Kirche Abweichendes haben lehren zu wollen, sowie daß er nachgerade, als ihm die Materie klar geworden, seinen früheren Irrthum widerrufen hat."

Vielleicht darf man aus dieser Bemerkung auf die Stellung Oswald's zur Infallibilitätsfrage schließen; jedenfalls gibt sie sein Urtheil über den speciellen Fall.

---

[1] Constitutiones et decreta summorum pontificum, quibus partim propositiones falsae in rebus morum condemnantur, partim quid tenendum agendumve sit diserte determinatur .... in explananda scientia morali gravissimi ponderis sunt et momenti.

46.
Pachmann, Theodor,
Professor der Rechte zu Wien.

Lehrbuch des Kirchenrechts. 3. Auflage. I.—II. Bd. Wien, Braumüller. 1863—65.

Pachmann schreibt (I, 234) über „die Glaubensentscheidungen des Papstes":

„Daß der Apostel Petrus in den Aufträgen die er theils allein (Joh. 21, 17) theils mit den übrigen Aposteln (Matth. 28, 18 ff.) erhalten hatte, das Recht, eigentlich die Pflicht sehen mußte, die Lehre des Heiles aller Welt zu verkünbigen, den Ungläubigen nämlich um sie für die Kirche zu gewinnen und aufzunehmen, den Gläubigen aber, um ‚die Brüder zu stärken'...., wird wohl Niemand bezweifeln der jene inhaltsschweren Aufträge würdigen kann und würdigen will. Wie aber sollte der, der an die Stelle des Apostels getreten und in dieser Succession die gleiche apostolische Aufgabe hat nicht auch das gleiche Recht haben? Daran ist denn auch katholischerseits noch nicht gezweifelt worden; die Meinungsverschiedenheit die sich in dieser Beziehung erhoben hat betrifft nur die Frage, ob, wie einst principiell der Apostel, so noch immer der Papst, als dessen Nachfolger, auch allein das Recht habe, Glaubensstreitigkeiten definitiv zu entscheiden. Daß er dies Recht im Verein mit dem Episkopat hat, wird von allen Katholiken zugegeben, und hieße die Bestreitung dieses Rechtes die positive Einrichtung des göttlichen Stifters der Kirche für die Reinerhaltung seiner Offenbarungslehre.... in Abrede stellen. Neben dem Rechte, im Vereine mit dem Episkopate Glaubensstreitigkeiten endgültig bestimmen zu können, legt aber eine allerdings noch nicht durch ein zusammenstimmendes, ausdrückliches Zeugniß des Primats und Episkopats als Glaubenssatz erklärte Ansicht und im Widerspruch mit einer anderen, die jedenfalls nur von einer Concurrenz-Berechtigung wissen will, auch dem Papst allein in seinem papstämtlichen Wirken (dum ex cathedra loquitur) dieses Recht bei...."

Wo Pachmann dann eigens auf die „Infallibilität des Papstes" eingeht (I, 236 f.) schreibt er:

„Um sich in dieser Angelegenheit zurecht zu finden, muß man wohl auf die Frage zurückkommen, ob, wie Petrus, auch jeder Stellvertreter desselben, und als solcher allein schon die göttliche Gnade unfehlbarer Glaubenserkenntniß habe. Dafür gibt es allerdings sehr starke Gründe, sowohl aus der h. Schrift als aus dem Zwecke des Primats und der kirchlichen Praxis. Damit soll nicht gesagt sein, schon aus der h. Schrift lasse sich für die Unfehlbarkeit des Papstes in Glaubenssachen zur Evidenz argumentiren; vielleicht sind die beiden andern Beweise, der rationelle nämlich und der historische, die bringenderen. Soviel ist gewiß, daß die [drei bekannten] Stellen der h. Schrift, aus denen zunächst doch nur auf die Infallibilität des Apostels Petrus selbst geschlossen werden muß, nur darum auch auf seinen Nachfolger im Primate zu beziehen sind, weil sich der Zweck dieses Primates ohne jene Unfehlbarkeit in Glaubenssachen nicht erreichen läßt. Dieser Zweck ist die Erhaltung der kirchlichen Einheit, also ganz vorzüglich die Erhaltung der Kirche bei dem Einen, wahren Glauben. Wie aber wäre diese Erhaltung möglich, wenn derjenige der sie besorgen und durchführen soll selbst nicht jederzeit genau wüßte, was zum christlichen Dogma gehört? Ihm deshalb, weil er die kirchliche Einheit erhalten soll und doch allein nicht schon unfehlbar sei, nur ein Recht provisorischer Verfügung zuerkennen zu wollen, bis Primat und Episkopat das Ultimatum geben, führt auf puren Unsinn. Ohne die Pflicht aller anderen Gläubigen, dieser provisorischen Verfügung zu folgen, wäre doch wahrlich ein solches Recht ganz nutzlos; mit dieser Pflicht aber wäre die Kirche, wenigstens für die Zeit des Provisoriums, in Gefahr dem dogmatischen Irrthum zu verfallen — was offenbar gegen die sehr bekannte Verheißung Jesu Christi verstößt. Wirklich auch sind von den Päpsten, ohne alle Vorberathung mit dem Episkopat, so viele Glaubensirrthümer als solche bezeichnet und in so präciser Sprache verurtheilt worden, daß man den Entscheidungen ansieht, sie sollen auf keinerlei weitere Zustimmung des Episkopats warten [1]). Liegt das nicht im Bewußtsein der Kirche, wie konnten die Bischöfe dazu schweigen [2])? Aber wie sollen sie dagegen sprechen, da sie sich in kirchlichen Versammlungen immer so unverholen dafür ausgesprochen [3])? Folgerecht zu ihren Erklärungen konnten sie es auch gleichgültig hinnehmen, daß im Vertrauen auf eine höhere als menschliche Intelligenz die Päpste bei Strafe der Ausschließung aus der Kirchengemeinschaft alle Berufung von päpstlichen Entscheidungen, versteht sich auch in Angelegenheiten des Glaubens, an den Gesammt-Episkopat untersagten und Jahrhunderte lang jährlich dieses Verbot wiederholten [4]).

---

[1]) Pachmann nennt die Urtheile von Anastasius I. über Origenes, von Innocenz I. und Zosimus über Pelagius, von Leo I. über Eutyches und die Verurtheilungen des Hermesianismus.

[2]) „Dagegen mag allerdings die Theilnahme welche der Papst Honorius I. dem Monotheletismus, wie es scheint, zukommen ließ schwer ins Gewicht fallen.... Katholische Theologen von Ruf haben sich vielfach bemüht diesen und jeden andern Knoten.... zu lösen.... Aber liegt denn nicht in der Conciliererklärung selbst die Annahme genauer Kenntniß der katholischen Glaubenslehre? Honorius wird der Ketzerei schuldig befunden, und doch lag keine firirte Glaubensformel vor die speciell gegen die Monotheleten ging: sollte also der Ketzerbegriff auf ihn Anwendung finden, so mußte man voraussetzen, daß er auch ohne formell kirchliche Definition genau wußte, die Monotheleten-Lehre sei nicht katholisch. Setzte man dies nicht voraus, so that man dem Papste Unrecht, wie man auch die übrigen Monotheleten, die auf dieser Synode als Ketzer verurtheilt worden sind, nur insofern dafür ansehen kann, als sie ihre neue Lehre nur als Vorwand für den Monophysitismus, ... den das Concil von Chalcedon abgethan, gebraucht hatten. — Eine andere Frage ist es, ob Honorius wirklich so tief verschuldet war als das Concil von Constantinopel annahm, und wieder eine andere, ob es für sein Urtheil gegen den Papst competent genug gewesen?"

[3]) „Die meisten Synodalberichte an den Papst enthalten dergleichen Anerkennungen." Der Verfasser citirt namentlich das 2. Concil von Lyon. S. oben S. 71 Anm. 2.

[4]) „Mit der bis auf Clemens XIV. am Grünendonnerstag republicirten Zu-

„Und wie sollten sie Widerspruch einlegen, da die größten Capacitäten der katholischen Theologie für die Fähigkeit des Papstes, endgültig auch in Glaubenssachen erklären und bestimmen zu können, Zeugniß geben"?¹).

Nochmals berührt Pachmann unsere Frage bei seiner Darstellung der Kirchenverwaltung. Hier schreibt er hinsichtlich der „dogmatischen Erklärungen von Glaubenscontroversen" (II, 152 f.):

„Daß für die Feststellung von Glaubenssätzen, d. h. für die definitive Angabe dessen was zu dem Inhalte der ... Offenbarung gehörte, nur der Nachfolger im Primat des Apostels Petrus Beruf hat, ist ... hinreichend erörtert worden. In welcher Weise jedoch der Papst dieser Aufgabe nach=kommen müsse, ist durch keine dogmatische Anordnung bestimmt. Sohin läßt sich nur sagen, der Papst habe seine Erklärung in jener Form abzugeben, die sein Auftreten in papstamtlicher Stellung und seine Absicht eine Glaubens=lehre zu formalisiren deutlich erkennen läßt. Ob dann die Erklärung an die ganze Kirche oder an einen Theil derselben, vielleicht gar nur an Einzelne, die eben bei dem Stellvertreter Christi gründliche Belehrung suchten, gerichtet sei, ob sie proprio motu oder auf eine vorgelegte Bitte erfolgt sei, kann natürlich keinen Unterschied machen, da es nur Eine christliche Wahrheit gibt, und der Inhalt des dafür abgelegten Zeugnisses durch die Form seiner Dar=legung an sich noch nicht alterirt wird." Vorherige Berathungen, Gebete und dergleichen seien nicht nothwendig. Wenn gleichwohl die Päpste von jeher viele solche Vorkehrungen trafen, „so thaten sie dies um nach dem auf=fordernden Beispiele der Apostel Menschliches mit Göttlichem zu verbinden (Apg. 15, 6), dem auf Gemeinschaft bringenden Geist der Kirche zu huldigen und das Göttliche in würdigster Weise zu behandeln."

Dem Vorstehenden entspricht es, daß die Concilien keine „dogmatische Nothwendigkeit für sich haben"; daß „ihre Bedeutung nur die ist, daß ... das für Wahrheit und Recht abgegebene Zeugniß um so eindringlicher, der Gehorsam ... um so williger sein wird, je offenkundiger das was erklärt wird als die Frucht der reifsten Ueberlegung und als reinster Ausdruck des kirchlichen Bewußtseins erscheint" (II, 130 f.).

---

sammenstellung schwerer Kirchenvergehen die unter dem Namen Bulla in coena domini bekannt ist."

1) Pachmann erinnert an Augustin's Worte über die päpstliche Entscheidung gegen Pelagius (s. unten bei Schwetz); „daher das Adagium: Roma locuta, causa finita est."

47.
Permaneder, Michael,
Professor der Theologie zu Freisingen und München.

Handbuch des gemeingültigen katholischen Kirchenrechts. Landshut, Krüll. 1846. — 4. Auflage. Herausgegeben von Isidor Silbernagl, Professor des kanon. Rechts zu München. Ebda. 1865.

Permaneder lehrt zunächst (I, 42 der 1. Auflage), daß

„der von den Aposteln.... ununterbrochen fortgepflanzte Episkopat nur in seiner Gesammtheit und Vereinigung mit dem allgemeinen Oberhaupte in seinen dogmatischen Bestimmungen untrüglich ist" [1].

Ferner schreibt er über die „Verwaltung des Lehramtes" (I, 48; S. 32 der 4. Aufl.):

„[Die heiligen Schriften] empfangen ihre Ergänzung und irrthumslose Auffassung, sowie selbst die Gewährleistung ihrer Echtheit erst von dem lebendigen Lehramte, welches in der Gesammtheit der Bischöfe fortlebt. Dieser Lehrkörper, der als sichtbarer und organischer wesentlich eine äußere Einheit bedingt, hat in dem apostolischen Stuhle zu Rom seinen Einigungs- und Mittelpunkt. Und nur im Schooße der Kirche, d. i. in der Vereinigung mit dem durch den römischen Primat zur Einheit verbundenen Episkopate, weil nur ihm, dem Ganzen, der heilige Geist einwohnt, ist eine reine und vollständige Ueberlieferung und ein irrthumloses Verständniß der Lehre Christi möglich."

Es ist aber der Papst

„auf dem Grund der obersten Aufsicht berechtigt, die Lehre und Disciplin der Kirche zu überwachen...; alle schädlichen Einflüsse auf die Einheit und Reinheit des Glaubens und kirchlichen Lebens zu beseitigen, daher besonders die Lehrthätigkeit zu überwachen, den Bischöfen das Glaubensbekenntniß abzufordern, bei entstandenen Streitigkeiten dogmatische Entscheidungen zu erlassen"... (I, 404 resp. S. 292 f.)

Und schließlich sagt Permaneder wo er die „Erhaltung der Lehre" bespricht (II, 187 f. resp. S. 613):

„Die Sicherheit der Lehre.... beruht auf der Unfehlbarkeit des Lehramtes..., nämlich auf der Unfehlbarkeit des mit dem allgemeinen Oberhaupte Kirche verbundenen Episkopates, mag dieser nun, wie gewöhnlich, ...lich zerstreut oder aber auf einem allgemeinen Concil örtlich versammelt ... An der Spitze dieses von Christus autorisirten und unfehlbaren ...rpers, des Magisteriums der Kirche, steht der Primat; durch ihn erst ... das allgemeine Concil, in welchem sich das christliche Bewußtsein des

---

[1] Die 4. Auflage (in Einem Bande), in welcher die Einleitung überhaupt kürzer gehalten ist, hat an der betreffenden Stelle diesen Satz nicht. —

Lehramts am thatsächlichsten bezeugt, zu seinem vollen Begriffe. Daher auch ganz besonderes Gewicht gelegt wird auf das Zeugniß der römischen Kirche als das der vorzugsweise verläſſigen Bewahrerin der reinen apostolischen Tradition. Auch hat der apostolische Stuhl das Recht, bei Glaubensstreitigkeiten, welche die Einheit oder den Frieden der Kirche bedrohen, Stillschweigen zu gebieten oder eine Entscheidung zu erlassen, welche, wenn sie ex cathedra, definitiv und an die Gesammtkirche gerichtet ist, selbst die Autorität eines D o g m a s hat."

48.

Perrone, Johannes,

Priester der Gesellschaft Jesu, Professor der Theologie zu Rom.

Praelectiones theologicae. Tom. II. Paris, Migne. 1842. — Praelectiones theologicae in compendium redactae. Vol. I. Ed. 27. Regensburg, Manz. 1856.

Perrone schickt in seinem Compendium [1]) folgende Bemerkungen voraus (S. 189 ff.):

„Da der Papst kraft seines Primates das Haupt der ganzen Kirche ist, so müssen die Gaben der Unfehlbarkeit und der Regierungsgewalt, welche die ganze Kirche besitzt, dem Papste in noch hervorragenderer Weise zustehen, und sofern die Kirche vom Haupte getrennt gedacht wird, ist sie nur mittelbar durch den Papst mit ihnen ausgestattet [2]) .... Die Unfehlbarkeit des Papstes in der Aussprache der Lehre (pontificis in docendo infallibilitas) ist von dogmatischen Erklärungen zu verstehen, welche an die ganze Kirche gerichtet sind (de dogmaticis definitionibus universae ecclesiae propositis), oder wenn der Papst ex cathedra spricht. Dazu aber gehören zwei Bedingungen: 1) daß seine Erklärungen Glaubens = und Sittensachen zum Gegenstande haben oder daß erklärt wird, eine Lehre sei zu glauben, oder sie sei als glaubens = und sittenwidrig zu verwerfen; 2) daß er in feierlicher Weise und unter Censuren die Lehre der ganzen Kirche festzuhalten oder zu verwerfen vorstellt. Diejenigen also irren sehr, welche meinen, wir lehrten die Unfehlbarkeit des Papstes in persönlichen Handlungen, in seinen privaten oder öffentlichen Aussprüchen oder in Decreten und Rescripten und Anderem dergleichen [3]), worin kein Katholik eine Unfehlbarkeit des Papstes behauptet.

---

1) Es wird genügen, nach diesem zu berichten. Gang und Resultat der Darstellung ist in beiden Werken gleich, wenn auch einige Einzelheiten verschieden sind. Die Frage wird in beiden als 4. Kapitel des Tractats de locis theologicis behandelt. —

2) Cum Romanus pontifex vi primatus sui caput totius ecclesiae sit, patet easdem dotes infallibilitatis et autoritatis Romano pontifici excellentiori etiam ratione competere quibus fulget universa ecclesia, quae prout distincta a capite spectatur, illis mediante Romano pontifice condecoratur.

3) Duae porro conditiones requiruntur, ut dici possit pontificem ex cathedra loqui: 1. ut ejus definitiones habeant pro objecto res fidei et

Hinsichtlich der so begränzten oder erklärten Unfehlbarkeit des Papstes wird nun darüber gestritten, ob sie dem Papste vor dem Consensus der Kirche zukomme oder nicht, oder: ob der Papst jene Infallibilität durch sich allein besitze oder abhängig von vorheriger ausdrücklicher oder stillschweigender Zustimmung der Kirche zu seinen Entscheidungen. Die einsichtsvollere große Mehrzahl der Theologen (sanior et communis theologorum pars) lehrt, der Papst erfreue sich der Unfehlbarkeit und seine dogmatischen Entscheidungen seien somit unabänderlich vor einem solchen Consensus der Kirche; die meisten gallicanischen Theologen, namentlich nach . . . der Erklärung von 1682, halten dafür, daß die dogmatischen Erlasse des Papstes von der Kirche abgeändert werden können, der Papst also für sich allein die Infallibilität nicht besitze."

So groß auch theoretisch angesehen die Streitfrage sein möge, bemerkt der römische Dogmatiker weiter, so sehr verschwinde sie für die Praxis. Denn

„1) in Wirklichkeit ist der Papst nie von der Kirche getrennt, mit der er einen Leib ausmacht; 2) er steht bei seiner Entscheidung nie allein, da ihm stets mehrere Bischöfe anhangen; sind die Bischöfe unter sich getrennt, so machen nach der allbekannten Regel des h. Ambrosius ‚Wo Petrus ist da ist die Kirche' die mit dem Papste vereinten die Kirche aus; 3) meistens erheben sich die Bischöfe in deren Provinz eine irrige Meinung oder eine Neuerung in der Lehre aufkommt, dagegen, halten zuweilen auch Synoden, bekämpfen sie schriftlich und berichten an den apostolischen Stuhl, daß dieser sie verwerfe. Der heilige Stuhl unterwirft sie einer genauen Prüfung, inzwischen werden beiderseits Schriften veröffentlicht, schließlich wird nach mehreren Jahren die Entscheidung gegeben. So ist es Praxis . . . . Daher kann offenbar der Papst bei der Veröffentlichung dogmatischer Constitutionen nie allein stehen, und für die Praxis hat unsere Streitfrage also keine Bedeutung."

Dann stellt Perrone drei Sätze auf:

„1. Wenn der Papst ex cathedra in Glaubens- und Sittensachen entscheidet, so ist er unfehlbar, und seine dogmatischen Entscheidungen sind durchaus unabänderlich, auch vor der Zustimmung der Kirche, wie das vor Allem die heilige Schrift beweist."

Perrone folgert dieses aus den drei bekannten Stellen. Für seinen zweiten Satz: „Dieselbe Wahrheit erhellt aus der Tradition", argumentirt er aus Aussprüchen der Väter und aus Thatsachen der Kirchengeschichte[1]).

---

morum, sive ut decernatur credenda sive respuenda tamquam fidei et moribus contraria doctrina aliqua; 2. ut solemni ratione ac sub censuris doctrinam universae ecclesiae sive tenendam sive respuendam proponat. Falluntur proinde vehementer qui censent a nobis adstrui pontificia infallibilitatem sive in factis personalibus sive in privatis aut publicis ejus dictis sive in decretis et rescriptis aliisve ejusmodi.

1) Vom Papste allein Verurtheilte wurden für Irrlehrer gehalten; Erklärungen der allgemeinen Synoden wurden vor der Bestätigung durch den Papst nie als un-

Bei dem dritten Satze: „Dasselbe wird bekräftigt durch das thatsächliche Verhalten der Päpste, von denen Keinem ein Irrthum in dogmatischen Decreten nachgewiesen werden kann," beschäftigt er sich vor Allem mit der Honoriusfrage.

49.
Phillips, George,
Professor der Rechte zu Wien.

Kirchenrecht. II. Bb. Regensburg, Manz. 1846. — Lehrbuch des Kirchenrechts. Ebba. 1859—62. — Artikel „Papst" im Freiburger ‚Kirchenlexikon‘. Bb. VIII.

In seiner frühesten und ausführlichsten Behandlung unserer Frage (Kirchenrecht II, 307 ff.) lehrt Phillips:

„Als das Organ der kirchlichen Unfehlbarkeit erscheint in den zuvor angeführten Beispielen das ökumenische Concilium; somit unterliegt dessen Infallibilität keinem Zweifel. Das ökumenische Concilium ist aber die Versammlung aller Bischöfe mit Einschluß des römischen,"... der „das Recht hat, den Beschlüssen seine Bestätigung zu ertheilen, oder ganz oder theilweise zu verweigern. Ist aber das ökumenische Concilium gar nicht versammelt..., so hat.... während der Zwischenzeit der römische Bischof viele Entscheidungen in Glaubenssachen erlassen, und es haben diese in der Kirche stets dasselbe Ansehen genossen wie die von dem Concilium ausgegangenen [1]).... Das Bedürfniß der Kirche forderte für [diese Zwischenzeit]... ein Organ zur unfehlbaren Entscheidung sowohl in Sachen des Glaubens als auch des damit zusammenhängenden höchsten Sittengesetzes, und Christus schiene seine Verheißung der kirchlichen Unfehlbarkeit nicht erfüllt zu haben, wenn er... nicht für ein solches Organ außerhalb des Conciliums gesorgt hätte.... Es erscheint daher der Papst.... auch

---

abänderliche dogmatische Entscheidungen angesehen; die Bischöfe suchten in vorkommenden Fällen die Entscheidung des Papstes nach; die Katholiken nahmen stets die dogmatischen Entscheidungen der Päpste an; „die ganze Kirche nahm die Formel des Hormisdas an, welche das unfehlbare Ansehen des apostolischen Stuhles lehrt" (vgl. unten bei Reimerding). Die Irrlehrer selbst anerkannten diese Eigenschaft am Papste, so lange sie hofften der Verurtheilung entgehen zu können.

[1]) Phillips bezieht sich namentlich auf die Worte im Schreiben der Bischöfe von Tyana und Tarsus an Sixtus III.: „Schon oft hat ehedem euer apostolischer Sitz gegen das aus Alexandrien aufwachsende häretische Unkraut genügt, um während der ganzen Zeit hindurch die Lüge zu überführen und die Gottlosigkeit zu unterdrücken", darauf daß Leo's b. Gr. dogmatisches Schreiben vom Concil zu Chalcedon „als ein dasselbe vollständig verbindendes Glaubensdecret angenommen wurde" und auf „eine Menge von Beispielen aus neuerer Zeit." Für den ersten Fall gibt das ‚Lehrbuch‘ (S. 789) den Wortlaut aus Eutherii et Hellodii Epist. ad Xystum III.: Et olim quidem saepius jam ex Alexandria hujusmodi haereticis zizaniis insurgentibus suffecit vestra apostolica sedes per universum tempus illud ad mendacium convincendum, impietatemque reprimendam et corrigenda quae necessarium fuit muniendumque orbem terrarum ad gloriam Christi. (Constant Epp. Rom. Pont. 1246.)

ohne das Concilium als das vollständig genügende Organ der kirchlichen Unfehlbarkeit.

„Und das ist er auch! auf seiner Infallibilität beruht die des Concilium's, auf seiner, da sie auf ihm steht, die der Kirche. Diese Auszeichnung ist ihm nicht als dem Bischof von Rom, sondern deshalb zu Theil geworden, weil er wegen seines Episkopates dem Apostel Petrus im Primat succedirt ist. Die Unfehlbarkeit ist also mit dem Episkopate überhaupt wie mit dem römischen durch den Primat, nicht mit dem Primat durch den Episkopat verbunden worden. Dadurch ist der römische Bischof der stellvertretende Grundstein, das Fundament des Glaubens geworden, gegen welches sich wohl die von dem heiligen Bau getrennten Steine zu verbinden, dessen unerschütterliche Festigkeit sie aber nicht zu zerstören vermögen; dadurch ist er der prophetische Lehrer geworden, für welchen Christus gebetet hat, daß sein Glaube nicht abnehme, und von daher wo der Glaube nicht abnehmen kann muß auch der Kirche in allen Fällen die Hülfe kommen[1]). Eben dieser feste Glaube war die Ursache warum Petrus zum Fundamente der Kirche erwählt wurde, denn kraft seines Glaubens gab Petrus auch die erste Glaubensentscheidung ab. Ihm allein verlieh Gott die richtige Entscheidung auf die Glaubensfrage über die Person Christi auszusprechen [Matth. 16, 16].... So sollen auch seine Nachfolger in allen Zweifeln kraft des Gebetes Christi [Luk. 18, 22].... die Glaubensentscheidungen abgeben und dadurch ihre Brüder stärken. Es handelt sich also nicht um diese oder jene Meinung, welche ein Papst über einen Glaubenspunkt haben mag — sie kann eine irrthümliche sein —, sondern lediglich darum, daß der Papst die Zuflucht, die Gewähr, das Fundament, der unfehlbar entscheidende Lehrer der Kirche dann sei, wenn er als das höchste Oberhaupt um eine solche Entscheidung, wie damals von Christus selbst, so jetzt von seiner Braut, welche die Pforten der Hölle bedrohen, aufgefordert wird.... Hat aber der römische Bischof in seiner Eigenschaft als Oberhaupt der Kirche entschieden, so ist seine Entscheidung eben so wahr wie jene die Petrus gab, eben so kräftig, eben so gültig; sie ist es durch sich selbst und braucht, wie es dort.... nicht der Zustimmung der Apostel bedurfte, nicht erst durch die Kirche oder den Episkopat bestätigt zu werden. Es ist daher ein ganz falscher Satz, daß die Glaubensdecrete des Papstes bloß eine provisorische Gültigkeit hätten[2]), bis daß die Kirche sie angenommen oder wenigstens ihnen nicht widersprochen habe, während im Gegentheil gerade umgekehrt es richtig ist, daß ein jeder derartiger Beschluß des übrigen Episkopates nur provisorisch gilt, bis daß das Oberhaupt der Kirche ihm beigetreten ist. Nicht die Kirche also gibt dem Papste die Gewißheit, sondern sie empfängt sie von ihm, denn sie steht auf ihm als auf dem Fundamente, nicht er auf ihr; sie nimmt die Entscheidung des Papstes an, weil sie dem Glauben Petri glaubt; vorher waren Zweifel da, Petrus hat gesprochen, jetzt sind sie entschwunden[3]).... So

---

[1] „Bernard Ep. 191 ad Innoc. II." S. oben S. 4.
[2] „Wie ihn Tournely und viele Andere aufstellen."
[3] Phillips zieht Augustin's Worte in Betreff des Pelagianismus an; vgl. unten bei Schwetz.

wird die Kirche, so werden die Bischöfe durch die Glaubensentscheidungen Petri oder dessen durch den Petrus spricht gestärkt; wäre dem nicht so, so würden ja ganz im Gegensatze zu der Verheißung Christi die Brüder Petrus stärken müssen. Die Verheißung, daß der Glaube Petri nicht abnehmen solle, kommt freilich auch ihnen zu statten, aber nur insofern als der römische Bischof ihr Haupt ist, und als die dem Haupte erwiesene Gnade sich auch den Gliedern mittheilt."

Einer weiteren Begründung aus der Tradition und Geschichte sowie durch theologische und philosophische Gründe — sagt Phillips weiter — „wäre an sich die durch die Worte der h. Schrift dargebotene Unfehlbarkeit des römischen Bischofes nicht bedürftig," aber sie lasse doch „die eigentliche Bedeutung der päpstlichen Infallibilität klarer erscheinen." Er fährt fort (S. 317 ff.):

„Allerdings ist die Infallibilität des Papstes in der Kirche nicht ausdrücklich als ein Glaubenssatz formulirt, dennoch aber stets von der Kirche darin anerkannt worden, daß diejenigen welche einem Glaubensdecrete des Papstes nicht Folge leisten wollten eben dadurch aus der Kirche ausschieden. Es haben daher die Concilien die Unfehlbarkeit des Papstes ganz unbedingt vorausgesetzt [1] .... und namentlich bezeichnet das Concilium von Florenz

---

[1] Phillips bezieht sich darauf, daß der päpstliche Legat Philippus auf dem Concil zu Ephesus „ohne ein Wort der Widerrede sagen konnte, daß Petrus in seinen Nachfolgern lebe, und daß er, wie es allen Jahrhunderten bekannt sei, als Haupt der Kirche und die Seele [Säule] des Glaubens durch sie Urtheil spreche"; darauf, daß die Väter von Chalcedon nach Vorlesung des Leo'schen dogmatischen Briefes riefen: „das ist der Glaube der Väter! so glauben wir Alle!.. Petrus hat durch Leo gesprochen!" und dann an Leo schrieben: „den Glauben, der aus Vorschrift des Gesetzgebers auf uns gekommen ist, hast du bewahrt, du der uns Allen als der Verkündiger der Stimme Petri bestellt bist;" auf den Jubel und Beifall mit welchem der Brief Agatho's vom sechsten allgemeinen Concil aufgenommen wurde — „seine Lehre sei wie vom Finger Gottes geschrieben, schreibt die Synode an den Kaiser" — und auf die Worte derselben Synode an den Papst: „Wir haben nach deinem uns zuvorgegebenen Urtheilsspruch mit Anathema die Häresie getödtet; wir, vom h. Geiste und durch deine Lehre erleuchtet, haben die feindlichen Lehren der Gottlosigkeit zurückgeschlagen." — Im ‚Lehrbuch' S. 791 gibt Phillips die latein. Texte: Conc. Ephes. act. 3: Philippus dixit: Nulli dubium, imo saeculis omnibus notum est, quod ... Petrus, apostolorum princeps et caput fideique columna et ecclesiae catholicae fundamentum a ... Jesu Christo claves regni accepit, solvendique ac ligandi potestas ipsi data est, qui ad hoc usque tempus et semper in suis successoribus vivit et judicium exercet (Hard. Conc. I, 1478). — Conc. Chalced. Act. 2: Episcopi clamaverunt: Haec patrum fides, haec apostolorum fides. Omnes ita credimus ... Petrus per Leonem locutus est (L. c. II, 306). — Conc. Chalced. Ep. ad Leonem: Quam [fidem] velut auro textam seriem ex praecepto legislatoris venientem usque ad nos ipse servasti, vocis beati Petri omnibus constitutus interpres et ejus fidei beatificationem super omnes adducens. (Leonis M. Opp. ed. Ball. I, 1088). Conc. Const. III. Sermo acclam. ad imperatorem: Confessionem tibi a deo scriptam illa Romana antiqua civitas obtulit ... et per Agathonem Petrus loquebatur (Hard. III, 1422). — Ejusd. Conc. Ep. ad Agath.: Sic nos, sancto spiritu illustrati vestraque instituti doctrina, infesta dogmata impietatis depulimus (L. c. III, 1439).

den Papst als den Vater und den Lehrer aller Christen[1]).... In ganz gleicher Weise sprechen sich auch die Kirchenväter, welche den bekannten Stellen der h. Schrift eben diese Deutung geben, dahin aus, daß die Unfehlbarkeit der Kirche sich durch den Papst kund gebe; namentlich ist der h. Irenäus hierherzuziehen, dessen in dieser Beziehung so berühmten Worte[2]) von denen welche die Vertheidigung der französischen Kirche gegen den Gallicanismus übernommen mit Recht an die Spitze der Zeugnisse der entschiedensten Anerkennung, welche auch jene stets der Infallibilität des Papstes gezollt hat, gestellt werden. Ebensowenig haben aber auch die römischen Kaiser an dieser Unfehlbarkeit gezweifelt....

„Daher ist es auch nichts weniger als Anmaßung, wenn selbst die von den Päpsten herrührenden Kanones die Unfehlbarkeit des Oberhauptes der Kirche als eine sich von selbst verstehende Sache behandeln. Man kann ... nicht den Einwand machen, daß die Päpste sie für sich selbst ablegten; sie thaten dies unwidersprochenermaßen vor den Augen der ganzen Welt, sie thaten dies den ökumenischen Concilien gegenüber; auch nimmt man ja die Zeugnisse von Kaisern und Fürsten in ihrer eigenen Sache.... an, warum nicht von dem Papste, der in seinen Gerechtsamen von allen Bischöfen anerkannt wurde, die sich gar oft Belehrung von ihm erbaten.

„Außer diesen gewichtigen Zeugnissen welche selbst dadurch noch an Entschiedenheit gewinnen, daß der Ursprung und die Neuheit der entgegengesetzten Ansicht sich leicht nachweisen lassen, sprechen für die Unfehlbarkeit des Papstes die nämlichen Gründe welche für die Infallibilität der Kirche angeführt wurden. Ist der Papst der höchste Lehrer der Kirche, so muß er die Unfehlbarkeit haben. Er, der als Fundament die ganze Kirche vereint, der die höchste Binde- und Lösegewalt hat und dazu bestimmt ist, als Oberhirt seine Heerde auf die Weide der Wahrheit zu führen, der als höchster Kirchenfürst Alle zum Gehorsam zwingt, muß auch diese Gewalt in Betreff der Lehre haben. Ist er um der Einheit willen da, soll er die Kirche vor der Trennung im Glauben durch die Häresie, soll er sie vor dem Schisma .... bewahren, so muß er auch die Mittel dazu haben dies zu verwirklichen. Wenn er dies nicht schon aus sich selbst könnte, so wäre er nicht genügend, und man müßte entweder läugnen, daß der Primat um der Einheit willen da sei, oder ihn zu dem Zweck für welchen er da ist nicht für ausreichend halten.... Es ist daher auch nothwendig, daß der römische Bischof nicht bloß Etliche, sondern er muß Alle insgesammt zur Annahme seiner Glaubensentscheidungen zwingen können, also auch die Lehrer, die Bischöfe selbst.... Aber hier genügt nicht bloß, daß sie sich nicht äußerlich gegen die Glaubens-

---

[1] S. oben S. 3, Anm. 2.
[2] Phillips gibt sie I, 151: „Denn es ist nothwendig, daß jede Kirche, d. h. alle Gläubigen mit dieser Kirche übereinstimmen wegen ihres mächtigen Vorranges, und in der Gemeinschaft mit ihr haben die Gläubigen aller Orten die von den Aposteln kommende Ueberlieferung stets bewahrt." Ad hanc enim [Romanam] ecclesiam propter potentiorem principalitatem necesse est omnem convenire ecclesiam, hoc est eos qui sunt undique fideles; in qua semper ab his qui sunt undique conservata est ea quae est ab apostolis traditio.

entscheidungen erklären, sondern sie müssen auch innerlich consentiren.... — Aber auch schon aus der der Kirche verheißenen Unfehlbarkeit, vermöge welcher sie in keinen Irrthum geführt werden kann, folgt die Infallibilität des römischen Bischofes. Es muß in der Kirche Einer da sein der nicht irrt, der wie in dem weltlichen Staate in allen zweifelhaften Fällen den letzten inappellabeln Entscheid gibt; da hier aber dieser Entscheid sich auf die Lehre bezieht, so muß der Entscheidende unfehlbar sein. Hätte der Papst diese Eigenschaft nicht, so läge ein großer Widerspruch, ja eine Unmöglichkeit darin, wenn man ihm als Lehrer folgen müßte und sich von ihm, wenn er irrt nicht lossagen dürfte. Von Petrus aber sich nicht trennen dürfen — und wer sich von ihm trennt, steht nicht mehr auf dem Fundamente der Kirche, also auch nicht in der Kirche — heißt daher schon soviel als: er ist unfehlbar in allen seinen Bestimmungen über Glauben und Moral. Wenn man ihm wegen seiner Unfehlbarkeit nicht folgen müßte, so wäre es auch in der That ein wunderliches Privilegium für ihn, der höchste Lehrer der Kirche zu sein.... Was nützte ihm die Prärogative der ersten Kathedra, wenn Niemand seine Lehre anzunehmen... brauchte? Auch heilt man den Schaden damit nicht, wenn man sagt: die Entscheidung des Papstes gebiete ein ehrfurchtsvolles Stillschweigen oder gestatte nicht, daß man, so lange die Kirche nicht widerspreche, wider sie lehre. Im Gegentheil: wenn der Papst eine irrthümliche Entscheidung abgegeben hätte, so wäre ein Stillschweigen unrecht.... Es ist ersichtlich, daß jene Art von Passivität, bei welcher man sich ohne innere Ueberzeugung bloß in Schranken hält, die Unfehlbarkeit des Papstes im Princip wieder aufhebt. Denn diesen Grad von Unfehlbarkeit, daß seine Decrete gelten, so lange die Kirche keinen Widerspruch erhebt, hat jeder einzelne Bischof auch. Auf solche Weise würde die Autorität des Papstes lächerlich, namentlich dann wenn etwa ein völlig ungelehrter oder sehr sündhafter Mann den Stuhl Petri bestiege. Wem könnte es auch nur einfallen..., seinen Entscheidungen zu folgen, wenn ihm, als dem Papste, nicht die Unfehlbarkeit von Gott verliehen wäre. Kann er irren, so kann die ganze Kirche mit ihm irren, und man müßte sagen, die Kirche, welche stets seine Glaubensdecrete entgegengenommen hat, habe schon oft, ja sie habe von Anfang an geirrt. — Man kann sich hiebei nicht darauf berufen, daß ja der einzelne Bischof auch lehre, und daß aus seiner Fehlbarkeit der Kirche im Ganzen kein wesentlicher Schaden erwüchse, und daß sie daher ja auch wohl ganz gut mit einem fehlbaren Papste bestehen könne. Allein der Unterschied liegt hier zu Tage; der einzelne Bischof ist nicht das Fundament der Kirche, er ist nicht der höchste Lehrer; wenn er irrt, so kann er wohl großen Schaden stiften, aber er zieht nicht die ganze Kirche mit sich....

„[Christus] hat dem ganzen göttlichen Bau der Kirche, jedem einzelnen Steine seine geeignete Stelle, dem Grundsteine aber die gehörige Festigkeit verleihend, auch diejenige Beschaffenheit, Kraft und Ordnung gegeben, vermöge welcher sie als sein Reich auf Erden bis zum Ende der Tage bestehen .... kann. Sowie aber in dem Reiche der Natur Alles wohl geordnet ist, und jede Sache nach ihrer Beschaffenheit auch ihre Bestimmung und nach ihrer Bestimmung auch ihre Beschaffenheit hat ...: so hat er auch in seinem Reiche der Gnaden auf Erden in dem römischen Bischofe das Haupt bestellt und diesem dazu auch die erforderlichen Eigenschaften gegeben, damit er, als höchster Lehrer der Kirche, allen Gliedern derselben die Gewähr sei, daß sie, ihm folgend, im Geiste und der Wahrheit wandeln."

Zur genauern Begrenzung bemerkt Phillips dann weiter (S. 329 f.):

„Es kommt hier lediglich auf seine [des Papstes] Entscheidungen über Glauben und Moral an; wenn nun in Betreff solcher Decrete die Unfehlbarkeit in Anspruch genommen wird, so ist damit auch noch nicht gemeint, daß jeder Ausspruch des Papstes, jede Aeußerung über den Glauben, darum schon den Charakter der Infallibilität an sich trage.... Wenn aber der Papst in seiner Qualität als höchster Lehrer der Kirche ausdrücklich, um über den Glauben und die Moral zu entscheiden, das Wort nimmt, oder .... wenn er ex cathedra spricht: dann ist er unfehlbar. Dafür daß die Päpste jemals in dieser Qualität geirrt hätten, läßt sich durchaus kein einziges Beispiel aufweisen"[1]).

Phillips wendet sich dann (S. 331) zu den Vorbedingungen und Kennzeichen einer Aussprache ex cathedra.

„Eine Vorbedingung für die unfehlbare Entscheidung kann nicht die sein, daß der Papst zuvor das Concilium befragt haben müsse, ebensowenig als sein Ausspruch erst durch die nachfolgende Zustimmung des Concilium's Gültigkeit erhält ...

„Unter diesen Voraussetzungen würde dann freilich das Concilium bei den Bestimmungen über den Glauben überflüssig. Diese Behauptung kann man, in einem gewissen Sinne verstanden, unbedenklich zugeben, nämlich so: es ist zu dem Zwecke, um eine unfehlbare Entscheidung in Glaubenssachen zu erlangen, nicht absolut nothwendig, daß der Papst erst ein Concilium berufe ... Aber dessenungeachtet ... haben relativ die Concilien auch in Betreff der Glaubensentscheidungen für die Kirche ihre große Bedeutung. Es wird durch sie die päpstliche Autorität unterstützt, indem der gesammte an einem Orte vereinigte Episkopat seine Uebereinstimmung mit dem römischen Bischofe ausspricht. Allein das versteht sich ja von selbst, die Bischöfe müssen ja ... den Ausspruch wie ihn der Papst verkündigt als unverbrüchliche Wahrheit hinnehmen. Auch dieser Einwand ist kraftlos; denn der Mensch ist überhaupt frei ..., durch seinen Beitritt unterstützt er entweder das Wahre oder das Falsche. Es ist daher insonderheit der Beitritt der Bischöfe ... sehr wichtig; es ist sehr wichtig, ob sie ihre Pflicht ... erfüllen oder nicht. Die Bischöfe bleiben aber dessenungeachtet Richter und Urtheiler über das Dogma; sie richten, aber sie richten pflichtgemäß so wie entweder Petrus vor ihnen gerichtet hat, oder sie richten, indem sie das bestätigende Urtheil Petri erwarten, nicht aber kann umgekehrt der höhere

---

[1] „In dieser Beziehung ist nach den gründlichen Arbeiten Ballerini's und Anderer nicht viel mehr zu leisten übrig."

Richter durch sie gebunden sein. Dennoch hängt von dem beistimmenden Urtheile der Bischöfe in vielfacher Beziehung das Wohl der Kirche ab" ...

Weiter erörtert Phillips (S. 337) ob der Papst vorher mit dem römischen Klerus oder mit den benachbarten Bischöfen Rath pflegen müsse. „Ein Recht um Rath gefragt zu werden" hat die römische Kirche nicht. Reifliche Erwägung, Berathung, Gebet sind freilich Pflicht des Papstes, durch deren Unterlassung er „eine Schuld auf sich ladet", aber „dessenungeachtet ist sein Ausspruch ebenso kräftig und gültig, mithin ... verbindlich."

„Es spricht daher der Papst ex cathedra: wenn er, sei es in dem Concilium oder außerhalb desselben, mündlich oder schriftlich, allen Christgläubigen an Christi Statt, im Namen der Apostel Petrus und Paulus oder mit Bezug auf die Autorität des heiligen Stuhles oder in ähnlichen Ausdrücken, unter Androhung des Anathems oder auch nicht, eine Erklärung über einen Glaubenspunkt oder über eine Frage in Betreff der Moral abgibt" [1]).

„Da jedoch" — so schließt der Verfasser — die Kirche die Unfehlbarkeit als einen Glaubenssatz nicht formulirt hat, so machen die obigen Betrachtungen keinen weiteren Anspruch als den einer Meinung welche sich mit den gewichtigsten Gründen unterstützen läßt" [2]).

Viel kürzer aber in gleichem Sinne behandelt, wie der Artikel „Papst" im Freiburger ‚Kirchenlexicon' (VIII, 96), so zuletzt auch das ‚Lehrbuch' unsere Frage (S. 790 ff.):

„1. Ist zwar die Unfehlbarkeit des Papstes nicht als ein ausdrückliches Dogma formulirt [3]), so hat sie doch, wie zuletzt noch ein Beispiel der neuesten Zeit beweist [4]), thatsächlich stets ihre Geltung gehabt. Demnach scheidet, wer einem vom Papste erlassenen Glaubensdecrete nicht Folge leistet, unter der Excommunication aus der Kirche aus. Diese Unfehlbarkeit des Papstes wird von den Concilien vorausgesetzt, von den Kirchenvätern auf die entschiedenste Weise hervorgehoben, von den römischen Kaisern anerkannt, und es haben auch die Päpste selbst im vollen Bewußtsein ihres ihnen von Gott angewiesenen Berufes sich in gleicher Weise darüber ausgesprochen [5]).

---

1) Wörtlich wiederholt im Freiburger ‚Kirchenlexicon' VIII, 98.
2) Vergl. a. a. O. S. 97.
3) „Nach der Definition des Concils von Florenz Sess. 25 [siehe oben] ist man indessen berechtigt zu fragen, was es wohl heißen würde, ‚der Papst sei der Vater und Lehrer aller Christen', wenn er diese mit Einschluß der Bischöfe, die zum Gehorsam gegen ihn verpflichtet sind, als fehlbarer Lehrer allenfalls auch in seine Irrthümer führen könnte."
4) „So verkündete Pius IX. am 8. Dec. 1854 den Glaubenssatz der unbefleckten Empfängniß ‚aus Gottes und unserer Autorität', Dei ac nostra autoritate, welche Autorität er doch nur aus seiner Stellung als Nachfolger Petri herleitete, nicht aber auf das Zeugniß der übrigen Bischöfe begründete."
5) Phillips zieht einen Brief Xystus' III. an Johann von Antiochien an: „Du hast durch den Ausgang der gegenwärtigen Sache erfahren, was es heiße, mit uns

„2) Daß die Kirche unfehlbar sei, wird nicht bezweifelt; alle Gründe aber die für die Unfehlbarkeit der Kirche sprechen, gelten auch für die des Papstes; diese folgt aus jener. Es muß, da, wie jeder einzelne Bischof so auch alle zusammen ohne den Papst fehlbar sind, Einer da sein, der nicht irrt und den letzten inappellabeln Entscheid in Betreff der Lehre gibt. Es ist daher eine allgemeine Erscheinung in der Geschichte, daß diejenigen welche überhaupt nicht gehorchen wollten theoretisch die Fallibilität, und in dem sie betreffenden Falle den wirklich eingetretenen Irrthum des Papstes behaupteten. Wäre aber der Papst als Lehrer der Kirche fehlbar, so würde auch ein ehrfurchtsvolles Stillschweigen zu seinem möglicher Weise irrthümlichen Glaubensdecreten, bis zu dem Zeitpunkte wo die Kirche widerspräche, keinen Ausweg bieten.

„3) Bei der Beurtheilung dieses Gegenstandes kommt es jedoch wesentlich darauf an, daß man sich von der Infallibilität eine richtige Vorstellung mache. Diese ist weder Unsündlichkeit noch eine persönliche Irrthumslosigkeit: geirrt haben die Päpste, sowohl in Betreff des Sittengesetzes als auch der Lehre. Aber dadurch wird an der Infallibilität des Papstes für den Fall nichts geändert wo er in seiner Qualität als oberster Lehrer und somit unter Anforderung des Gehorsams zu der Kirche selbst — oder . . . . ex cathedra — spricht. Den vermeintlichen historischen Beispielen, nach welchen der Papst auch in dieser Eigenschaft geirrt haben soll[1]), steht Christi Verheißung, daß der Glaube Petri nicht abnehmen werde, und der Auftrag entgegen, daß er seine Brüder stärken solle. Geschähe jenes und vermöchte der Papst dieses nicht, so fiele die Schuld auf den göttlichen Gründer der Kirche selbst zurück. Der Papst spricht aber dann ex cathedra, wenn er allen Gläubigen (und zwar öfters unter Androhung des Anathems für den Fall des Ungehorsams) eine Erklärung über einen Glaubenspunkt oder eine Frage der Moral abgibt. Es kann dies in doppelter Weise geschehen; entweder daß er positiv eine Glaubenswahrheit ausspricht oder einen bestimmt formulirten Irrthum verwirft."

Endlich bemerkt Phillips, es sei selbstverständlich, daß der Papst einen so wichtigen Act nicht ohne gehörige Vorbereitung vollziehe. Allein Gebet, Ueberlegung, Berathung „mit dem die römische Kirche repräsentiren-

---

übereinzustimmen. Der heilige Petrus hat in seinen Nachfolgern das überliefert, was er empfangen hat. Wer wollte von der Lehre dessen sich trennen, den der Lehrer selbst unter den Aposteln zuerst belehrte." — Expertus es negotii praesentis eventu quid sit sentire nobiscum. Beatus Petrus in successoribus suis, quod accepit, hoc tradidit. Quis ab ejus se velit separare doctrina, quem ipse inter apostolos magister primum edocuit (Coustant L. c. 1260).

[1]) „Im Jahre 1772 . . . belief sich die Anzahl der . . . Fälle in welchen die Päpste gegen die Lehre gefehlt haben sollten noch auf zwei und zwanzig; ehedem waren es sogar deren vierzig. Von allen diesen sind in neuerer Zeit die meisten aufgegeben, und es beharrt die der päpstlichen Infallibilität widerstrebende Richtung hauptsächlich noch bei dem Briefe Honorius' I. an den Patriarchen Sergius von Constantinopel, welcher ihm das Anrathen seines Nachfolgers Leo's II. wegen nicht genügenden Widerspruchs gegen die monotheletische Häresie zuzog. Dieser Fall ist allerdings der schwierigste, doch ist auch hier an einen eigentlichen Ausspruch des Papstes ex cathedra nicht zu denken."

den Cardinalscollegium" und „mit Anderen, namentlich mit Bischöfen", Erwägung, in wie weit der Zeitpunkt gelegen sei —: „so sehr dies Alles Pflicht des Papstes und so groß auch das Gewicht ist, welches in dieser Hinsicht namentlich auf die Mitwirkung der römischen Kirche gelegt werden muß, so ist man doch nicht berechtigt, die Beobachtung derselben als absolute Bedingung für die wirkliche Unfehlbarkeit seines Ausspruches hinzustellen."

50.
Rauscher, Joseph Othmar von,
Cardinal und Fürst-Erzbischof von Wien, früher Professor der Theologie zu Salzburg.

Geschichte der christlichen Kirche. II. Band. Sulzbach, Seidel. 1829.

Rauscher schreibt über „Vorrang und Gewalt des Nachfolgers Petri" während der ersten drei Jahrhunderte (S. 225): „er besaß auch über die gesammte Kirche jene höhere Macht welche Petrus als Grundfeste und Mittelpunkt der Einheit empfangen hatte ..., eine Gewalt welche nach der Natur ihres Zweckes, der Herhaltung der Einheit im Glauben und in der Gemeinschaft, bemessen war." Er berichtet dann, wie alle Vorsteher der einzelnen Kirchen mit ihm in Verbindung stehen mußten, wie an ihn über wichtige Gegenstände berichtet wurde, und wie er für die Aufrechthaltung kirchlicher Verordnungen wachte. Dann erzählt er weiter (S. 226 f.):

„Die höchste Gewalt in der Kirche wird von der Gesammtheit der mit dem Haupte verbundenen Bischöfe geübt. Das natürlichste und zweckmäßigste Mittel, dieselbe in Ausübung zu bringen besteht in der Versammlung der gesammten Bischöfe in Person oder mittelst Bevollmächtigter. Wenn der Papst nothwendig findet, die höchste kirchliche Gewalt auf dem kürzesten Wege in Ausübung zu setzen, muß es ihm also gestattet sein eine solche Zusammenkunft zu veranstalten. Aber bürgerliche, örtliche, ökonomische, persönliche Verhältnisse haben dergleichen Versammlungen zu jeder Zeit große Hindernisse in den Weg gelegt; in den Jahrhunderten der Verfolgungen waren sie unmöglich. Dennoch finden wir ein Beispiel, daß ihr Abgang durch die Gesammtheit der Provincialconcilien vertreten ward. Auf Victor's Wink kamen von Gallien bis Mesopotamien Versammlungen der Bischöfe zu Stande, um über die Zeit der Osterfeier zu entscheiden."

„Versammlungen der allgemeinen Kirche unterliegen zu mannigfachen Schwierigkeiten, um oft stattfinden zu können, und nur ein Zusammentreffen günstiger Umstände macht es möglich, über die Einstimmung der gesammten, vereinzelt bei ihren Sitzen weilenden Bischöfe einen Beweis herzustellen, durch welchen sie zum Urtheile der allgemeinen Kirche erhoben wird. Aber auch außer solchen Fällen macht die Erhaltung der Einheit es nicht selten nöthig, daß eine höchste Gewalt in der Kirche geübt werde, und diese provisorische Uebung derselben kommt dem Hüter der Einheit, dem Papste, zu. In Ermangelung eines allgemeinen Concilium's gibt er über die richtige Auslegung der göttlichen Ueberlieferung oder die Frage ob dieser oder jener Punkt ihr angehöre, eine Entscheidung, welche bis zu dem gefällten Urtheile der allgemeinen Kirche verpflichtende Kraft behauptet. Die Bemühungen so vieler Irrlehrer, den römischen Bischof auf ihre Seite zu ziehen; die Verantwortung, welcher sich Dionysius von Alexandrien unterzog; die Sorgfaltkeit, mit welcher afrikanische und asiatische Concilien über Entscheidungen in Glaubenssachen zuvörderst die römische Kirche in Kenntniß setzten, geben Belege für die Anerkennung dieses Rechtes . . ."

Nach Mittheilung dieser und anderer Thatsachen geht der Verfasser zu den Zeugnissen der Schriftsteller für den Primat über, theilt Stellen aus Ignatius[1], Irenäus[2] und Origenes mit, und bemerkt weiter (S. 229 f.):

„Cyprian aber, das Haupt der gesammten afrikanischen Kirche, spricht: ‚Auf ihn [Petrus] allein baut er seine Kirche und übergibt ihm seine Schafe zu weiden' (de unit. eccl.). Und an Cornelius schreibt er: ‚Sie [die Anhänger des Felicissimus] wagen es zu überschiffen, und zu Petri Stuhle, zu der ersten der Kirchen, von welcher die Einigkeit des Priesterthums seinen Ursprung hat, auch eilige Schreiben der Spaltung zu bringen, und bedenken nicht, daß es die Römer seien, deren Glaube der Apostel pries, zu welchen der Irrthum keinen Eingang finden kann' (Ep. 66). Aus dieser Stelle und des h. Ignatius und Irenäus Worten sehen wir zugleich, daß die ältesten Lehrer des Christenthums sich für überzeugt hielten, Gottes allwaltende Vorsehung werde stets verhindern, daß in der römischen Kirche ein Irrthum wider den Glauben überhand nehme."

51.
Reinerding, Franz Heinrich,
Professor der Theologie zu Fulda.

Theologiae fundamentalis tractatus duo. Tractatus posterior. Vindiciae catholicae. Münster, Aschendorff. 1864. — Beiträge zur Honorius- und Liberiusfrage. Ebenda. 1865.

Reinerding eröffnet seinen Nachweis der „Irreformabilität und Infallibilität der dogmatischen Entscheidungen des Papstes" (S. 263 ff.) mit der näheren Begrenzung der Frage:

---

[1] „Niemals habt ihr Mißgunst gezeigt sondern die andern belehrt. Ich aber will was eure Lehren vorschreiben für unbezweifelt gehalten wissen, — ἐγὼ δὲ θέλω, ἵνα κἀκεῖνα βέβαια ᾖ, ἃ μαθόντες ἐντέλλετε." Ep. ad Rom. c. 3.
[2] Vgl. oben S. 92, Anm. 2.

„Wir sprechen bloß von Glaubensdecreten, welche [der Papst] als Papst oder vom Lehrstuhle des h. Petrus aus erläßt, und von diesen sagen wir, daß sie unfehlbar, folglich unwiderruflich sind. Zu einer Glaubensentscheidung gehört aber, 1) daß sie sich mit einer Glaubenssache befasse, 2) daß sie in dieser etwas entscheide. Ersteres ist der Fall, wenn sie einen Glaubenssatz oder eine Irrlehre oder etwas mit einem von beiden Zusammenhängendes betrifft. Unter einer Entscheidung aber verstehen wir eine solche Aussprache einer Offenbarungswahrheit oder eine solche Verwerfung eines entgegengesetzten Irrthums, daß darin das Lehramt ausgeübt wird, die Gläubigen also verpflichtet werden etwas zu glauben[1]."

Dann bestimmt er das Verhältniß des Satzes von der päpstlichen Unfehlbarkeit zum Dogma.

„Nach Bellarmin ist die entgegenstehende Lehre zwar nicht häretisch, aber doch irrig und der Häresie nahestehend (erronea et haeresi proxima); andere minder angesehene (inferioris notae) Theologen urtheilen milder. Es läßt sich aber leicht zeigen, daß die Unfehlbarkeit des Papstes in seinen e cathedra erlassenen Glaubensdecreten wenigstens eine theologische Folgerung aus einem Glaubenssatze ist[2]). Denn das Concil von Florenz erklärt in dem Unionsdecrete, der Papst sei der Vater und Lehrer aller Christen"[3]); das vierte lateranische Concil sagt, wo es von der römischen Kirche spricht: ‚welche nach Gottes Anordnung als die Mutter und Lehrerin aller Christgläubigen über alle anderen [Kirchen] von gewöhnlicher Machtvollkommenheit den Principat besitzt"[4]); und in dem [tridentinischen] Glaubensbekenntnisse, welches die Bischöfe vor ihrer Erhebung unterschreiben, heißt es: „Ich anerkenne die heilige, katholische, apostolische, römische Kirche als die Mutter und Lehrerin aller Kirchen" [5]). Daraus folgt, daß alle Einzelkirchen und alle Gläubigen zusammen dem Papste als L e h r e r folgen müssen; und das läugnen auch selbst die Gallicaner nicht. Daraus aber argumentiren wir so: Entweder ist der Papst ein unfehlbarer Lehrer der Kirche, oder die Kirche, welche ihm folgt, ist nicht unfehlbar. Nun ist es aber Glaubenssatz, daß die Kirche durchaus unfehlbar ist; also müssen wir als nothwendige Folgerung annehmen, daß der Papst als Lehrer der Kirche

---

1) De solis fidei decretis agimus quae [Romanus pontifex] ut pontifex seu e cathedra beati Petri emittere dicitur, et quae infallibilia et consequenter irretractabilia esse dicimus. Ad fidei decretum requiritur: 1. ut in re fidei versetur; 2. ut in ea aliquid definiat. Decretum in re fidei versari dicitur, sive fidei dogma aut haeresin, sive aliquid cum alterutro connexum respiciat. Nomine definitionis talem rei revelatae propositionem sive erroris oppositi rejectionem intelligimus, ut munus docendi exerceatur et, quod consequens est, fideles ad aliquid credendum obligentur.
2) Sed infallibilitatem Romani pontificis in fidei decretis e cathedra esse saltem conclusionem theologicam e fidei dogmate deductam facile patet.
.3) S. oben S. 3, Anm. 2.
4) ... quae disponente domino super omnes alias ordinariae potestatis obtinet principatum, utpote mater omnium Christi fidelium et magistra.
5) Sanctam catholicam apostolicam ecclesiam Romanam omnium ecclesiarum matrem et magistram agnosco.

nicht irren kann." Diesem Beweise haben die Gallicaner nie antworten können."

Der Verfasser führt nun seinen Beweis, indem er ihn in vier Thesen zerlegt:

„Daß der Papst unfehlbar sei, fordert 1) die h. Schrift, bestätigt 2) die Ueberlieferung, fordern 3) innere Gründe, und es wird 4) dadurch bestätigt, daß kein Papst in dogmatischen Decreten eines Irrthums überführt werden kann."

Der Schriftbeweis wird aus den bekannten drei Stellen geführt. Zu Luk. 22, 32 zieht Reinerbing dieses Wort Leo's des Großen an: „Der Herr hat besondere Sorge für Petrus und bittet eigens für Petri Glauben, als wenn die Lage der Andern sicherer sein werde, wenn der Geist des Hauptes nicht besiegt wird. In Petrus wird somit Aller Stärke befestigt, und die göttliche Gnadenhülfe wird so geordnet, daß die Festigkeit welche dem Petrus ertheilt wird den Aposteln durch Petrus zu Theil wird" 1).

Für den Traditionsbeweis bemerkt Reinerbing zunächst: bis zum 14. Jahrhundert sei die Unfehlbarkeit des Papstes ebenso wie seine Superiorität über die allgemeinen Synoben von allen Theologen einmüthig gelehrt, von allen Bischöfen angenommen, und nur von den schismatischen Griechen bezweifelt. Denn in der Controverse mit letzteren habe es sich nicht um den Primat selbst gehandelt, sondern um des Papstes Stellung zum Concil und um seine Unfehlbarkeit. Dann faßt er seinen Beweis unter folgende Sätze (S. 270 ff.):

„1) Die Päpste haben sich factisch die Unfehlbarkeit zugeschrieben, und kein Katholik hat dem widersprochen. Die betreffenden Thatsachen... sind ihre Glaubensentscheidungen selbst..., die sie als unabänderlich betrachteten. ... Die Geschichte der Concilien bezeugt, daß a. die Päpste ihre Glaubensdecrete als solche betrachteten welche nicht einmal in Zweifel gezogen, geschweige denn geändert werden konnten; b. daß die Concilien diese ihre Bedeutung anerkannten." 2)

„2) Die Päpste haben auch mit Worten sich Unfehlbarkeit beigelegt und die Schismatiker genöthigt dieselben anzuerkennen... Besonderer Beachtung werth ist die Formel, die häufig denen vorgelegt wurde deren Glaube hinsichtlich der Vorrechte der römischen Kirche verdächtig geworden war...: „Die erste Bedingung zum Heile ist, daß man die Regel des wahren Glaubens bewahre, und in keinem Stücke von der Ueberlieferung der Väter ab-

---

1) Specialis a domino Petri cura suscipitur et pro ejus fide proprie supplicatur, tamquam aliorum status certior sit futurus, si mens principis victus non fuerit. In Petro ergo omnium fortitudo munitur, et divinae gratiae ita ordinatur auxilium, ut firmitas quae per Christum Petro tribuitur per Petrum apostolis conferatur. Sermo 3. de anniv. assumpt.
2) Die weitere Ausführung bespricht mehrere Concilien im Einzelnen.

weiche, weil man das Wort Christi nicht außer Acht lassen darf: du bist Petrus u. s. w. Der Erfolg hat diese Worte gerechtfertigt, denn auf dem apostolischen Stuhle wird die katholische Religion stets unverletzt bewahrt. Da wir nun von diesem Glauben nicht abfallen wollen, und den Anordnungen der Väter in Allem folgen, so verwerfen wir alle Irrlehren ... Indem wir daher, wie gesagt, in Allem dem apostolischen Stuhle folgen, lehren wir auch Alles was von ihm festgesetzt ist; und deshalb hoffe ich mit euch in der Einen Gemeinschaft zu sein, welche der apostolische Stuhl lehrt, in welchem die volle und ganze Festigkeit der christlichen Religion ist'[1]. Andere sehr feierliche Aussprüche, in denen die Päpste sich unter Zustimmung der Kirche Unfehlbarkeit beilegen, fehlen nicht."[2]

„3) Dieselbe Unfehlbarkeit haben die Väter gelehrt ... Um eine Idee von ihrer Lehre zu geben, theilen wir sie in gewisse Classen. a. Sehr viele Väter haben Matth. 16, 18 von dem festen Glauben Petri verstanden; sie stehen alle für die Infallibilität des Papstes, und dahin gehören alle Väter des fünften und sechsten Jahrhunderts und viele spätere. b. Dasselbe gilt von denen die bei Luk. 22, 32 dem Petrus und seinen Nachfolgern das Amt, die Brüder im Glauben zu stärken, übertragen sehen, und ihre Zahl ist nicht minder groß." Ferner c. „die große Schaar derer welche die Einheit der Kirche, besonders im Glauben, als Zweck des Primates bezeichnen, die römische Kirche das Centrum der Einheit nennen, die Nothwendigkeit der Uebereinstimmung mit der römischen Kirche lehren, oder diese Uebereinstimmung für den Probirstein der Rechtgläubigkeit halten; d. die Vielen welche seit dem fünften Jahrhundert mit Petrus Chrysologus und den Vätern von Chalcedon lehren, Petrus lebe auf seinem Stuhle und spreche durch den Mund seines Nachfolgers; e. diejenigen welche ein päpstliches Glaubens= urtheil als Endurtheil betrachten.... f. Nicht wenige Väter endlich sprechen die Unfehlbarkeit des Papstes geradezu aus, mögen sie mit Cyprian sagen, zur römischen Kirche könne der Irrglaube (perfidia) keinen Zutritt haben, oder den römischen Stuhl den ‚unerschütterten Glaubensfelsen' nennen, oder ähnliche Ausdrücke brauchen.... Die Lehre der Väter und die Praxis der Kirche, mögen wir schließen, liefert für die Unfehlbarkeit des Papstes... einen solchen Beweis, daß kaum ein Glaubensdogma klarer aus der Tradi= tion bewiesen werden kann."

---

1) Prima salus est rectae fidei regulam custodire et a patrum traditione nullatenus deviare, quia non potest domini nostri Jesu Christi praetermitti sententia dicentis: Tu es Petrus etc. Haec quae dicta sunt rerum probantur effectibus, quia in sede apostolica inviolabilis semper catholica custoditur religio. De hac ergo fide non cadere cupientes, sed patrum sequentes in omni- bus constituta, anathematizamus omnes haereses .... Quapropter, sicut praediximus, sequentes in omnibus sedem apostolicam et praedicamus omnia quae ab ipso decreta sunt; et propterea spero in una communione vobiscum, quam apostolica sedes praedicat, me futurum, in qua est integra Christianae religionis et perfecta soliditas. — Es ist die Formel des Papstes Hormisdas, welche im J. 519, als das akacianische Schisma beseitigt wurde, zunächst Patriarch Johannes von Constantinopel unterschrieb, und die dann sehr viele orientalische Bischöfe annahmen.

2) Reinerbing zieht Agatho und Nikolaus I. an.

Auch die Gallicaner, bemerkt unser Dogmatiker weiterhin, nehmen an, daß Alle dem Papste „wahren Gehorsam und seinen Glaubensdecreten, auch über Sachen die von der Kirche nicht entschieden sind, innere Zustimmung schulden. Aber was würde folgen, wenn der Papst irrte? Würde er nicht die ganze Kirche... mit sich in Irrthum ziehen? Und wo bleibt dann die Unfehlbarkeit der Kirche? Man antwortet, die Bischöfe würden bald Einsprache erheben. Aber wie werden sie das thun, da ja auch sie innere Zustimmung schulden? Gehören nicht auch sie zur Heerde des Herrn? Also werden auch die Bischöfe, bis sie vom Papste zum Concil berufen werden, mit den übrigen Gläubigen den Irrthümern des Papstes folgen."

Dann erhebt Reinerding gegen Drey [1]) die Bedenken: es handele sich hier nicht um Inspiration, sondern um die Assistenz des heiligen Geistes. Drey's Begriff vom Primate sei willkürlich, falsch und viel zu eng; der Primat sei nicht „zur bloßen Repräsentation der Einheit sondern zu ihrer Herstellung" eingesetzt; der Papst habe nicht bloß „das Recht der Oberaufsicht über die Bischöfe," sondern „weihe, regiere und leite sie".... Drey müsse annehmen, „daß der Kirche in der Trennung von ihrem Haupte Unfehlbarkeit verheißen sei." Seine Behauptung, die Kirche habe viele Jahrhunderte von der Unfehlbarkeit nichts gewußt u. s. w., sei „in allen Theilen falsch," und es sei „höchlichst zu verwundern, daß im neunzehnten Jahrhunderte, im Lichte so vieler Thatsachen, die Geschichte so nicht bloß habe verfälscht sondern auch geradezu auf den Kopf gestellt werden (nedum corrumpi sed etiam omnino inverti) können."

Bei der Ausführung seines vierten Satzes beschäftigt der Verf. sich vor Allem mit Liberius und Honorius. Hinsichtlich des ersteren sagt er:

„Daß Liberius irgend eine Glaubensformel unterschrieben und dadurch sich die Rückkehr aus der Verbannung erkauft hat, ist wenigstens sehr zweifelhaft. Hat er aber eine sirmische Formel unterschrieben, so war es weder die zweite noch die dritte, sondern die erste; er fiel also in keinen Irrthum gegen den Glauben. Hätte er übrigens auch die zweite unterschrieben, so hatte er damit kein Glaubensdecret e cathedra abgegeben."

Ueber Honorius gelangt er zu folgendem Resultat (286 ff.):

„Die Gallicaner können nicht beweisen, daß Honorius in Wahrheit ein Häretiker gewesen"; denn „er lehrt nirgends Einen natürlichen Willen und Eine natürliche Wirkungsweise, spricht vielmehr über die Wirkungsweisen Christi nach den verschiedenen Naturen, so daß er in der Sache zwei natürliche Wirkungsweisen und Willen bekennt. Sein Satz aber: ‚Wir bekennen Einen Willen unsers Herrn Jesu Christi' hat mit der Lehre

---

1) S. oben S. 32.

der Monotheleten nichts gemein. Außerdem können die Briefe des Honorius an Sergius, namentlich in den Theilen welche Tadel verdienen, nicht als Glaubensdecrete e cathedra betrachtet werden."

Mit beiden Fragen hat sich Reinerding dann nochmals in den ‚Studien' beschäftigt, die größtentheils Sätze Hefele's bekämpfen. Hier unternimmt er den Nachweis, „daß der Fall des Liberius nicht in die Geschichte," sondern in die Mährchensammlung gehöre. Zur Honoriusfrage aber bemerkt er:

„Wie die Monotheleten von der Einheit der Person in Christo auf die Einheit des Willens im monotheletischen Sinne schlossen, ebenso schließt man ganz richtig von der Einheit der Person auf die Einheit des Willens im katholischen Sinne.... Man kann also den Papst Honorius wegen eines solchen Schlusses nur dann der Irrlehre beschuldigen, wenn man zuvor nachweiset, daß er nicht katholisch sondern monotheletisch argumentire.... Es kann aber gar nicht schwer fallen zu zeigen, daß Honorius von der moralischen Willenseinheit handele und folglich.... im katholischen Sinne argumentire.... Die Worte des Honorius lassen keinen Zweifel darüber zu, daß er in der streitigen Sache gerade die Gleichförmigkeit des Willens im Auge habe.... Wenn man daraus, daß es sich in der monotheletischen Sache um die moralische Willenseinheit nicht handelte, den Schluß zieht, daß Honorius von ihr nicht sprechen könnte, so ist das ein gewaltiger Fehlschluß. Um ihn annehmbar zu machen, muß man voraussetzen, daß der von Sergius getäuschte Honorius den ihm sorgfältig verhehlten Fragepunkt richtig durchschaut habe, was durchaus nicht zutrifft"... Ihm „war die Sache theils direct theils indirect so vorgetragen, als handele es sich in dem Ausdrucke ‚Eine Energie' um die moralische Einheit des Willens, und als wolle man damit die gottlose Lehre von zwei widersprechenden Willen bekämpfen. Honorius ging in die ihm gelegte Falle ein. Er billigt die Beseitigung des Ausdrucks ‚Eine Energie', doch nicht ohne zugleich zu zeigen, daß er, im besprochenen Sinne, Einen Willen bekenne, und daß man, im besprochenen Sinne, von zwei (einander widersprechenden) Willen nicht reden könne. Darauf ist der ganze Brief gerichtet... Sein Schluß ist katholisch und sein Gedanke klar ohne jeden Schatten des Widerspruchs."

52.
Reischl, Wilhelm,
Professor der Theologie zu München.

Die heiligen Schriften des neuen Testaments nach der Vulgata mit steter Vergleichung des Grundtextes übersetzt und erläutert. Regensburg, Manz.

Reischl schreibt zur Erklärung von Matth. 16, 1 (S. 89 f.).:

„Wie diese und die nächstfolgenden Worte des Herrn die gesammte Geschichte des Reiches Gottes durchwirken, so ist die letztere allein auch zu=

reichende Erläuterung derselben. Jede andere gibt nur Fingerzeige und schwache Bruchstücke. Jesus ist gekommen, die „Kirche' — das Reich Gottes — zu gründen und deren Bau, wie in sich und durch sich zu beginnen, so auch durch alle Zeiten bis zu deren Vollendung fortzusetzen, und zwar als sein Werk („meine Kirche'); d. i. als Frucht wie als Krone seiner Erlösungs= thätigkeit.... Der Herr hat die Kirche erbaut, einmal und für immer; aber er bauet an ihr alle Zeit und unaufhörlich, bis der Höhepunkt ihrer vorbestimmten Herrlichkeit und Verklärung erreicht ist. Und nun eben dieser Gottesbau hat seine Fundamente zunächst in der Thatsache der Mensch= werdung des Sohnes Gottes (V. 16).... Christus der Gottmensch trägt, durchwirkt und durchwohnt den ganzen die Himmel und Erde umfassenden Bau; er, der ewige Grundstein und lebendige Fels, der nicht wanket. Jeg= liches aber was Christus, der Gottmensch, für die Gesammtheit des „Himmel= reiches' nach seinem Hingange zu dem Vater in unsichtbarer Kraft und Herrlichkeit ist, das hat er für die sichtbare, hienieden in Raum und Zeit bestehende, mithin für die Eine katholische Kirche auf Erden in dem Gesetze geordnet, daß in ihr durch **Stellvertretung aller seiner gott= menschlichen Gewalten und Aemter sein Dasein, Leben und Wirken sichtbar sich darstelle und nur auch mittels dieser Stell= vertretung sich für den Einzelnen bethätige.** Ist nun Christus der „Fels' für den Gottesbau des „Himmelreiches', so wird eben deshalb für den Bau des sichtbaren Theiles desselben, für die streitende Kirche auf Erden, ein sichtbarer und als solcher Christi Stelle vertretender, freilich auch allezeit in und von Christus getragener „Fels' zum Fundamente bestimmt. Es ist Petrus, und zwar Petrus nicht nach seiner persönlichen Stimmung, Be= gabung und Gläubigkeit, sondern nach seiner geistlichen Stellung als Primas im Apostolate und nach der ihm in dieser eigen gewordenen Thätigkeit, als Werkzeug der göttlichen Offenbarung (V. 17), als Mund des unfehlbaren Bekenntnisses der eigenthümlich christlichen Wahrheit (V. 16 [1]). Nicht dies Bekenntniß (dieser Glaube) selbst, wenn auch Heilsbedingung für

---

[1] Zu Matth. 16, 15 f. (Petri Bekenntniß) bemerkt Reischl S. 88: „Der Augenblick war im Rathschlusse Gottes gekommen, die so lange in der Jünger Herzen vorbereitete Erkenntniß zum Bekenntniß (Symbolum) zunächst nur für das Apostolat zu entwickeln (V. 20). Aber auch in den Aposteln vermochte nicht menschliche Kraft für sich die Grundwahrheit (— das formelle Dogma —) des neuen Reiches Gottes klar und unfehlbar auszusprechen. Dies konnte auch für sie nur Werk der Gnade sein. Die Gnade machte aber in Petrus den Anfang, weil Petrus bestimmt war, wie ein Grundstein der Kirche (V. 16) so allezeit auch ihr erster und oberster **Lehrer** zu sein (V. 18). Petrus spricht nicht als beauftragter Wortführer seiner Mitbrüder und spricht auch als ‚Simon Sohn Jona' nicht bloß eine Privatüberzeugung aus. Er spricht als **Organ der göttlichen Offenbarung**, in Kraft deren die Glau= benswahrheit in seinem Geiste zum vollendeten Bewußtsein sich entwickelt, in seinem Munde zum vollkommenen Ausdrucke (zur Definition) sich gestaltet hat. Sein Be= kenntniß ist nun freilich auch das aller übrigen Apostel, ist Bekenntniß der Kirche, sofern durch sein Wort die Apostel erleuchtet und gelehrt wurden, so daß sie fortan für den Inhalt ihrer in der Gemeinschaft und Augenzeugenschaft mit Jesu gleichzeitig mit Petrus gewonnenen Ueberzeugung diese durch besonderen Beistand Gottes mitgetheilte, vollkommene Bekenntnißform entgegennahmen und wiederholten.

den Einzelnen, ist der Grundstein der Kirche. Wohl aber steht dieses Bekenntniß, als ein Siegel seiner Kraft um zu bestehen und zu widerstehen, eingezeichnet auf dem Fundamente der Kirche, unvertilgbar, durch alle Zeiten geoffenbart und getragen, gegen Irrthum geschützt durch Petrus, durch den Primat der Einen, sichtbaren Kirche Gottes auf Erden, durch die Kirche Petri, durch Rom."

Zu Matth. 16, 19 bemerkt unser Exeget zunächst (S. 91), daß Christus hier dem Petrus verheißt "eine in Petrus ausschließlich und einheitlich niederzulegende, aber dann Christi Vollgewalt auf Erde stellvertretende Autorität." Und weiter:

"Petrus wird Stellvertreter Christi; es überträgt das unsichtbare Oberhaupt in den ‚Himmeln' dem Oberhaupte der sichtbaren Kirche auf Erden gesetzgeberische und richterliche Gewalt. Die Formen ‚binden' und ‚lösen' bezeichnen nach dem Sprachgebrauch des Orients (ähnlich unserm ‚verbindlich' und ‚nicht verbindlich') die Macht des ‚Befehlens' überhaupt, welchem der Gehorsam der Regierten zu entsprechen hat. Da es sich um eine Gewalt für das ‚Himmelreich' handelt, so ist allerdings ihr Wirkungs=Kreis auf die Angelegenheiten des ‚Geistlichen und Ewigen' zunächst gewiesen, umfaßt dann aber als ‚Binde= und Lösegewalt' ebenso die Lehre (Entscheidung in Glaubensfragen), wie das Leben (Disciplin und kirchliche Gesetzgebung), die richterliche Gewalt über das Gewissen (Sündenvergebung und Sündennachlaß) wie die äußere Gerichtsbarkeit in kirchlichen Dingen, den Primat mithin, nicht bloß der Ehre sondern der einheitlichen Machtvollkommenheit über alle andern Apostel (Bischöfe), welche ihre bezügliche Gewalt allerdings von Christus ebenfalls unmittelbar empfangen, aber nur um dieselbe mit und unter der obersten Leitung des Primates und in ununterbrochener Einheit mit demselben zu verwalten."

Von den Anmerkungen zu Lukas 22, 32 hebe ich nur folgende aus (S. 317 f.):

"Die Bitte des Heilandes für Petrus ist eine wirksame. In dem göttlichen Wissen Jesu wird daher der Erfolg derselben, die ‚Umkehr' des Apostels von der Verläugnung zum Bekenntnisse, von der Schwäche zur Stärke, als ein unfehlbarer erkannt. Von da an wird aber auch Petrus, seiner persönlichen Standhaftigkeit durch die Gnade seines Meisters für immer unerschütterlich wieder mächtig geworden, die Aufgabe seines Amtes, die feste, nimmer wankende Grundveste der gesammten Kirche zu sein, erfüllen können und müssen. Auch die ‚Brüder', die Mitapostel und in ihnen die Gläubigen der Kirche alle, sind hiemit aufs neue an Petrus gewiesen. Sie werden seiner bedürfen, wie er von Amtswegen sich ihnen schuldet. Die innige Verbindung sofort des Hauptes mit den Gliedern und die Abhängigkeit dieser letzteren von der Wirksamkeit des ersteren ward durch das was Petrus persönlich zu bestehen hat nicht aufgelöst oder beeinträchtigt. Es ist der Primat, für welchen Simon Petrus kraft des Gebetes Jesu erhalten wird, und welcher in Petrus hiemit die Zusage der **Unverlierbarkeit des Glaubens** und der **höchsten Autorität** empfängt."

Die Erklärung von Joh. 21, 15 ff. (S. 454) bringt zu dem was vorstehend mitgetheilt ist für unsere Frage nichts Neues.

„‚Lämmer und Schafe‘, Unvollkommene und Vollkommene, — die dem Hirtenstabe des Petrus anvertraute Gemeinschaft der durch Christus Erlösten — ... müssen in Christi Namen und für ihn **geweidet** und **genährt**, d. h. durch den Christum stellvertretenden, ihm verantwortlichen Hirten sicher geführt, in Einheit zusammengehalten, mit gesunder Geistesnahrung in Lehre und Sacrament gepflegt und vor Angriff und Verderben geschützt werden."

53.

Ritter, Joseph Ignaz,

Dombechant und Professor der Theologie zu Breslau.

Handbuch der Kirchengeschichte. 5. Auflage. Bonn, Marcus. 1854.

Ritter berichtet von der zweiten sirmischen Formel (I, 195):

„Athanasius erzählt, auch Liberius habe nachgegeben, weil man ihn mit dem Tode bedroht, er habe seine Rückkehr nach Rom durch die Unterschrift erkauft." Dazu sagt eine Anmerkung: „die Thatsache wird übrigens bestritten."

Ueber Honorius schreibt er (I, 316):

„Wenn schon der allgemein bekannte Charakter der Griechen und manches Beispiel der Vorzeit den Papst vorsichtig machen mußte, so hätte dieses Schreiben des Sergius, besonders durch die Rolle welche Sophronius [von Jerusalem] darin spielt, diese Wirkung um so mehr hervorbringen sollen. Allein Honorius nahm die Sache zu leicht; er schenkte seinem Amtsbruder zu Constantinopel vollen Glauben, lobte sein kluges Benehmen in der Unterdrückung neuer Redensarten, und bekannte mit ihm Einen Willen in Christo, weil die Gottheit nicht unsere Sünde sondern unsere Natur an sich genommen habe[1].... Sophronius machte den nun entstandenen Streit zum Gegenstande seines ersten Synodalschreibens und bekämpfte mit großem Scharfsinn die Lehre von Einem Willen. Dennoch blieb der römische Bischof bei seiner Meinung und bezeugte nochmals dem Patriarchen Sergius und auch dem Cyrus daß er mit ihnen in der Lehre von Jesu Christo übereinstimme."

---

[1] „Dieser Brief ließe sich allenfalls noch dogmatisch rechtfertigen, aber kaum diplomatisch, soviel es auch versucht worden ist."

54.
Roßhirt, C. Fr.,
Professor der Rechte zu Heidelberg.

Geschichte des Rechts im Mittelalter. Mainz, Kirchheim. 1846.

Da mir desselben Verfassers ‚Kanonisches Recht' nicht zu Gebote steht', gebe ich was er im citirten Werke (S. 634 ff.) im Anschluß an den Satz: „das Regiment muß ein Haupt haben, und dieses ist der Papst," schreibt:

„Es folgt, daß die Kirche, d. h. der Episkopat und folglich auch der Papst unfehlbar sein müsse. Wenn man daher auch das erste zugibt, namentlich wenn sich ein Consensus aller Bischöfe nachweisen läßt, so ist doch das andere richtig, sofern es gehörig verstanden wird. Der Papst nämlich ist der Episkopat; aber da er zugleich ein einzelner Mensch ist, so hat man folgende Scrupel aufgeworfen:

„1) Luther und Calvin gingen von der Ansicht aus, im Papstthum stelle sich das allgemeine Lehramt nicht dar, auch nicht in der Vereinigung mit einem Concil....

„2) Albertus Pighius dagegen hatte den äußersten Gegensatz behauptet: Der Papst sei unfehlbar, denn man könne an ihm die öffentliche und Privatperson nicht trennen....

„3) Eine dritte Meinung war daher die natürlich vermittelnde, daß wenn der Papst anerkannt sei und mit einem Concilio handle, er unfehlbar sei, außerdem nicht....[Die Anerkennung] ist in der Regel da; ein Concilium ist nur als Ausnahme da. Was soll gelten wo das Concilium nicht zusammengerufen ist? Bedarf es hier des Willens der Kirche nicht, wo die Kirche zu sprechen hat, da es einen lebendigen Christus gibt, der, indem er auferstanden ist, immer lebt. Und lebt die Kirche, so muß auch der sichtbare Vertreter der sichtbaren Kirche sein Leben äußern können und unfehlbar sein.

„4) Daher ist die vierte Meinung entstanden, der Papst sei unfehlbar sofern er sein allgemeines Lehramt, wie der gewöhnliche Lehrer vom Katheder, also durch eine kirchliche Erklärung ausübt. Daher muß der Papst so vorsichtig sein, wenn er Allocutionen erläßt, denn es müssen alle Verhältnisse des Lebens geprüft sein, und es ist auch hier leichter zu schweigen wie zu reden, obgleich es Umstände gibt wo die Kirche reden muß. Von besondern förmlichen oder materiellen Voraussetzungen kann hier nichts abhängen.

„Der Beweis unserer Ansicht ist zu führen aus der Schrift, aus den allgemeinen Concilien, aus den Kirchenvätern und aus der Vernunft; auch die gallicanische Kirche steht nicht entgegen...."

„Dadurch deducirt sich denn auch von selbst das Princip im Regimente der Kirche. Man kann im Gleichnisse die Hierarchie einen Monarchismus nennen, nur muß man wissen, daß im Sinne der geistigen Lehre der Monarch kein Herr, sondern die Seele des Körpers ist, die nur in der Einheit Aller regiert: alle Gliedmaßen stehen in Bewegung des Willens und der Seele, und der geistige Herr wird nur regieren, wenn er Alle oder für Alle die Meisten gehört, die Räthe der Kirche als die Besten vernommen, und seinen Geist erhoben hat, indem er Alles versucht hat was den Entschlüssen des menschlichen Geistes die Bestärkung des göttlichen Geistes gibt. · Das ist die Hierarchie, d. h. die Kirche, der gewiß die Unfehlbarkeit zugeschrieben werden muß, wovon die einzelnen Handlungen der Kirchengewalt nur Consequenzen sind. Ihr müssen denn auch die dienenden Glieder unterworfen sein . . . ."

55.

Scheeben, M. Joseph,
Professor der Theologie zu Köln.

Die Mysterien des Christenthums. Freiburg, Herder. 1865.

Das „Mysterium der Kirche und ihrer Sacramente" führt zur Besprechung des Organismus der Kirche, insbesondere der „Einheit der Hirtengewalt." Hier schreibt Scheeben (S. 530 ff.).

„Diese Einheit der Hirtengewalt finden wir darin, daß die ganze Fülle der kirchlichen Hirtengewalt nach der Glaubenslehre in einem Hohenpriester derart niedergelegt ist, daß ihm die ganze Heerde der Kirche und selbst die Priester und Hohepriester derselben angehören und unterworfen sind, alle übrigen Hohepriester und Priester hingegen nur in Abhängigkeit von ihm und in Verbindung mit ihm Hirtengewalt in der Kirche erlangen und ausüben können. Durch ihn als sein Fundament wird das ganze sociale Gebäude der Kirche getragen; von ihm geht die Hirtengewalt in den übrigen Hirten der Kirche aus, wie die Strahlen aus der Sonne, die Bäche aus der Quelle, die Aeste aus dem Baume. Dadurch daß in ihm die Fülle der Hirtengewalt ruht, und keine andere in der Kirche von der seinigen unabhängig gedacht werden kann, wird die Kirche wahrhaft und vollkommen eins, nicht bloß in ihrer Spitze sondern in ihrem tiefsten Grunde — und von Grund aus — nicht bloß in ihrem Gipfel sondern in ihrer Wurzel — und von der Wurzel aus. — Eine andere, geringere Einheit in der Kirche ist nicht denkbar, wenn nicht die Art ihrer socialen Organisation in vollen Widerspruch mit ihrem innern Wesen treten soll.

„Wenn manche Theologen sich zu dieser erhabenen Idee von der Stellung des Papstthums in der Kirche nicht erschwingen können, so liegt vielleicht nicht der letzte Grund darin, daß sie die Kirche nicht genug von ihrem übernatürlichen, geheimnißvollen Wesen aus kennen oder betrachten, welches sich gerade im Papstthum reflectirt und ausspricht. Man faßt die Kirche, obwohl von Gott gestiftet, zu sehr nach dem Schema der natürlichen Gesellschaften auf; in diesen letzteren ist die einheitliche Regierungsgewalt, selbst wenn die Verfassung eine monarchische, immer nur die Vertreterin des Gesammtinteresses; die Vereinigung desselben in einer Hand gehört gar nicht zum Wesen dieser Gesellschaften, sie bildet blos einen besondern Modus ihrer factischen Existenz und Durchbildung. Der Monarch bildet daher hier mehr die Spitze der Gesellschaft als ihr Fundament oder eine wesentliche Bedingung ihrer Existenz. Die Kirche hingegen bildet sich erst um einen schon gegebenen, übernatürlichen Mittelpunkt, um Christus und seinen Geist, der naturgemäß auch im socialen Organismus durch Einen Stellvertreter, Ein Organ sich geltend machen muß. Nicht die Kirche setzt diesen Mittelpunkt aus sich heraus; er ist auch von Gott nicht bloß dazu gesetzt, um die Kirche als ein einheitliches Ganze abzuschließen; er soll vielmehr die Kirche tragen als deren Grundveste, auf der sie sich aufbaut, durch den sie auf dem Gottmenschen und dem h. Geiste ruht, durch den ihre Einheit nicht bloß irgendwie vermittelt und gekrönt sondern wesentlich bedingt wird. Die Kirche als Gesellschaft ist in ihm wie sie in Christus ist; sie ist durch ihn in Christus, weil auch Christus als ihr regierendes Haupt mit seiner Hirtengewalt nur durch ihn in der Kirche ist[1]).

---

1) Vgl. S. 518: „Man könnte versucht sein, das Wesen der Kirche zu äußerlich nach Analogie anderer Gesellschaften unter den Menschen aufzufassen, und den wesentlichen Unterschied von diesen nur darein zu setzen, daß sie eine religiöse und von Gott gestiftete Gemeinschaft sei. Beides ist sie ohne Zweifel, aber damit allein wäre sie nichts besonders Erhabenes und für die Vernunft Unbegreifliches. Wie sich die Menschen zu andern Zwecken zusammenthun, so können sie sich auch zur gemeinschaftlichen Religionsübung mit einander vereinigen; darin liegt nichts Uebernatürliches. Ja Gott selbst kann durch eine positive Einrichtung die Bildung einer solchen Gesellschaft anordnen, ihr Gesetze geben, ihr besondere Rechte und Privilegien verleihen, die Menschen andererseits auf dieselbe verpflichten und in Bezug auf die Erfüllung ihrer religiösen Bedürfnisse an dieselbe anweisen, wie dies im alten Bund durch die mosaischen Institutionen geschehen ist. Ohne eine übernatürliche, außerordentliche Einwirkung wird eine solche Gesellschaft nicht zu Stande kommen; aber in ihrem Wesen wird sie darum noch immer nicht übernatürlich und geheimnißvoll sein. Die Gottesverehrung wäre ja immer eine bloß natürliche, nur durch bestimmte Normen geregelte und geleitete, und wenn Gott an die priesterlichen und regierenden Functionen der Gesellschaft eine besondere Wirksamkeit knüpfte, so nämlich, daß durch jene die Sündenvergebung und andere Gnaden verliehen, durch diese die Untergebenen mit voller Sicherheit in der Ausübung ihres religiösen Lebens geleitet würden: so wäre auch das zwar etwas Außerordentliches, die Wirkung einer speciellen gnädigen Vorsehung, aber keineswegs etwas wahrhaft Mystisches, Uebernatürliches. Das ganze Institut der Kirche reducirte sich auf eine von Gott geregelte Erziehung und Leitung der Menschen und eine rechtmäßige Vermittlung ihres Verkehres mit Gott; ihre ganze Einheit, ihre ganze Wirksamkeit wäre eine bloß moralische nach Analogie der übrigen Gesellschaften.

„Der Glaube zeigt uns in ihr unendlich mehr. Im Glauben erkennen wir die Kirche als eine Anstalt, die nicht bloß zur Erziehung und Leitung des natürlichen Menschen bestimmt ist, sondern dem Menschen eine neue Natur, eine ganz neue, übernatürliche Stellung und Bestimmung gibt und ihn im Streben nach dieser Bestimmung tragen, stärken und leiten soll. Dem Glauben ist die Kirche nicht bloß von Gott oder von einem göttlichen Gesandten gestiftet und legitimirt, sondern auf den Gottmenschen gebaut, ihm eingegliedert, zu seiner Höhe emporgehoben, von seiner göttlichen Würde und Kraft getragen und erfüllt; sie ist der Leib des Gottmenschen, in welchem Alle die in ihn eintreten zu Gliedern des Gottmenschen werden, um in ihm und durch ihn an einander gekettet, an dem göttlichen Leben, der göttlichen Herrlichkeit ihres Hauptes Antheil zu haben. Dem Glauben endlich ist die Kirche nicht bloß eine Dienerin Gottes oder des Gottmenschen, die bloß einen gewissen Verkehr Gottes mit den Menschen vermitteln soll: sie ist als der mystische Leib Christi zu-

„Ist das die wahre Idee von der Einheit der Hirtengewalt in der Kirche und der durch dieselbe bedingten Einheit der Kirche, dann versteht es sich von selbst, daß auch die an dieselbe geknüpfte oder vielmehr ihr wesentlich innewohnende Unfehlbarkeit in dem Träger der vollen Hirtengewalt wohnt. Unfehlbar muß die Hirtengewalt sein, wenigstens in Bezug auf die Normirung des Glaubens und der Sitten, weil sie sonst ihre Untergebenen nicht mit voller Zuverlässigkeit leiten könnte, und sie ist es in der That, weil die Träger derselben sie nur als die Stellvertreter Christi und Organe des h. Geistes verwalten. Derjenige, welcher sie in ihrer ganzen Fülle besitzt, welcher darum auch der vollberechtigte Vertreter Christi und der Wahrmund des h. Geistes ist, muß daher auch die Unfehlbarkeit besitzen, insoweit natürlich, als er kraft seiner Vollgewalt handelt und diese Gewalt in ihrer ganzen Größe zur Geltung bringt [1]). Durch ihn will ja Christus alle Glieder der Kirche in sich zur Einheit, zur Einheit der Liebe und des Glaubens zusammenführen; durch ihn und in ihm sollen sich die Gläubigen an ihr übernatürliches Haupt anschließen und vom h. Geiste sich regieren lassen.

„Diese übernatürliche Unfehlbarkeit der Hirtengewalt im Papste ist, wie die quellenhafte Einheit derselben in seiner Person, der Reflex des innern geheimnißvollen Wesens der Kirche, und darum auch in sich selbst ein übernatürliches Mysterium, welches die Kirche in ihrer göttlichen Größe zur Anschauung bringt. Eine Unfehlbarkeit des Ganzen — der ganzen Kirche oder auch des ganzen Episkopates — resultirend aus der Uebereinstimmung Einzelner, wäre einerseits nur ein unvollkommener künstlicher Nothbehelf, unwürdig der erhabenen, wunderbaren Wirksamkeit, welche der h. Geist in der Kirche entfaltet; andererseits würde dadurch der Schwerpunkt derselben dem directen Einflusse des h. Geistes entzogen und mehr auf eine natürliche Grundlage verlegt. Denn wenn gerade der h. Geist es sein soll, der die Vielen zusammenführt, warum sollte er sie denn nicht dadurch organisch zusammenführen, daß er sie auf einen gemeinsamen Mittelpunkt anweist? Freilich, wo factisch eine solche Uebereinstimmung der Gläubigen oder ihrer Hirten im Glauben besteht, ist dieselbe auf den h. Geist in seiner universalen Wirksamkeit zurückzuführen; aber ihre Unfehlbarkeit hat zugleich eine stark vorwiegend natürliche Ursache und Bürgschaft darin, daß die constante Uebereinstimmung so vieler Menschen nicht anders als durch die objective Wahrheit ihres Gegenstandes herbeigeführt werden konnte. Dieser natürliche Rückhalt schwächt offenbar das Mysterium der Unfehlbarkeit, und diejenigen welche eben nur in jener Uebereinstimmung die Wurzel der kirchlichen Unfehlbarkeit anerkennen, geben dadurch nur zu deutlich zu verstehen, daß sie

gleich seine wahre Braut, die von seiner göttlichen Kraft befruchtet ihm und seinem himmlischen Vater himmlische Kinder gebären, diese Kinder mit der Substanz und dem Lichte ihres Bräutigams nähren und sie über die ganze geschaffene Natur hinaus in den Schooß seines himmlischen Vaters hinaufführen soll.

[1]) „Das geschieht nur, wenn der Papst eine allgemeine und strict verbindliche regula oder lex credendi erläßt: persönliche Meinungen oder auch Aeußerungen anderer Art gehören nicht dahin, streng genommen nicht einmal eine Ermahnung oder Aufforderung, resp. eine einfache Rüge; kurz: keine Willensäußerung welche auf dem Gebiete der Disciplin nicht als Gesetz statuirend anerkannt würde."

das Uebernatürliche, das Geheimnißvolle in der Kirche scheuen und sich nicht recht damit befreunden können. Ja, damit untergraben sie auch ihre äußere Organisation, welche wesentlich auf übernatürlichen Grundlagen ruht; es fehlt dann in der Kirche ein Organ, um eben jene Uebereinstimmung der Gläubigen, wo dieselbe nicht vorhanden, zu erzeugen; der Spruch des Papstes ist dann nur ein officielles Zeugniß der vorhandenen Uebereinstimmung, der Papst selbst der Mund der Gesammtheit und erst so auch der Mund des in der Gesammtheit wohnenden h. Geistes; sein Glaube wäre also nicht das Fundament des Glaubens der Gesammtheit und würde, anstatt nach den Worten des Heilandes die Gesammtheit zu tragen, von ihr getragen.

„Aber warum sollen wir bei einem Gebäude, dessen ganzes Wesen Mysterium ist, nicht auch für seinen äußern Organismus eine geheimnißvolle Grundlage annehmen. Warum sollte der h. Geist, wie er mit seiner wunderbaren Fruchtbarkeit im Priesterthum wohnt, um durch dasselbe seine Gnaden in der Kirche zu spenden, nicht auch in dem Mittelpunkte des socialen Gebäudes der Kirche, in dem Träger seiner Hirtengewalt, so wohnen können und wirklich wohnen, daß er von da aus die ganze Heerde in der Einheit des Glaubens und der Liebe an einander bindet, und gerade durch ihn dem Gebäude seine Einheit und Festigkeit geben? Diese Verbindung des h. Geistes mit dem Oberhaupt der Kirche wird ein Wunder sein, und ein großes Wunder; aber es soll eben auch ein solches sein. Die Kirche ist überhaupt ein wunderbarer göttlicher Bau: was Wunder, daß ihr Fundament so wunderbar ist? Sie ist die Braut des Gottmenschen: was Wunder, daß sie in ihrem Haupte so innig mit demselben verbunden, und durch ihr Haupt so wunderbar von demselben geleitet wird?"

56.
Schegg, Peter,
Professor der Theologie zu Freising.

Die heiligen Evangelien übersetzt und erklärt. II. und VI. Theil. München Lentner. 1857—65. „Die Verheißung Petri" im ‚Chilianeum‘, Neue Folge, II. Bd., 337—48.

Schegg faßt (II, 353) zunächst den Sinn von Matth. 16, 18 so:

„Vor Allem müssen wir den Zusammenhang beachten. ‚Du hast gesagt was nicht von Fleisch und Blut kam, nun will auch ich dir sagen was nicht von Fleisch und Blut kommt. Du hast gesagt was dir mein Vater im Himmel geoffenbart hat; nun will aber auch ich dir sagen was mir mein Vater im Himmel geoffenbart hat: du bist Petrus‘.... Denn daß Simon Bar Jona Petrus d. i. Fels (Haupt) der Kirche ist, kommt vom Vater. Und diesen Rathschluß des Vaters theilt ihm Jesus mit.... [Denn] Erwählung und Berufung ist Sache des Vaters.... Nun bekommen die folgenden Worte Christi ihr ganzes Licht: ‚Du bist nach diesem Rathschlusse des

Vaters Petrus, und darum werde ich auf diesen Fels (nicht auf einen andern) meine Kirche bauen'."

Dann erklärt er den Ausdruck „auf diesen Felsen will ich meine Kirche bauen." I. Kor. 3, 10 f. und I. Petr. 2, 4 f. führen zu dem Satze (S. 358):

„Wir haben also zwei Grundsteine der Kirche, Christus und Petrus. Erbauet Christus die Kirche, so gründet er sie auf Petrus; erbauet Petrus oder ein anderer Apostel die Kirche, so gründet er sie auf Christus. Ist nun das kein Widerspruch? Kann Ein Haus einen doppelten Grund haben? Ein Haus von Stein und Holz nicht, wohl aber die Kirche und zwar wegen ihres Doppelcharakters als einer sichtbaren und geistigen Gemeinschaft der Gläubigen. Erbauet Christus die Kirche, so muß er sie als ein sichtbares und ewig dauerndes Haus auf einen ebenso sichtbaren und ewig dauernden Grund bauen. Dieser aber ist nicht er, da er zur Rechten seines Vaters im Himmel thront, sondern Petrus. Erbauet aber Petrus oder ein anderer Apostel, d. i. erbauet das Apostolat die Kirche, so kann es die Kirche Christi nur auf Christus gründen — sonst hörte sie auf die Kirche Christi zu sein; er ist der Weinstock, wir sind die Reben, ohne Zusammenhang mit Christus kein Leben. Wenn das Apostolat die Kirche auf Christus, Christus die Kirche auf Petrus gründet so folgt, daß wir in die geistige Gemeinschaft mit Jesus Christus nur durch die sichtbare Gemeinschaft mit Petrus gelangen....

„Daß auch die übrigen Eilf Grundsteine der Kirche sind, ist [mit diesen Worten Christi] nicht in Abrede gestellt (Eph. 2, 19 ff. Offbg. 3, 12; 21, 10 ff. Gal. 2, 9); aber Petrus ist's für sich, sie in ihrer Vereinigung mit Petrus. Wohl konnte dies Verhältniß zu Petrus in ihrem Lehramte nicht so hervortreten wie später bei den Bischöfen, denn sie hatten jeder für sich die Gabe der Unfehlbarkeit. Da bedurften sie keiner Berufung auf Petrus, da legten sie nur den Einen Grundstein den Petrus selbst legt — Jesus Christus. Berufung auf Petrus wäre nur Unsicherheit ihrer gemeinsamen apostolischen Prärogative, unfehlbarer Zeuge Jesu Christi zu sein."

Nach der Erklärung des folgenden „und die Pforten der Hölle werden sie nicht bewältigen"

„ergibt sich als Sinn und Bedeutung des Bildes: ‚Auf diesen Felsen werde ich meine Kirche bauen und sie wird eine ewige Dauer haben — Grab, Tod, Hölle, denen Alles unterliegt, vermögen Nichts wider sie.'

„Ueber den Zusammenhang dieser beiden Sätze" aber eignet sich Schegg die Worte an, in denen sich Wiseman[1] „einfach und schön also ausspricht":

„‚Unser Heiland sagt nicht bloß, Petrus sei der Felsen auf welchen die Kirche gegründet werden soll, sondern zudem auch, daß die Kirche in Folge

---

1) Die vornehmsten Lehren und Gebräuche der katholischen Kirche (Regensburg, 1838) II, 12.

dieses Fundaments unüberwindlich und unbeweglich sein soll. ‚Auf diesen Felsen will ich meine Kirche bauen und die Pforten der Hölle sollen sie nicht überwältigen.' Dieser Satz, sage ich, drückt offenbar aus, daß die Kirche in Folge ihrer Gründung auf Petrus unvergänglich sein soll; denn die Verbindung zwischen beiden Vorstellungen, von einem dauerhaften Fundamente und einem dauerhaften Baue ist so eng und natürlich, daß der Sprachgebrauch uns nöthigt, sie als bloß in Folge dieser Verbindung zusammengebracht zu betrachten¹).... Da also die Kirche Gottes auf den h. Petrus als auf einen Felsen gegründet werden soll, und zu gleicher Zeit erklärt wird, daß sie gegen die Mächte der Zerstörung Stand halten werde, so können wir schließen, daß diese Sicherheit vor Verfall die natürliche Folge von ihrer derartigen Gründung sei.'"

Bei der Erklärung von Matth. 16, 19 sieht Schegg in den Schlüsseln das „Symbol der höchsten Gewalt"; Petrus „ist der oberste Herr und Gebieter in der Kirche". Hinsichtlich der „um so bestritteneren Bedeutung" von „binden und lösen" bemerkt er (II, 366):

„Die Erklärer theilen sich vorzugsweise in zwei Heerlager. Die Einen nehmen ‚binden und lösen' nach dem angeblich rabbinischen Sprachgebrauche kurzweg für ‚verbieten und erlauben.' Also: was du verbieten wirst auf Erden, wird auch verboten sein im Himmel (bei Gott) u. s. w. Von deiner Bestimmung hängt es ab, was verboten und was erlaubt ist. Die Andern dagegen sagen, ‚binden und lösen' sei eine bildliche Bezeichnung königlicher Machtvollkommenheit ganz im Allgemeinen, und dieses zweite Bild sei gleichbedeutend mit dem ersten. Binden und lösen enthalte Alles was Petrus kraft seiner apostolischen Machtvollkommenheit thue, sei es durch Lehren, Zurechtweisen, Erlassen, Strafen, Trösten u. s. w."

Für die zweite Erklärung sind unserm Exegeten die Belegstellen ungenügend (II, 368).

„Diese bildliche Bedeutung von ‚lösen und binden' läßt sich also nicht nachweisen. Indeß ist auch die erste Erklärung .... insofern nicht richtig, als ‚binden und lösen' bei den Rabbinen nicht einfach ‚verbieten und erlauben' heißt, sondern verboten oder erlaubt erklären. Der Rabbi erlaubt oder verbietet nicht, er erklärt nur durch Folgerungen aus dem Gesetze und deren Anwendung auf einen Fall, ob etwas verboten sei oder nicht. Er beruft sich auf die treffende Gesetzesstelle und sagt (ganz gut): das Gesetz (mit Stricken und Banden verglichen) bindet oder bindet nicht. Das eigentlich Bindende oder Freigebende ist das Gesetz, und der Rabbi nur dadurch daß er es erklärt und anwendet. Danach wäre Petrus der oberste und unfehlbare Ausleger des neutestamentlichen Gesetzes, was er für gelöst erklärt wäre gelöst, was er für gebunden erklärt wäre gebunden. Die Sache unterläge keinem Bedenken; wir hätten die höchste

---

¹) Wiseman zieht zum Vergleiche das „auf Sand" gebaute Haus an, welches umfiel (Matth. 7, 27).

Auctorität der Lehre im Binden und Lösen, wie die höchste Auctorität des Regimentes in den Schlüsseln. Was Petrus bindet und löset d. h. was er lehrt, wie er das Gesetz (im weitesten Sinne: den Willen Gottes) erklärt, also gilt es vor Gott — seine Deutung ist unfehlbar.

„Was mir hiebei," fährt Schegg fort, „nicht ganz zusagt, ist die Verbindung in welcher derselbe Ausdruck nochmal weiter unten (18, 18) vorkommt, und die so markirte Gegenüberstellung von Erde und Himmel, worauf der Nachdruck zu liegen scheint: ‚Was du auf Erden bindest soll auch im Himmel gebunden sein.‘ Beachten wir nun, daß Christus dem Petrus die Schlüssel des Himmelreichs gibt, das Himmelreich aber ein Palast ist (‚ich werde bauen‘) voll der Güter und Schätze, Gnaden und Verheißungen, so möchte sich als nächste Folge der Schlüsselgewalt eben die Gewalt über diese Güter und Schätze ergeben. Petrus hat die Schlüssel auch zu den Gnadenschätzen die der Kirche anvertraut sind. Er kann sie binden — zurückhalten, unzugänglich machen, und lösen — freigeben, mittheilen. Weil diese Schätze nicht irdisch, sondern ihrem Wesen und Ursprunge nach nur himmlisch und im Himmel hinterlegt sind, und obgleich der Kirche anvertraut, ihren unmittelbaren Zusammenhang mit dem Himmel beibehalten, so müssen sie zugleich im Himmel gelöst und gebunden werden. Nach dieser Betrachtung steht ganz entsprechend: Was du auf Erden lösest wird auch im Himmel gelöset u. s. w. Und daraus dürfte auch klar werden, warum Jesus das ‚binden‘ voranstellt. Die Schätze der Kirche werden zunächst als offene oder strömende und fließende gedacht, die, wenn sie Petrus auf Erden zubindet, auch im Himmel zugebunden werden. Bei Petrus steht's, die Gnadenschätze der Kirche zuzuwenden oder zu entziehen; das ergibt sich als Folge seiner Schlüsselgewalt, und beide Versglieder dieser Verheißung stehen somit genau in demselben Wechselverhältnisse wie die beiden Theile der vorhergehenden Verheißung. Nämlich: Petrus ist der Grundstein der Kirche; in Folge dessen dauert sie ewig. Petrus hat die Schlüssel der Kirche; in Folge dessen sind ihre Gnadenschätze in seine Hand gelegt."

Zu Luk. 22, 32 schreibt Schegg (VI, 253 f.):

„Die Hinweisung auf den Fall des Petrus, ‚wenn du umgekehrt bist‘, läßt kaum einen Zweifel aufkommen, daß Jesus zunächst die bevorstehende schreckliche Lage der Apostel während seines Leidens und bis zum Ostersonntage im Auge hatte, ... wenn sie auch ihren ganzen Inhalt nicht erschöpft. Je leichter die wesentliche Einheit zwischen der speciellen Veranlassung und der alle Zeit umfassenden Bedeutung des Verheißungswortes Christi herzustellen ist, desto unbefangener dürfen wir beide Momente auseinanderhalten. Was an Petrus hier geschieht, ist Anfang dessen was sich in der Kirche mit innerer Nothwendigkeit immer fortsetzt, wiederholt und erneuert, weil anders ihr Bestand gefährdet wäre. Wenn das Gebet Jesu Christi den Petrus, ohne die menschliche Schwachheit aufzuheben, in seinem Glauben bewahrt, weil Petrus, man erlaube mir diesen Ausdruck, nicht mehr preisgegeben werden darf: dann umfaßt es in Petrus zugleich alle seine Nachfolger und für alle Zeit. Sie werden vom Glauben nicht abfallen, wenn auch die menschliche Schwachheit in der geschichtlichen Entwicklung der Kirche ihr Recht immerfort behauptet. Sie kann in Perioden der Gefahr oder Erschlaffung und Verweltlichung sehr stark hervortreten, aber das Erlösungswerk selbst nicht mehr unterbrechen oder hemmen.

„... Jesus betrachtet seine Jünger als am Ziele angelangt: sie haben die Prüfung bestanden. Versuchungen in denen ihr Glaube nochmals auf's Spiel gesetzt werden könnte, dürfen nicht mehr kommen, weil sie zugleich eine Gefährdung des Erlösungswerkes selbst wären. Da ihnen aber nichtsdestoweniger solche Gefahren zu drohen scheinen, tritt Jesus mit seinem Gebet ins Mittel und wendet, nicht die Versuchung, nicht das Leiden, aber die Gefahr des Abfalls ab. Die Kirche ist in den Aposteln gegründet, und ihr Bestand für alle Zeit gesichert. Könnte Petrus jetzt noch im Glauben irre werden, so wäre die Kirche auf Sand gebaut statt auf einen Felsen, und allen Zufälligkeiten der menschlichen Schwächen und Leidenschaften anheimgegeben."

Schließlich zieht Schegg neben der Erklärung des Theophylaktus auch die Stellen des h. Leo und des h. Bernhard an, die uns schon begegneten[1]).

Erst als Vorstehendes schon gesetzt war, wurde ich aufmerksam gemacht, daß Schegg sich neuerdings im ‚Chilianeum' (Neue Folge II, 337 ff.; auch abgedruckt in der ‚Sion' 1869, Nr. 104) mit ausdrücklicher Beziehung auf die gegenwärtige Bewegung eingehend über die drei biblischen Stellen ausgesprochen hat. Ist in dieser Erörterung auch zum Theil nur wiederholt was schon in dem ‚Commentar' vorgetragen war, so ist es doch theils in wesentlichen Stücken modificirt theils erweitert; ich glaube daher den ganzen Aufsatz mittheilen zu sollen.

I. „Auf das Bekenntniß des Petrus: ‚Du bist Christus, der Sohn des lebendigen Gottes', erwiederte Jesus und sprach: ‚Selig bist du, Simon Bar Jona, denn nicht Fleisch und Blut hat es dir geoffenbart, sondern mein Vater im Himmel. Aber auch ich sage dir, daß du bist Petrus; und auf diesen Fels werde ich meine Kirche bauen, und die Pforten der Hölle werden nichts vermögen wider sie.'

„Fassen wir zuerst den Zusammenhang in's Auge. Er wird allgemein so hergestellt: Du hast gesagt, daß ich Christus bin; ich sage dir, daß du Petrus bist. Du hast meine Würde bekannt, ich bekenne die deine. Aber dieß scheint unrichtig, weil V. 17 dazwischen steht, und Jesus gerade darauf den Nachdruck legt: Du hast gesagt, was nicht von Fleisch und Blut kam; nun (wir erwarten gar nichts anderes) will auch ich dir sagen, was nicht von Fleisch und Blut kommt. Du hast gesagt was dir mein Vater im

---
1) Oben S. 4 und S. 100, Anm. 1.

Himmel geoffenbart hat; nun will auch ich dir sagen was mir mein Vater im Himmel geoffenbart hat: Du bist Petrus. Wir lesen nicht: du sollst von nun an sein, oder: ich werde dich machen, sondern: du bist; denn daß Simon Bar Jona der Petrus, der Fels der Kirche ist kommt vom Vater. Diesen Rathschluß des Vaters theilt ihm Jesus mit.

„Die Erwählung und Berufung ist Sache des Vaters. ‚Niemand, sagt Christus mit allem Nachdrucke, kann zu mir kommen, außer der Vater, der mich gesandt hat, habe ihn gezogen (Joh. 6, 44)‘, und wiederum: ‚Zu sitzen an meiner Rechten oder Linken, steht nicht bei mir, daß ich es gebe, sondern welchem es vom Vater bereitet ist (Matth. 20, 22)‘. Dieß setzt die nachfolgenden Worte Christi in das rechte Licht: Du bist nach dem Rathschlusse des Vaters Petrus, und darum werde ich auf dich, auf diesen Fels, nicht auf einen andern, meine Kirche bauen; denn zu sitzen an meiner Rechten bereitet der Vater dem welchem er will; ich, ‚ich kann nichts aus mir thun: wie ich höre, richte ich (Joh. 5, 30) und was ich von ihm höre, das sage ich der Welt (Joh. 8, 26).‘

„Es bedarf für den Leser kaum der Erinnerung, daß Petrus und Fels im Hebräischen und im Griechischen Ein Wort sind und daß somit hier ein Gleichlaut (nicht Wortspiel) vorkommt, der sich im Deutschen nur nachbilden läßt, wenn wir in beiden Satztheilen das Fremdwort Petrus beibehalten, oder in beiden dafür die Uebersetzung geben, also: du bist Fels, und auf diesen Fels werde ich meine Kirche bauen (das erstemal Fels als Eigenname, das zweitemal als Gattungsname gebraucht), oder: du bist Petrus und auf diesen Petrus werde ich meine Kirche bauen.

„Daß Christus seine Kirche auf einen Felsen baue, liegt in der Natur der Sache, daß er sie auf diesen Felsen baue, im Rathschlusse Gottes. Alle Apostel sind Felsen, aber der Fels, auf welchem die Kirche steht, ist Petrus allein. Daraus ergibt sich, daß wir, auch nicht dem Sinne nach, beide Versglieder etwa mit denn verbinden dürfen: ‚du bist Petrus, denn auf diesen Felsen u. s. w.‘ Das würde die Sache gerade umkehren und aus der Folge die Ursache machen. Petrus ist nicht der Fels, weil Jesus auf ihn die Kirche baut, sondern Jesus baut auf ihn die Kirche, weil er nach dem Rathschlusse des Vaters der Fels ist.

„Welches ist nun, da wir den Zusammenhang kennen, die Bedeutung der Verheißungsworte selbst? und zwar

„a) Auf diesen Fels werde ich meine Kirche bauen.

„Kirche ist die Vereinigung der Gläubigen in Christo. Die Vergleichung der Kirche mit einem Hause kommt im Alten Testamente (da es auch eine alttestamentliche Kirche gibt) nicht vor, desto häufiger die mit einer Herde, wozu der Apostel Paulus noch eine dritte, mit dem (menschlichen) Leibe fügt. Das allen dreien zu Grunde liegende gemeinsame Vergleichungsglied ist die Einheit. Im Einzelnen hebt die Vergleichung mit einem Hause die Festigkeit, die mit einer Herde die Gliederung, die mit einem Leibe das Leben (und Wachsthum) der Kirche hervor.

„Die Vergleichung mit einem Hause ist den Aposteln nach dem Vorgange Christi ziemlich geläufig. Wir finden sie I. Kor. 3, 10. 11. I. Petr.

2, 4. 5. Ephef. 2, 19—22. Gal. 2, 9. Apof. 3, 12 u. 21, 10—27. Paulus sagt im ersten Briefe an die Korinther: ‚Als ein weiser Baumeister habe ich den Grund gelegt — denn einen andern Grund kann niemand legen, als der gelegt ist, und der ist Jesus Christus;‘ und Petrus an der citirten Stelle: ‚Zu welchem (Christus) ihr kommet als einem lebendigen Steine, der zwar von den Menschen verworfen, aber bei Gott auserwählt und köstlich ist. Und auch ihr als lebendige Steine erbauet euch ein geistiges Haus zum heiligen Priesterthume.‘

„Wir haben also zwei Grundsteine der Kirche: Christus und Petrus. Erbauet Christus die Kirche, so gründet er sie auf Petrus; erbauet Petrus oder sonst ein Apostel die Kirche, so gründet er sie auf Christus. Ist dieses kein Widerspruch? Kann ein Haus einen doppelten Grund haben? Ein Haus von Stein und Holz nicht, wohl aber die Kirche, kraft ihres Doppel= charakters als einer sichtbaren und unsichtbaren, leiblichen und geistigen Ge= meinschaft der Gläubigen. Erbauet Christus die Kirche, so muß er sie als ein sichtbares Haus auf einen sichtbaren Grund bauen. Dieser aber ist nicht er selbst, da er zur Rechten des Vaters im Himmel sein wird, sondern Petrus. Erbauet Petrus oder ein anderer Apostel die Kirche, so muß er sie auf Christus gründen, anders hörte sie auf, die Kirche Christi, die Gemein= schaft der Gläubigen in Christo zu sein. Er ist der Weinstock, wir sind die Reben, ohne Zusammenhang mit Jesus Christus kein Leben.

„Wenn nun, was feststeht, der Apostel die Kirche auf Christus, Christus die Kirche auf Petrus gründet, so folgt, daß wir in die geistige Gemeinschaft mit Jesus Christus nur durch die sichtbare Gemeinschaft mit Petrus treten, und dieß ist auch die Erklärung des Ausdruckes Fels der Kirche.

„Daß Christus nur zu Petrus sprach: ‚auf diesen Fels werde ich meine Kirche bauen‘, nicht zu allen Aposteln: ‚Ihr seid die Grundsteine meiner Kirche‘, lag im Rathschlusse Gottes, den wir anzubeten, nicht zu be= kritteln haben. Auch die übrigen Eilf sind Grundsteine der Kirche, aber nicht für sich, sondern in ihrer Vereinigung mit Petrus, oder mit andern Worten: Petrus ist das Fundament, die übrigen Apostel die über diesem Fundamente stehenden Grundsäulen.

„b) Und die Pforten der Hölle werden sie nicht bewältigen.

„Bei diesen Worten, die verschieden gedeutet werden, müssen wir, da sie bildlich sind, strenge beim Sprachgebrauche bleiben und sie nicht nach unserer modernen, sondern nach der althebräischen Anschauung erklären.

„Nun liebt der Hebräer 1) den Ausdruck: ‚Thore der Hölle‘ (d. i. der Unterwelt), Thore des Todes, Thore der Finsterniß, und er betrachtet alle drei Ausdrücke als synonym, wie die Stiftshütte „Haus, Zelt, Hütte" genannt wird, und wie wir Grab und Tod neben und für einander setzen. Er spricht aber von Thoren der Hölle, weil er sich die Unterwelt, das Reich des Todes und der Finsterniß, als ein festes Haus, als einen tiefen Kerker vorstellt, aus dem es keine Errettung gibt. Die Thore der Hölle, offen den Eingehenden, sind geschlossen und uneröffenbar den Eingegangenen, vergl. Job 10, 20: Stehe ab von mir, bevor ich gehe, um nicht wieder zu kom= men, in ein Land der Finsterniß. Ebend. 18, 13: Wenn ich hoffe auf die

Hölle, mein Haus, mein Lager in der Finsterniß bette — wo ist meine Hoffnung? Zu den Riegeln der Hölle steigt sie hinab. Jon. 2, 7: Die Erde — ihre Riegel hinter mir (sind geschlossen). Jonas steigt hinab in die Unterwelt, ihre Riegel öffnen, die der Oberwelt (der Erde) schließen sich.

„Ebenso liebt der Hebräer 2) Hölle und Tod zu personificiren, sie sind ihm Mächte und Gewalten. Er sagt: Vor ihm (Gott) zieht der Tod einher (Hab. 3, 5). Verwesung und Tod sprechen: Mit unsern Ohren hörten wir (Job 28, 22). Vier sagen nie: genug! die Hölle, der unfruchtbare Schoos, die Erde und das Feuer (Spr. 30, 16). In dieser Personification hat die Hölle einen Mund (Is. 5, 14) und Hände (Ps. 48, 18); Tod und Hölle haben Bande und Stricke, die sie nach dem Menschen auswerfen (Ps. 17, 6. 115, 3). Besonders beschreibt der Hebräer in dieser bildlichen Weise die unüberwindliche, alles verschlingende Macht der Hölle.

„Wenden wir dieß auf unsere Stelle an, so sehen wir 1) daß Jesus in emphatischer Rede die beiden Bilder vereinigt. Er personificirt die Hölle als Macht (sie bewältiget), und er gibt zugleich an, wodurch sie stark ist, durch ihre Pforten, die sich schließen und nicht mehr öffnen. Lösen wir das schöne Doppelbild in seine zwei Bestandtheile auf, so lautet es: Die Hand der Hölle wird sie (meine Kirche) nicht bewältigen, und die Pforten der Hölle werden sie nicht einschließen. Wir sehen aber auch 2) daß die Hölle nicht den Teufel und seinen Anhang, überhaupt nicht das Böse bezeichnet, sondern die Vergänglichkeit, der Alles unterworfen ist. ‚Hölle' ist durchaus synonym mit Grab und bezeichnet die Unterwelt im allgemeinsten Sinne, als deren Herr und König in der alttestamentlichen Sprache nur der Tod, nie der Teufel erscheint.

„Somit ergibt sich als Sinn und Bedeutung des Bildes: (Auf diesen Felsen werde ich meine Kirche bauen) und sie wird eine ewige Dauer haben, — Grab, Tod, Hölle, denen alles unterliegt, vermögen nichts wider sie.

„Es handelt sich jetzt noch um den Zusammenhang, d. i. um die Bedeutung der Partikel ‚und'.

„Sie wird gewöhnlich im consecutiven Sinne genommen, gleich: also, in Folge; nämlich; in Folge dieses Fundamentes ist die Kirche Christi von ewiger Dauer. Man beruft sich dabei auf das bekannte Gleichniß vom Manne, der sein Haus auf Sand baute, entgegen dem, der es auf Felsengrund baute. Bei jenem stürzte das Haus ein, weil es auf Sand gebaut war u. s. w. Aber dieses Beispiel paßt für unsern Fall nicht, weil wir da einen andern Baumeister haben. Die Kirche ist göttlicher Institution, kein Menschenwerk. Jesus hätte seine Kirche auf Sand bauen können, und sie würde doch ewig dauern, nach dem Grundsatze: Gott hat das Schwache erwählt. In gleicher Weise hätte er sie auf mehrere Fundamente gründen können, und sie würde auch ewig bestehen. Es gilt also hier der Satz: accidens sequitur principale. Nämlich: Die Kirche Christi ist von ewiger Dauer, darum ist es auch Petrus, und er allein, weil Christus auf ihn, nicht auf einen andern, oder auf mehrere zugleich seine Kirche gebaut hat.

„Die Partikel ‚und‘ ist demnach rein copulativ und könnte auch durch das Relativ ersetzt sein: Auf diesen Felsen werde ich meine Kirche bauen, welche die Pforten der Hölle nicht bewältigen werden.

„Hat es Gott gefallen, die Kirche auf den Felsen Petri zu gründen, so ist er von ewiger Dauer, nicht an sich, sondern als Fels und Grund der Kirche. Wegen dieser fundamentalen Einfügung in die Kirche ist der päpstliche Stuhl, die sedes apostolica, von unvergänglichem Bestande, indefectibilis, wie die Schule sagte; daraus aber folgt nicht, daß der Inhaber dieses Stuhles, weil er für seine Person nicht indefectibel ist, sondern das Loos aller Sterblichen theilt, infallibel sein müsse, weil sich beide Begriffe nicht vollkommen decken. Fehlbar und unvergänglich stehen sich nicht contradictorisch (wie schwarz und nicht schwarz) entgegen. Das Unvergängliche schließt so wenig an sich das Fehlbare aus, als Unsterblichkeit die Krankheit. Der Mensch muß wohl einmal sterben, aber nicht jede Krankheit bringt den Tod; Fehler und Krankheit können geheilt werden.

„Ein Beispiel liegt nahe.

„Nach dem ewigen Naturgesetze des Triebes der Selbsterhaltung wirkt in einem lebendigen Wesen alles dahin, einen eingedrungenen Krankheitsstoff wieder auszuscheiden. Diese Thätigkeit concentrirt sich um so mehr auf Einen Punkt, je edler und zum Leben nothwendiger das von der Krankheit inficirte Organ ist. Die tägliche Erfahrung lehrt, daß Krankheiten eine gänzliche Aenderung der Lebensfähigkeiten hervorrufen, die so lange andauert, bis die Genesung oder der Tod eintritt. Setzen wir nun den Fall, der menschliche Leib würde nicht sterben, er wäre indefectibel, so würde diese Eigenschaft nicht nothwendig allen seinen Gliedern und Theilen inhäriren, gewiß aber dem Centralsitze des Lebens, dem Herzen. Würde nun dieß eine Erkrankung des Herzens undenkbar machen? So wenig als im sterblichen Menschen, nur mit dem Unterschiede, daß im sterblichen Menschen nicht jede Erkrankung des Herzens den Tod bringt, im unsterblichen keine den Tod bringen würde, indem alle Kräfte im menschlichen Organismus zusammenwirken und das kranke Herz, ihr Lebenscentrum, wieder heilen würden. Die Anwendung auf das Lebenscentrum im unsterblichen Körper der Kirche ergibt sich von selbst. Das Herz kann kranken, wie jedes andere Glied an diesem Leibe, aber es gibt da keine Herzenskrankheit zum Tode.

II. „Man mag nun zugeben, daß sich aus dem Satze: du bist Petrus, nicht mit logischer Nothwendigkeit auch die Infallibilität ergebe; Jesus sagt aber noch ferner zum Apostel: ‚Und ich werde dir die Schlüssel des Himmelreiches geben, und was du binden wirst auf Erden wird gebunden sein im Himmel, und was du lösen wirst auf Erden wird gelöst sein im Himmel'.

„Wie verhält es sich damit? Wir wollen sehen.

„Auch hier ist die erste Frage nach dem Zusammenhange, weil Jesus mit ‚und‘, der allgemeinsten und unbestimmtesten Partikel, fortführt. Es wird kaum widersprochen werden, wenn wir antworten: Jesus gehe vom Verhältnisse Petri zur Kirche auf sein Amt in der Kirche über, vom Verhältnisse in dem Petrus zum Ganzen steht gehe Jesus über auf dessen Verhältniß zum Einzelnen. Er ist der Grundstein des Hauses, er hat die Schlüssel zum

Hause. Statt Haus sagt aber Jesus Himmelreich, weil, was die Kirche in ihrem Innern enthält, die Einrichtung dieses Hauses, himmlischen Ursprungs ist. Durch ihren Inhalt, durch die in ihr aufgespeicherten himmlischen Schätze wird die Kirche zu einem Himmelreich auf Erden.

„Daß die Schlüssel Symbol der Macht und Gewalt einer Sache seien, darüber gibt es keinen Disput; in der neuen, wie in der alten Welt wird dies mit der Uebergabe oder Annahme von Schlüsseln verbunden. Gott sagt vom Hohepriester Eliakim: ‚Ich lege den Schlüssel Davids auf seine Schulter (Is. 22, 22).‘ Es steht hier Schulter, weil der Schlüssel eine Gewalt bezeichnet, die wie eine Last auf der Schulter liegt. In der Apokalypse des Johannes spricht der Herr Jesus: ‚Ich war todt, und siehe, ich lebe von Ewigkeit zu Ewigkeit und habe die Schlüssel des Todes und der Hölle (1, 18).‘

„Wenn nun aber der Schlüssel die Macht bezeichnet, so doch nicht zugleich die Ausdehnung derselben; zu sagen, der Schlüssel sei das Zeichen unbeschränkter Gewalt an sich, wäre unrichtig, denn die Gewalt über eine Stadt z. B. hat eine andere Ausdehnung, wenn ihre Schlüssel von den Besiegten dem Eroberer, eine andere, wenn sie von den Unterthanen ihrem rechtmäßigen Könige, eine andere, wenn sie vom Könige einem seiner Diener übergeben werden.

„Man betrachtet daher, und mit Recht, die noch folgenden Worte: ‚und was du binden wirst auf Erden u. s. w.‘ als eine nähere Bestimmung der dem Petrus übertragenen Schlüsselgewalt. Was aber diese Worte bedeuten, scheint zweifelhaft. Wiseman[1]) gibt nur zwei Erklärungen zu, die einige Wahrscheinlichkeit (!!) für sich hätten, und die er, um die Wahrscheinlichkeit zu erhöhen, mit einander verbinden will. (!)

„Die einen Erklärer nehmen ‚binden und lösen‘ nach dem rabbinischen Sprachgebrauche kurzweg für: verbieten und erlauben; also sage Jesus: Was du, Petrus, verbieten wirst auf Erden wird auch verboten sein im Himmel (bei und vor Gott) u. s. w; das ist deine Schlüsselgewalt in der Kirche.

„Die andern sagen ‚binden und lösen‘ sei eine bildliche Bezeichnung königlicher Machtvollkommenheit ganz im Allgemeinen. Binden und lösen enthalte Alles, was Petrus kraft seiner apostolischen Machtvollkommenheit, seiner Schlüsselgewalt thue, sei es durch Lehren, Zurechtweisen, Erlassen, Strafen, Gesetzgeben, oder wie es immer heißen möge. Kurz: er dürfe auf Erden in der Kirche thun was er wolle, so sei es genehm vor Gott im Himmel.

Diese letzteren sind in Verlegenheit, für ihre Annahme Belege beizubringen. Sie halten indeß das Wenige was sich finden ließ für hinreichend. Es sind zwei Stellen, auf die sie sich berufen; die erste bei Diodor 1, 27, da, wo er von einer Bildsäule der Isis spricht, welche die Aufschrift hatte: ‚Ich bin Isis, die Königin des ganzen Landes, die von Hermes Erzogene, und was ich binde kann Niemand lösen.‘ Man sehe — sagen sie — daß binden und lösen die königliche, absolute Machtvoll-

---

1) A. a. O. II, 14.

kommenheit bezeichne. Allein Isis, die Demeter der Griechen, ist die Erde (speziell Aegypten), wie Osiris das Wasser (speciell der Nil). Sie, die Erde, bindet und Niemand löst, heißt: sie bindet, die in ihr schlummernden Kräfte und Niemand löst sie, Niemand kann sie hervorrufen, wenn sie nicht will. Binden und lösen haben also hier keinen Bezug auf königliche Prärogative, sondern bezeichnen in schöner, hieratisch = bildlicher Sprache Isis als die Mutter des Lebens und der Fruchtbarkeit im Lande (Aegypten). Deßwegen fehlt auch der Gegensatz: ‚und was ich löse bindet Niemand', weil er nicht mehr paßt. Der Mensch kann durch wilde Zerstörung binden was Isis gelöst hat, wenn auch nicht lösen was sie gebunden hat. Die zweite Stelle wird aus Josephus (bell. jud. I, 5, 2) angeführt. Er spricht vom Einflusse, den sich die Pharisäer über die fromme Alexandra zu verschaffen gewußt hätten, so daß sie ‚die ganze Verwaltung an sich brachten und nach Belieben verbannten und zurückriefen, lösten und banden.' Auch da soll lösen und binden gleich sein mit unumschränkt herrschen. Aber man sieht doch leicht, daß ‚lösen und binden' hier im buchstäblichen Sinne steht, wie das vorausgehende ‚verbannen und zurückrufen', es heißt ‚loslassen und gefangen setzen, einkerkern'. Darin bestand ihre Willkürherrschaft!

Der Schluß für uns ist einfach: Beide Stellen enthalten nicht, was man aus ihnen folgert, also läßt sich diese bildliche Bedeutung von ‚lösen und binden' nicht nachweisen.

Gehen wir auf die erste Annahme zurück. Der Ausdruck ‚lösen und binden' im Sinne von ‚erlauben und verbieten' kommt bei den Rabbinen oft vor. Wir lesen: die Schule des Schammai bindet dieses, die des Hillel löset es. Ist es für dich gelöst, und für mich gebunden? Rabbi Meir löste die Mischung von Oel und Wein, einen Kranken am Sabbate zu heilen u. s. w. Allein ‚lösen und binden' hat in allen Fällen nur die Bedeutung von ‚erlaubt oder verboten erklären'. Der Rabbi bindet oder löst nicht aus eigener Machtvollkommenheit, sondern er erklärt nur durch Folgerungen aus dem Gesetze, ob etwas verboten oder erlaubt sei. Das Bindende oder Freigebende ist nur das Gesetz. Der strenge Schammai sagte nicht: das Gesetz zwar löst, ich aber binde, und der milde Hillel sprach nicht: das Gesetz zwar bindet, ich aber löse. Wenn Jesus in diesem rabbinischen Sinne die Worte ‚lösen und binden' genommen hätte, so würde er gesagt haben: Was im Himmel gebunden ist, wirst du auf Erden binden, und was im Himmel gelöst ist, wirst du auf Erden lösen, d. h. du wirst der oberste und unfehlbare Dollmetsch des göttlichen Gesetzes sein. Andere mögen irren, und binden was im Himmel gelöst ist, und lösen was im Himmel gebunden ist; du wirst es nicht thun. Doch so spricht Jesus nicht. Bleiben wir bei seinen Worten und bleiben wir bei der rabbinischen Bedeutung der Ausdrücke ‚lösen und binden', so würde die Vollmacht, die er auf Petrus übertrug, lauten: Was du auf Erden binden (verbieten) wirst, wird im Himmel gebunden (verboten) sein, wenn es auch nach den ewigen Gesetzen gelöst (erlaubt) ist; und was du auf Erden lösen (erlauben) wirst, wird im Himmel gelöst (erlaubt) sein, wenn es auch nach den ewigen Gesetzen gebunden (verboten) ist. Einen andern Sinn könnten die Verheißungsworte nicht haben; daß sie aber diesen Sinn nicht haben, liegt auf der Hand. Was im Himmel verboten ist, kann der Mensch nicht erlauben; es gibt keine Dispens vom ewigen Gesetz.

„Müssen wir nun etwa gar auf eine wahrhaft befriedigende Erklärung verzichten und uns mit einer annähernden, allgemeinen Andeutung begnügen? Ganz und gar nicht, da Jesus im Ausdrucke Himmelreich einen sichern Anhaltspunct zum richtigen Verständnisse des ‚lösen und binden‘ bietet. Er sagt mit Absicht ‚Himmelreich‘ statt Kirche, weil er zunächst nicht das Aeußere und sichtbare, sondern das Innere und Unsichtbare an der Kirche im Auge hat: die geistigen, himmlischen Schätze und Güter, die er in der Kirche hinterlegt hat. Die Schlüssel zu dieser Schatzkammer, zu den Heilmitteln der Kirche in Sacrament und Segnung übergibt er dem Petrus. Er kann sie binden (einschließen, kerkern), d. i. zurückhalten, unzugänglich machen, und lösen (freigeben), d. i. spenden. Weil diese Schätze nicht irdisch, sondern ihrem Wesen und Ursprunge nach himmlisch und im Himmel hinterlegt sind, und obgleich der Kirche anvertraut, ihren unmittelbaren Zusammenhang mit dem Himmel beibehalten, so müssen sie zugleich im Himmel gelöst oder gebunden werden. Darum steht ganz entsprechend Erde und Himmel einander gegenüber, und wird uns auch klar, warum Jesus ‚binden‘ voranstellte. Denn die Gnadenschätze werden in erster Reihe als offene oder strömende für die welche in der Kirche sind gedacht und in zweiter Reihe als eingeschlossene und gebundene. Wie Petrus die eingeschlossenen lösen, so kann er auch die offenen, Allen zugänglichen binden, einschließen.

„Beide Theile dieser zweiten Verheißung stehen in demselben Wechselverhältnisse, wie die beiden Glieder der ersten Verheißung:

„Petrus ist der Grundstein der Kirche; in Folge dessen ist er indefectibel.

„Petrus hat die Schlüssel des Himmelreiches; in Folge dessen sind die himmlischen Gnadenschätze in seine Hand gelegt.

„Wenn Jesus später die Binde- und Lösegewalt auf alle Apostel überträgt, so gibt er an Ort und Stelle (Matth. 18, 18) selbst an, in welchem Sinne und in welcher Ausdehnung diese Allen gemeinsame Gewalt und Vollmacht zu nehmen sei. Petrus hat die Gewalt zu binden und zu lösen, die übrigen eilf eine Gewalt zu binden und zu lösen. Das erstere liegt in der Uebergabe der Schlüssel. ‚Die Schlüssel eines Hauses oder einer Stadt befinden sich immer nur in der Hand eines Einzigen, wenn auch die andern zu einzelnen Abtheilungen des Hauses die Schlüssel führen‘. [1]

„Gehen wir nun auf unsere Hauptfrage zurück, ob die Lehre von der päpstlichen Unfehlbarkeit etwa in diesen Verheißungsworten enthalten sei, oder sich mit logischer Nothwendigkeit aus ihnen ergebe, so kann die Beantwortung nicht zweifelhaft sein. Sie muß verneinend ausfallen, weil die Schlüssel- oder die Binde- und Lösegewalt das apostolische Lehramt nicht mit einbegreift.

„Ich habe oben das Bild vom Herzen oder Lebenscentrum gebraucht, das kranken, aber nicht zum Tode kranken könne. Man wende dagegen nicht

---

[1] „Döllinger, Christenthum und Kirche. S. 33.“

ein, dies sei auf Petrus unanwendbar, weil er der Fels der Kirche ist; der Fels könne nicht kranken. Allerdings der Fels nicht, weil er gar kein Leben hat; ob aber der lebendige Fels kranken könne oder nicht, mag die Geschichte lehren. Die traurigen Tage der Gegenpäpste können nur als eine Erkrankung des Lebenscentrums der Kirche angesehen werden; wenn nicht, dann müßte man auch die Möglichkeit eines ewigen Schisma einräumen, ohne daß die Kirche ihrer Auflösung entgegenginge. Das Concil von Constanz, das sich die Reform in Haupt und Gliedern zur Hauptaufgabe setzte, ging vom Glauben aus, daß sich im Herzen der Kirche Krankheitsstoffe gesammelt hätten, die geheilt werden m ü ß t e n."

III. „Im Bilde vom Fundamente war, da die Kirche ein lebendiger Organismus, oder nach einem andern Bilde eine Heerde ist, das Hirtenamt des Petrus schon enthalten. Jesus aber sprach sich darüber noch besonders aus, indem er die Heerde, deren Hirte er bisher selbst gewesen, feierlich dem Apostel übergab mit den Worten: Weide meine Lämmer, hüte meine Schafe, weide meine Schafe (Joh. 21, 15 ff.).

„Jesus sagte: ‚weide (nähre, pflege) meine Lämmer‘; denn der Hirte richtet sein vorzügliches Augenmerk auf die zarten, schwachen Lämmer, die er trägt und pflegt und besorgt, daß ihnen die Nahrung nicht entzogen werde. Er sprach: ‚hüte (bewahre, behüte) meine Schafe‘; denn der Hirte muß auf die erwachsenen und starken Schafe Acht haben, daß sie nicht Schaden nehmen, daß sie nicht auf eine schlechte Weide gerathen oder eine Beute reißender Thiere werden. Endlich faßte Jesus beides zusammen, indem er zum dritten Male sprach: weide meine Schafe, übe alle Pflichten des Hirten an meiner Heerde aus.

„Diese Specialisirung der oberhirtlichen Pflichten ist naturgemäß und entspricht ganz der semitischen Anschauung. Es thut aber der Sache gar keinen Eintrag, wenn wir sie auch aufgeben, denn der Hauptnachdruck liegt auf ‚m e i n e‘: meine Schafe, meine Heerde. Zur Heerde Jesu gehören alle Gläubigen, auch die Apostel, die Propheten, die Evangelisten, und welche Aemter sie immer bekleiden mögen. Wenn Jesus kurz vor seiner Himmelfahrt dem Petrus diese Heerde übergibt, so macht er ihn zum Oberhirten und zu seinem Stellvertreter im Hirtenamte, jedoch nicht, ohne ihn an die erste und wesentliche Hirtenpflicht erinnert zu haben: Liebst du mich mehr als diese? Gibt nicht der gute Hirt das Leben für seine Schafe?

„Endlich versicherte Jesus den Petrus noch seines besondern Gebetes, seiner Fürbitte beim Vater, auf daß sein Glaube nicht auslasse, und daß er, wenn er sich von seinem Falle wieder erhoben haben werde, seine Brüder, die Apostel, im Glauben stärke. ‚Simon, Simon‘, sprach der Herr, ‚siehe der Satan hat euch herausverlangt, euch zu sieben wie den Weizen. Ich aber habe gebetet für dich, daß dein Glaube nicht auslasse; und du, wenn du umgekehrt sein wirst, stärke deine Brüder‘ (Luk. 22, 31 f.).

„Was an Petrus hier geschah, ist Anfang dessen, was sich in der Kirche immer fortsetzt und erneuert bis an's Ende der Welt. Wenn das Gebet Jesu Christi den Petrus, ohne die menschliche Schwachheit aufzuheben, im Glauben bewahrt, weil Petrus, als Fundament der Kirche nicht preisgegeben werden darf, so umfaßt es auch die sedes apostolica. Sie wird vom Glauben nicht abfallen, wenn ihn auch die menschliche Schwachheit in ihren Trägern erschüttert. Sie kann in ihnen kranken, es gibt aber für sie keine Krankheit zum Tode, sie muß eine Stätte der Wahrheit, ein weithin sichtbarer, Schutz und Schirm bietender Thurm des Glaubens sein bis an das Ende der Zeiten.

„Ueberblicken wir noch das Ganze, so ergibt sich das Resultat, daß die Lehre von der Unfehlbarkeit weder in den Verheißungsworten Jesu direct enthalten ist, noch aus ihnen mit logischer Nothwendigkeit gefolgert werden muß. Aber dadurch wird sie nicht auch zugleich ausgeschlossen; denn neben der Schrift haben wir noch die Tradition. Wie sie sich zu dieser Lehre verhalte, gehört nicht mehr zu unserer Aufgabe."

57.
Scheill, Joseph,
Regens und Professor der Theologie zu Braunsberg.

P. Mauri de Schenkl Institutiones juris ecclesiastici. Pars prior. Editio decima procurata, emendata et valde adaucta a Josepho Scheill. Landshut, Krüll. 1830.[1])

Schenkl lehrt (S. 42):

„Obwohl die Ausübung der bischöflichen Gewalt gewöhnlich auf die Diöcese des einzelnen Bischofes beschränkt ist, so sagt man doch mit Recht, daß sie zusammen die allgemeine Kirche regieren, welche aus den einzelnen Diöcesen erwächst. Und zwar 1) machen die Bischöfe in ihrer Gesammtheit zusammen mit dem Haupte das Collegium der Vorsteher — die lehrende und regierende Kirche — aus; 2) sie sind in der Entscheidung von Sachen des Glaubens, der Sitten und der Disciplin für die allgemeine Kirche wahrhaft Lehrer, Gesetzgeber und Richter, welche nicht bloß berathendes, sondern entscheidendes Stimmrecht haben; und sie sind 3) auch bei den Entscheidungen über Glaubens- und Sittensachen von Gott mit dem Vorrecht der Unfehlbarkeit ausgestattet"[2]).

---

1) Der Priesflinger Benedictiner Schenkl, zuletzt Professor der Theologie zu Amberg († 1813), ließ dieses Lehrbuch 1790—91 in erster Auflage erscheinen; 1797 erschien die achte. Scheill besorgte 1822 die neunte. Da die oben mitgetheilten Stellen der Hauptsache nach Scheill's Zusätzen entnommen sind, gebe ich sie auch unter seinem Namen.
2) Etsi episcopalis potestatis exercitium ad cujusvis dioecesin vulgo sit restrictum, universi tamen universali, quae ex dioecesibus omnibus coalescit, ecclesiae praeesse cum imperio recte dicuntur. Et 1) episcopi simul sumti una cum primate collegium imperantium (docentem imperantemque ecclesiam) constituunt; 2) veri sunt in rebus fidei, morum et disciplinae in usum universalis ecclesiae determinandis doctores, legisla-

Scheill.

Zu dem letzten Satze bemerkt dann Scheill (S. 43 f.):

„Da die höchste Gewalt in der Kirche dem ganzen Collegium der Bischöfe, nicht dem Haupte allein, zukommt, so folgt, daß auch die Irrthumslosigkeit der Kirche in wesentlichen Sachen der Religion nur der Gesammtheit der Bischöfe zukommt, mag sie als Collegium versammelt sein oder außerconciliar einmüthig in Bezug auf eine Lehre übereinstimmen, ohne daß der Papst von ihnen abweicht — denn wäre ihre Entscheidung dem wahren Glauben zuwider, so würde dadurch die ganze Kirche in Irrthum geführt werden, was nach der Verheißung Christi unmöglich ist; daß sie aber dem Papste, wenn er auch ex cathedra spricht, nicht zugeschrieben werden kann, wenn seine Entscheidung nicht durch die Zustimmung des ganzen Collegium bestätigt wird. Denn so oft in Sachen des Glaubens, der Sitten und der allgemeinen Disciplin vom Papste provisorische Entscheidungen gefällt werden, können auch die übrigen Bischöfe nach der in der Entscheidung allgemeiner Kirchenangelegenheiten und in der Bezeugung der Tradition ihnen zustehenden Autorität ihre Stimme abgeben, obwohl sie zugleich, einzeln, gehalten sind, bei einem solchen päpstlichen Decrete sich zu beruhigen bis eine Erklärung der allgemeinen Kirche erfolgt, wenn es nicht offenbar der kirchlichen Ueberlieferung entgegen ist [1]). Im Falle eines Zwiespaltes aber zwischen dem gesammten Episkopate und dem Papste kann die nothwendige Einheit der Bischöfe mit dem Centrum und dem im Primat bestehenden Fundament der Kirche nicht anders bewahrt, oder wenn sie zerrissen ist, wieder hergestellt werden, als daß man beiderseits zu Frieden und Eintracht zurückkehrt; weil während des Schisma's die geeinigte Wahrheit und die Irrthumslosigkeit, welche der regierenden Kirche, also dem Papste und dem Episkopat in ihrer Uebereinstimmung, verheißen ist, nicht bestehen kann. In solcher Weise wurden die Schwierigkeiten auf den Concilien von Basel und Constanz beigelegt und der gefährdete Friede hergestellt. Man muß sich also stets ohne Wanken an den Grundsatz halten, die Einheit zu wahren,

---

tores ac judices, jus suffragii non consultativi dumtaxat sed decisivi habentes, atque etiam 3) in rebus fidei et morum definiendis infallibilitatis ut vocant privilegio divinitus sunt exornati.

1) Cum suprema in ecclesia potestas toti episcoporum collegio, non soli primati, sit propria, sequitur, inerrantiam quoque in rebus religionis substantialibus universo dumtaxat episcoporum collegio, sive in collegio congregato, sive extra concilium in dogma aliquod unanimiter consentienti, ast non dissentiente papa, convenire, propterea quod ejus definitione, si rectae fidei adversa esset, omnis ecclesia in errorem deduceretur, quod secundum promissionem Christi impossibile est; summo vero pontifici, quamvis ille, ut ajunt, e cathedra loquatur, attribui non posse nisi id quod ab eodem decretum est consensu totius collegii firmetur. Quotiescunque enim decreta in rebus fidei et morum et disciplinae universalis, quae provisoria dicimus, eduntur a summo pontifice, reliquorum episcoporum est, pro ea qua in dijudicandis ecclesiae universalis causis et in contestanda traditione pollent autoritate suum quoque suffragium ferre, quamquam iidem, singuli, decreto istius modi pontificio, donec universalis ecclesiae definitio sequatur, adquiescere tenentur, nisi ecclesiae traditioni illud adversari liqueat.

oder, wenn sie unglücklicherweise zerrissen ist, wieder herbeizuführen; und unter diesem Gesichtspunkte läßt sich auch behaupten: wenn der Papst als Wächter der Kanones in Glaubens = und Sittenfragen mit Zustimmung des ganzen Episkopats e cathedra spreche, so sei er unfehlbar, aber nicht bedingungslos, wie die päpstlichen Kanonisten z. B. Bellarmin, Orsi, Ballerini, Devoti wollen[1]); eine Behauptung der auch Frey (‚Krit. Commentar' II, § 113 ff.) beipflichtet."

Hinsichtlich der bestrittenen Rechte des Primates lehrt Schenkl (S. 393):

„Zu den bestrittenen päpstlichen Rechten pflegen gezählt zu werden 1) das Recht der Unfehlbarkeit in dogmatischen Entscheidungen, 2) das Recht der Erhabenheit des Papstes über die Concilien."

Dazu bemerkt Scheill:

„Es hat Zeiten gegeben wo man an beiden Rechten nicht zweifelte. Aber unser modernes Zeitalter hat diese Rechte verachtet und zur Untergrabung auch der secundären, ja selbst der primitiven Rechte des Papstes (in destructionem jurium etiam secundariorum, et immo primogenitorum pontificis) in die Rumpelkammer kanonistischer Antiquitäten verwiesen. Die Kanonisten der Josephinischen Zeit, wie Rautenstrauch, Riegger u. s. w. suchten diese Rechte aus allen Kräften zu bekämpfen. Unser Schenkl ist auf sie gar nicht eingegangen weder zur Vertheidigung noch zur Bekämpfung. Michl, Sauter und Brendel verwerfen diese Rechte offen. Rechberger setzt [verschiedene Stücke] .... unter die controversen Primatialrechte, ohne der Infallibilität des Papstes ... zu gedenken. Graf de Maistre dagegen hat [sie] ... nachdrücklich und scharfsinnig vertheidigt. Nichtsdestoweniger ist der Streit über die controversen Rechte noch nicht beendet; und deswegen hat Frey die mit so viel Parteileidenschaft behandelte Frage wiederaufgenommen und sie geschichtlich und kritisch zu beleuchten, die Meinungen für und gegen mit den vorgebrachten Gründen abzuwägen gesucht."

---

[1]) ... sub hoc respectu etiam asseri potest, summum pontificem in rebus fidei et morum qua vindicem canonum cum consensu totius episcopatus e cathedra loquentem infallibilem esse, ast non incondionate, ut canonistae pontificii .... contendunt.

58.
Schöpf, Joseph Anton,
Professor der Theologie zu Salzburg.

Handbuch des katholischen Kirchenrechts. II. Bd. Schaffhausen, Hurter. 1855. — 3. Auflage. Ebda. 1864.

Schöpf stellt „die Autorität des Papstes hinsichtlich des kirchlichen Lehramtes" folgendermaßen dar (S. 78 ff.).

„Die Nachfolger des h. Petrus . . . . haben durch Petrus und von demselben die **höchste Lehrgewalt** in der Kirche ererbt, und sind berufen alle ihre Brüder im Glauben zu stärken, die Einheit und Reinheit des Glaubens zu erhalten. An dieser höchsten Lehrautorität des Papstes ist innerhalb der Kirche nie gezweifelt worden. Einzelne Lehrer und Hirten sowie particulare und ökumenische Concilien haben sie einstimmig anerkannt, und haben im Hinblicke auf diese Autorität die römische Kirche als ‚Lehrerin aller Christgläubigen' — universorum Christi fidelium magistra — bezeichnet [1]).

„Nur bei Beantwortung der Frage: ob der Papst, wenn er seine höchste Lehrautorität bethätigt, oder.... ex cathedra spricht, infallibel sei, ob demnach die Lehrautorität des Papstes bloß eine äußerlich obligirende (pro foro externo) oder eine auch für das Gewissen (pro foro interno) absolut verbindliche, daher **infallible** sei, — hat es abweichende Meinungen gegeben [2]).

„Unsere feste Ueberzeugung ist, daß die Lehrautorität des Papstes **infallibel** sei, daß seine Glaubensdecrete nicht bloß äußerlich binden sondern im Gewissen, daß sie demnach die **Ueberzeugung des Katholiken** zu modificiren haben. Denn nimmt man dieses nicht an, so gelangt man nothwendig zur jansenistischen Heuchelei, verliert den festen Haltpunkt im Glauben, und gesteht indirect zu, daß uns Gott in Sachen des Glaubens Gehorsam zur Pflicht gemacht habe gegen Solche welche uns auf Abwege führen können."

---

1) Der Verfasser führt dann die Aussprüche der vierten Lateranischen (oben S. 99, Anm. 4), der zweiten Lyoner (oben S. 71, Anm. 2) und der Florentiner Synode (oben S. 3, Anm. 2) an.

2) „Es muß genau bestimmt werden was es heiße, ex cathedra sprechen." Schöpf verwirft die Bedingung, der Papst müsse sich vorher „mit dem Episkopat (entweder auf einem Concil versammelt oder zerstreut) ins Einvernehmen gesetzt," müsse „wenigstens den römischen Klerus und die benachbarten Bischöfe zu Rathe gezogen" haben. „Als wenn diesen die Infallibilität verheißen worden wäre, und als wenn sich im ersten Falle der Spruch ex cathedra von einem Conciliarbeschluß unterscheiden würde. Der Papst **kann** es thun und thut es auch gewöhnlich, aber er ist dazu nicht streng verpflichtet." „Auch vorherige Ueberlegung, Forschung, Gebet u. s. w. nimmt Schöpf nicht als Bedingung an: der Papst soll und wird es thun, „aber die Infallibilität hängt von dieser Vorbereitung nicht ab." Dann adoptirt der Verfasser Phillips' Erklärung der Definition ex cathedra (oben S. 95).

Auf den Einwurf: „„unter der Voraussetzung der Infallibilität des Papstes ist das Concil bei den Bestimmungen über den Glauben überflüssig", antwortet Schöpf: „Dies kann man, im rechten Sinne verstanden, unbedenklich zugeben, ohne daß dadurch die Würde der Concilien, welche keineswegs absolut nothwendig sind, irgend beeinträchtigt wird."

59.
Scholz, J. Martin Augustin,
Professor der Theologie zu Bonn.

Die heilige Schrift des neuen Testamentes übersetzt, erklärt und ... erläutert. I. Bd. Frankfurt a. M., Varrentrapp. 1829.

Scholz bemerkt zu Matth. 16, 18 (S. 126).

„Insofern der Fels als Bild der Festigkeit steht, legt Jesus in den Namen des Apostels diese besondere Bedeutung, daß er vorzugsweise ein fester, standhafter Bekenner der Wahrheit sei, und er verheißt ihm, daß er sich seiner Person bedienen werde, um die ganze Gesellschaft seiner Bekenner auf eine unerschütterliche Weise fest zu begründen."

Und zu Matth. 16, 19:

„Die Schlüssel stehen hier .... als Symbol der Macht, die man Jemandem anvertraut, wie man mit der Uebergabe der Schlüssel an einen Haushalter diesem die Gewalt über das Haus im umfassendsten Sinne des Wortes überläßt.... Diese Metapher wird näher durch das Folgende erläutert.... ‚Binden' heißt zunächst für verboten erklären, verbieten; ‚lösen' für erlaubt erklären oder erlauben ... Nach der exegetischen Ueberlieferung muß aber in diese beiden Worte insbesondere auch die Bedeutung: Sünden behalten, Sünden erlassen, sowie die: von der Kirche ausschließen und in die Kirche aufnehmen, gelegt werden ... Christus bekleidet demnach den Petrus mit den Worten ‚Was du binden wirst' u. s. w., mit göttlichem Ansehen, mit der höchsten, gesetzgebenden und richterlichen Gewalt.... [Es wird] hier vorzugsweise dem Apostel Petrus das höchste Vorsteheramt übergeben. Es kann auf keinen Fall geläugnet werden, daß hier dem Petrus ein großer Vorzug vor den übrigen Aposteln eingeräumt wird, womit denn auch die ihm ertheilten besondern Aufträge Luk. 22, 32; Joh. 21, 15 ff. übereinstimmen."

Zu Lukas 22, 32 gibt Scholz gar keine Erklärung; aber er übersetzt (S. 336):

„Ich aber habe für dich gebeten, daß dein Vertrauen auf Gott nicht ersterbe. Bekehre du dich einmal und befestige deine Brüder."

60.
Schouppe, Franz Xaver,

Priester der Gesellschaft Jesu, Lector der Theologie zu Löwen.

Elementa theologiae dogmaticae. 3. Auflage. Brüssel, Goemaere. 1865.

Schouppe lehrt zunächst (I, 301), daß „nach göttlichem Rechte bloß die Bischöfe in Glaubenssachen richten," weist die Unfehlbarkeit der mit dem Haupte vereinten zerstreuten Kirche wie des allgemeinen Concil's nach, und stellt enblich (S. 307) den Satz auf:

„Der Papst ist in der Kirche der vorzüglichste Richter über Streitfragen, und wenn er ex cathedra entscheidet, sind seine Glaubensdecrete durchaus unfehlbar und unabänderlich, auch vor der Zustimmung der Kirche[1]).

„Der erste Theil dieses Satzes steht einem Dogma sehr nahe, da er mit dem Dogma vom Primate des Papstes zusammenhängt. Der zweite Theil über die dem Papste unabhängig von der Zustimmung der Kirche eigene Unfehlbarkeit ist für sicher zu halten[2]). Zwar wurde diese Unfehlbarkeit im vierten Artikel der Erklärung des gallicanischen Klerus von 1682 geläugnet; aber die Artikel dieser Erklärung wurden von Innocenz XI. und Alexander VIII. als nichtig verworfen; und als die Synode von Pistoja sie wieder aufgegriffen und angenommen hatte, wurde sie von Pius VI. mit ernsteren Worten zurückgewiesen und verurtheilt."

Zum Beweise des ersten Theiles sagt der Verfasser:

1) Der Papst „ist der Bischof der Bischöfe, ‚an welchen‘, wie die Griechen auf der zweiten Synode von Lyon sagen, ‚Jeder in Sachen die vor den kirchlichen Gerichtshof gehören appelliren, und auf dessen Urtheil man sich in allen Dingen welche kirchlicher Prüfung unterstehen berufen kann‘[3]).
2) Hierüber ist unter Katholiken auch gar keine Meinungsverschiedenheit, da der gallicanische Klerus selbst in seinem vierten Artikel sagt: ‚in Glaubenssachen habe der Papst die vorzüglichste Autorität, und seine Entscheidungen gelten für alle und jede Kirchen‘."

Den zweiten Theil beweist Schouppe zuerst aus den bekannten Bibelstellen und weiterhin aus der Tradition:

---

1) Romanus pontifex est praecipuus controversiarum judex in ecclesia; ejusque, dum ex cathedra definit, dogmatica decreta sunt prorsus infallibilia et irreformabilia, etiam antequam iis accedat ecclesiae consensus.
2) Prima pars propositionis est fidei proxima, utpote connexa cum dogmate de Romani pontificis primatu. Altera pars de infallibilitate ipsi independenter ab ecclesiae consensu propria, pro certa tenenda est.
3) Ad quem [quam, sc. Romanam ecclesiam; unsere Stelle folgt unmittelbar auf die oben S. 71, Anm. 2 angeführte] potest [gravatus] quilibet super negotiis ad ecclesiasticum forum pertinentibus appellare, et in omnibus causis ad examen ecclesiasticum spectantibus ad ipsius potest judicium recurri.

„Sehr viele Väter verstehen die angeführten Stellen der h. Schrif[t] von der Unfehlbarkeit des Papstes; so führt Papst Agatho in seinem .. von der sechsten ökumenischen Synode allgemein gebilligten Briefe Luk. 2[?] in diesem Sinne an. Ebenso der h. Leo[1]). Andere Väter legen den Päpste[n] im Allgemeinen den Vorzug bei, indem sie sagen, man müsse um gläubig z[u] sein, in Allem mit dem römischen Stuhle übereinstimmen. Petrus Chryso[-] logus sagt: Petrus führe auf seinem Stuhle stets den Vorsitz, ‚um de[n] Suchenden die Wahrheit des Glaubens darzubieten'. Dasselbe bezeug[t] Augustinus"[2]).

Zum Schlusse stellt Schouppe noch die Frage:

„Was halten alle Katholiken hinsichtlich der Autorität in eine[m] Glaubensurtheile einstimmig fest, und worüber wurde zeitweilig gestritten[?]

„Alle Katholiken stimmen darin überein, daß dem Papste die Gewal[t] zusteht in Glaubensstreitigkeiten durch eine Entscheidung oder ein dogmatische[s] Decret ex cathedra einen Ausspruch zu thun.

„Gleichfalls stimmen Alle darin überein, daß ein solches Decret, nach[-] dem es von der ganzen Kirche angenommen, eine unfehlbare Glaubens[-] norm ist.

„Es wurde aber gestritten über die Kraft dieses Decretes, insofer[n] man es vor der Annahme durch die Kirche betrachtet; denn der vierte Artikel der gallicanischen Declaration hat behauptet, das Urtheil des Papstes se[i,] wenn nicht die Zustimmung der Kirche ihm beiträte, nicht unabänderlich"[3])

61.
Schulte, Johann Friedrich von,
Professor des Kirchenrechts zu Prag.

Das katholische Kirchenrecht. Gießen, Ferber. 1856—60. — Lehrbuch de[s] katholischen Kirchenrechtes. 2. Auflage. Ebenda. 1868. Recensionen i[m] ‚Theol. Literaturblatt'.

Schulte's größeres ‚Kirchenrecht' enthält in der „Lehre von de[n] Rechtsquellen" über die Gesetzgebung des Papstes in Sachen des Glau[-] bens Folgendes (I, 84):

---

1) Die Stelle oben S. 100, Anm. 1.
2) S. unten bei Schwetz.
3) Quaenam circa auctoritatem Romani pontificis in judicio fidei inte[r] catholicos unanimi consensu tenentur, quid vero aliquando fuit disputatum[?] Omnes catholici consentiunt, Romano pontifici auctoritatem competer[e] in fidei controversiis pronuntiandi per definitionem seu decretum dogmati[cum] cum ex cathedra editum.
Omnes quoque consentiunt hujusmodi decretum, postquam ab univers[a] ecclesia fuerit acceptatum, esse infallibilem fidei normam.
Disputatum autem fuit de hujusce decreti firmitate ante accep[-] tionem ecclesiae considerati; quum articulo IV. declarationis gallicana[e] assertum fuerit, Romani pontificis judicium, nisi ecclesiae consensus acces[-] serit, non esse irreformabile.

„Die Stellung und Aufgabe des Papstes hat zum Gegenstande das ganze Leben der Kirche, nicht bloß eine Seite desselben, die äußere Rechtsordnung. Ihm ist der Primat verliehen, um die Einheit zu erhalten, jede Disharmonie zu verhindern, die Kirche stets auf dem rechten Wege zu erhalten. Als Mittel zu diesem Zwecke steht ihm das oberste Gesetzgebungsrecht zu. Hieraus folgt mit Nothwendigkeit, daß er nicht bloß die Befugniß hat, für die Disciplin Satzungen zu erlassen, sondern auch in Betreff des Glaubens. Aber auch hier stellt sich dieselbe Verschiedenheit ein, welche bei den Concilien vorlag. Glaubenssätze macht die Kirche nicht, sondern sie erklärt nur was Dogma sei. Da solche Erklärungen, so oft Zweifel auftauchen, eine Lehre bestritten wird, über dem Sinn eines Dogma Controversen entstehen, nöthig sind; da es unmöglich ist, daß allgemeine Synoden stets bei solchen Anlässen berufen werden; da aber eine Autorität nach dem Geiste der Kirchenverfassung hier eintreten muß: so folgt, daß dem Papste dieses Recht zustehen muß. Hat er eine solche, Glaubenssachen betreffende Entscheidung erlassen, so ist dieselbe nach dem Charakter seines Gesetzgebungsrechtes ebenso verbindlich als jedes andere Gesetz desselben. Ob sie unfehlbar sei ist eine Frage, welche dem Rechte fremd ist. Ebenso ist es für das Recht unerheblich, wie das Gesetz zu Stande kam. Man pflegt die Aussprüche des Papstes in Glaubenssachen Aussprüche ex cathedra zu nennen, und hat über die Erfordernisse solcher viel gestritten, besonders ob der Papst das Concil oder die einzelnen Bischöfe, oder mindestens einige, namentlich die Nachbarbischöfe, die Cardinäle u. s. w. fragen müsse. Diese Fragen bedürfen für das Recht keiner Erörterung. Nur sei bemerkt, daß die factische Antwort darin liegt, daß wohl keine dogmatische Entscheidung eines Papstes vorgekommen ist, welche ohne einen solchen Beirath erflossen wäre."

Bei der Bestimmung des „Verhältnisses der Bischöfe zur päpstlichen Gesetzgebung" lehrt Schulte (a. a. O. I, 98 ff.) zunächst, daß jeder Bischof derselben unterstehe, daß „päpstliche Erlasse dem Urtheile des einzelnen Bischofes im Allgemeinen nicht unterliegen." Doch habe das seine Grenzen an der dem Bischof obliegenden Pflicht, „für das Wohl der Diöcese bei eigener Verantwortlichkeit Sorge zu tragen." Er habe die localen Verhältnisse ins Auge zu fassen. Diese

„können jedoch nicht auf jede Art von Gesetzen Einfluß haben. Ein solcher ist undenkbar bei dogmatischen Constitutionen. Diese haben zum Gegenstande Dinge welche absolut nicht verschieden in der Kirche angenommen oder behandelt sein können. Weil nun ein päpstlicher Erlaß in Betreff solcher dem Urtheile des einzelnen Bischofs nicht unterliegen kann [1]), so ist deren Publication und Ausführung unbedingt nöthig."

Dazu fügt er die Anmerkung (a. a. O. I, 100):

„Soll die Möglichkeit der Suspension gegeben sein, so muß auch die

---

1) Schulte verweist auf die vorstehend mitgetheilte Stelle.

Möglichkeit des Aenderns vorliegen. Das aber hieße hier die des Irrthums zugeben. So wenig es nun auch ein ausdrückliches Dogma ist, daß der Papst für sich unfehlbar sei, ebenso ist doch sofort ersichtlich, daß die Behauptung oder gar, wie das im vorausgesetzten Falle statthätte, die selbst nur stillschweigende Erklärung der Kirche, daß derselbe in Glaubenssachen irrige Entscheidungen erlassen könne, nach der Natur der Kirche unmöglich ist."

In seiner Darstellung des „Systems des katholischen Kirchenrechts" gibt Schulte dann, nachdem er geschichtlich die Entstehung und Ausbildung des, „mit Unrecht zur Schmach der Bischöfe" so genannten, Episkopalsystems nachgewiesen, die „Stellung des Papstes zur Kirche" mit folgenden Worten an (a. a. O. II, 191):

„Er ist das Haupt der Kirche, berufen zu deren obersten Leitung und Regierung; ihm zur Seite steht die Gesammtheit der Bischöfe als Nachfolger der Apostel, denen in der näher zu entwickelnden Weise in dieser Gesammtheit und einzeln aus göttlicher Anordnung ein Wirkungskreis zugetheilt ist. Aber der Papst ist nicht nur etwa das formelle Haupt, Ausführer der Beschlüsse des Episkopates, nicht bloß berechtigt, provisorisch bis zur Entscheidung des Episkopates Bestimmungen zu treffen, sondern die Nothwendigkeit und Unerläßlichkeit der Einheit, die Gewißheit, daß Christus bei seiner Kirche bleiben will, daß er ihr den h. Geist auf immer gesandt hat, daß die Kirche nicht einem Schwanken und Ungewißsein ausgesetzt sein kann: diese fordern, daß, weil die Berufung des Gesammtepiskopates nicht stets möglich ist, die Kirche aber mit fester Hand regiert werden muß, weil Einer über Alle gleichmäßig wachen muß, um in allen Gliedern und Kreisen die Einheit zu erhalten, bald was die Verhältnisse gebieten anzuordnen, bald von der Strenge des Gesetzes zu entbinden, der Papst für sich und unmittelbar alle zur äußern Herrschaft erforderliche Macht besitzen muß."

Aehnlich heißt es in Schulte's kürzerem ‚Lehrbuch' (S. 193):

„Der Papst hat eine fundamentale Macht nicht bloß für das Gebiet des Rechtes, sondern in gleichem Grade für den Glauben, die Lehre. Denn das Recht ist in der Kirche nicht Zweck, sondern Mittel; die Einheit der Kirche ist auf einem Gebiete nicht möglich ohne Einheit auf den anderen." Zu den Rechten des Papstes wird (S. 196) „die Entscheidung von Zweifeln u. s. w. in Sachen der Lehre" gezählt.

Anders hat Schulte sich ausgesprochen in seiner Beurtheilung der Maret'schen Schrift ‚das allgemeine Concilium' im Bonner ‚Theolog. Literaturblatt.' Er schreibt (1870, Sp. 57):

„Da feststeht: 1) daß wiederholt Päpste wegen Häresie — ob mit Recht oder Unrecht ist gleichgültig, weil es hier auf den Glauben der Kirche ankommt, ob der Papst unfehlbar sei — von allgemeinen Concilien condemnirt sind, und Päpste dies anerkannt haben, — 2) daß Päpste abgesetzt worden sind, und die Kirche durch die allgemeine Anerkennung der an Stelle der abgesetzten von Synoden gewählten die Absetzung anerkannt hat, — 3) daß päpstliche, Glaubenssachen betreffende Entscheidungen der freien Beurtheilung der allgemeinen Concilien unterworfen, verworfen und von den Päpsten selbst zurückgenommen worden sind, — 4) daß von jeher allgemeine Ansicht war, der Papst könne in bestimmten Fällen gerichtet und selbst verurtheilt werden: so darf man gewiß annehmen, daß die Kirche nicht von Anfang an den Glauben gehabt hat, der Papst sei allein unfehlbar, und daß die Unfehlbarkeit nur in die Kirche als christliche Gemeinschaft gelegt wurde, mochte der Glaube der Kirche auf einem allgemeinen Concil ausgesprochen, oder bekundet werden durch die Zustimmung der Kirche zu päpstlichen Entscheidungen oder durch die Zustimmung von Papst und Episkopat zu den Entscheidungen particulärer Synoden.

„Bei solcher Sachlage kann man die feste Hoffnung hegen, weder das Concil noch die Majorität der Bischöfe werde die befürchtete Dogmatisirung vornehmen. Die Infallibilität ist unzweifelhaft eine über Menschliches hinausgehende Qualität. Eine solche kann nur durch einen göttlichen Act gegeben werden, da doch im Ernste Niemand behaupten wird, daß menschliche Mittel, Befragung, Vorsicht u. s. w., Uebernatürliches schaffen könnten. Soll nun der Papst als solcher infallibel sein, so muß, da eine physische Person den Primat hat, diese unfehlbar gemacht worden sein durch einen besondern göttlichen Act. Da nun der Papst keine andere Weihe erhält als jeder Bischof, diese folglich ihn um so weniger infallibel macht als der Ertheiler es nicht ist und doch sein müßte; da der Papst nicht Papst wird durch besondere Weihe, sondern nur, weil er, den erledigten römischen Bischofssitz auf legitime Art einnehmend, Nachfolger Petri wird: so müßte die Infallibilität auf ausdrücklicher Erklärung Christi ruhen. Die bloße Anerkennung der Kirche könnte dem Papste die Infallibilität eben so wenig geben, als eine solche den Primat als göttliche oder fundamentale Institution schaffen könnte.... Geht man nun aber gar so weit, die Infallibilität etwa durch bestimmte Formeln zur persönlichen zu machen, so schafft man zuletzt in der Theorie eine bureaukratische Institution daraus. Man kommt dann soweit, wie es bekanntlich von Einzelnen geschehen ist, ein im diplomatischen Wege veröffentlichtes Actenstück... für eine dogmatische Entscheidung zu erklären.

62.

Schwane, Joseph,

Professor der Theologie zu Münster.

Dogmengeschichte der patristischen Zeit. Münster, Theissing. 1866—69.

Bei seiner Darstellung des unfehlbaren Lehramtes der Kirche nach der Lehre der Väter bemerkt Schwane (S. 909 f.):

„Fragten sich nun die Väter genauer, wo sie die unfehlbare Lehre der Kirche finden könnten, so gingen sie... von dem Grundsatze aus, daß das was die Kirche in ihrer Gesammtheit als ecclesia universalis zu glauben vorstelle auch als Offenbarungslehre festzuhalten sei. Demnach nahmen sie die Unfehlbarkeit zunächst für alle jene Punkte der Glaubens- und Sittenlehre an, worüber sich die Träger des kirchlichen Lehramts einstimmig mit Gewißheit aussprachen. Daß hier kein Irrthum möglich sei folgte aus der ausdrücklichen Verheißung des Herrn bei Joh. 16, 13 . . ., folgte auch aus dem Bewußtsein der Apostel . . ., folgte auch aus der Idee, welche die Kirche als der fortlebende Christus in sich verwirklichen mußte. Die Unfehlbarkeit besitzt somit die Kirche ununterbrochen in ihrem allgemeinen Lehramt, welches vom h. Geiste niemals verlassen wird. In außerordentlicher und feierlicher Weise spricht sich dieses allgemeine Lehramt in Verbindung mit dem Oberhaupt der Kirche auf allgemeinen Concilien aus . . . Dennoch war man in der Kirche über das Ansehen eines allgemeinen Concil's, namentlich über die Requisite zu demselben, nicht sogleich in Allem klar und entschieden."

Bei der Darstellung des Primats nach dem h. Augustin heißt es (S. 875 ff.):

„Nicht bloß für die apostolische Urkirche erkannte Augustin den Principat des Petrus an; derselbe hat sich auf dessen Nachfolger, die römischen Bischöfe, vererbt, deren Stuhl vor allen der apostolische genannt wird. Daher liegt es ihnen ob, für die Reinerhaltung des Glaubens in der ganzen Kirche Sorge zu tragen, die Häretiker als solche zu bezeichnen und von der Kirchengemeinschaft auszuschließen . . .

„Man hat aber gegnerischerseits darauf hingewiesen, Augustin habe vielfach den h. Cyprian in seinem Streite mit dem Papste Stephan damit entschuldigt, daß ein allgemeines Concil sich damals über die Gültigkeit der Ketzertaufe noch nicht ausgesprochen habe. Er thut dies in der That in der Schrift über die Taufe. Ja er fügt hinzu, daß er selbst, wenn er zu den Zeiten Cyprian's gelebt, wohl ebenso geurtheilt und aus der Idee von der einen alleinseligmachenden Kirche dieselbe Consequenz gezogen haben würde; daß er auch jetzt noch nicht die Gültigkeit der Ketzertaufe mit voller Gewißheit behaupten würde, wenn ihn nicht die Autorität der ganzen katholischen Kirche darin bestärkt. Darin scheint zu liegen, daß Augustin die Entscheidung des h. Stephan, was das Ansehen und die Autorität derselben betrifft, nicht sehr hoch angeschlagen habe. Allein hier ist wohl zu berücksichtigen, daß er den Donatisten gegenüber den h. Cyprian in etwa zu entschuldigen sucht und sie gerne auf denselben Standpunkt mit diesem Heiligen erheben möchte. Er setzt voraus, daß sowohl Stephan als Cyprian ihren Streitpunkt damals bloß für eine disciplinäre Angelegenheit gehalten hätten . . .

„Andererseits hat der h. Augustin bei seiner Erklärung auch die Bekehrung der Donatisten im Auge und läßt sich auf ihren Standpunkt herab. Denn diese hatten als Schismatiker von dem Ansehen des römischen Bischofs nicht die Vorstellung, daß sie sich dessen Entscheidungen unterwerfen müßten; wohl aber imponirte ihnen die übereinstimmende Erklärung der Bischöfe des Erdkreises, weil sie darin trotz ihres schismatischen Bestrebens einen Beweis für den apostolischen Ursprung der betreffenden Lehre oder Sitte anerkennen mußten....

„Die Frage nach der persönlichen Unfehlbarkeit des Oberhauptes der Kirche in Sachen des Glaubens und der Sitten, sowie nach dem Verhältnisse eines päpstlichen Ausspruchs zu dem eines allgemeinen Concil's hat sich also der h. Augustin in der besprochenen Verbindung gar nicht ausdrücklich vorgelegt. Er geht von solchen Grundsätzen aus, die sich unmittelbar aus dem Offenbarungscharakter der christlichen Wahrheit und aus der göttlichen Leitung der Kirche ergeben, von Grundsätzen, die auch von den Häretikern und Schismatikern angenommen wurden. Die christliche Wahrheit ist ihm eine von Christo dem Herrn und den Aposteln mit göttlichem und unfehlbarem Ansehen verkündete, weshalb ihm die kanonischen hh. Schriften oben an stehen.

„In solchen Sachen welche die hh. Schriften nicht ausdrücklich entscheiden kommt es zunächst auf die Tradition der apostolischen Kirchen, ganz besonders der römischen an; denn das was die Apostel gelehrt und angeordnet muß als die höchste Norm von Allen festgehalten werden. Um diese Traditionen in ihrer Uebereinstimmung zu constatiren, in welchem Falle sie ein Beweismittel für den apostolischen Ursprung abgeben, ist nichts geeigneter als ein allgemeines Concil. Handelt es sich jedoch um Consequenzen aus dem Dogma und um Aufstellung von Disciplinargesetzen, so bedarf es nach Umständen allseitiger Erörterungen und wiederholter Verhandlungen, deren Resultate wiederum auf allgemeinen Concilien am besten gegen einander abgewogen und für die ganze Kirche zur Geltung gebracht werden können. Ob dann die aus diesen Resultaten hervorgehenden Decrete allgemeiner Synoden als durch den h. Geist sanctionirte anzusehen seien, war wiederum eine Frage echt dogmengeschichtlicher Natur, indem man in der Kirche erst allmälig ein ganz sicheres und genaues Urtheil über den irreformabelen Charakter der Decrete allgemeiner Synoden und über die Zahl dieser gewann. Zu den Zeiten Augustin's hat sich selbst in dieser Hinsicht noch nicht ein ganz entschiedenes Urtheil gebildet, wie weit die Leitung des h. Geistes sich hier erstrecke, und in wie weit die Decrete solcher Synoden irreformabel seien. Die Kirche im ganzen und großen als der einheitliche Leib des Herrn war ihm unfehlbar; aber die Factoren hier genau auseinanderzuhalten und anatomisch zu zerlegen, hat Augustin noch nicht unternommen. Als aber später der Pelagianer Julian eine kirchliche Entscheidung nicht eher als eine bindende ansehen wollte, bis die ganze Kirche, auch die orientalische, gesprochen: da meint Augustin, daß das übereinstimmende Urtheil der occidentalischen Bischöfe und das des Oberhauptes der ganzen Kirche genüge: ‚Ich glaube, daß jener Theil des Erdkreises hinreiche, in welchem der Herr den e r s t e n unter den Aposteln durch ein glorreiches Martyrium krönen wollte'. Das Ansehen dogmatischer Decrete des Oberhauptes der Kirche im Vergleich mit dem der Beschlüsse von allgemeinen Synoden haarscharf abzuwägen, konnte Augustin um so weniger als seine Aufgabe betrachten, als die Aufstellung der wichtigsten Glaubensdecrete bis dahin eben nur von den Concilien ausgeführt worden war. In dieser Hinsicht mußte also wiederum die Geschichte der Lehre und Lehrbestimmung voraneilen; d. h. erst mußten die Päpste thatsächlich und mit Erfolg auf diesem Gebiete vorgegangen und Entscheidendes geleistet haben, ehe jene Frage zur Erörterung kommen, und ihre Beantwortung eine Rechtfertigung und Begründung finden konnte. Indirect hat der h. Augustin allerdings auch auf die Zuspitzung dieser Frage hingearbeitet. Denn die Apostolicität ist nach ihm eine nothwendige Eigenschaft der einen wahren Kirche. Jeder Einzelne muß, um Bürger des Himmels zu werden, als ein Glied am mystischen Leibe Christi sich einfügen lassen, und der Angehörige einer solchen Gemeinde sein die entweder selbst apostolischen Ursprungs ist und von den Aposteln ihre Lehre und ihren Bischof erhalten hat, oder doch mit einer apostolischen Kirche in Gemeinschaft steht, dorther ihren Glauben und ihre Sacramente erhalten hat. Nun ist es merkwürdig, daß die Väter welche den Nachweis der Apostolicität der Kirche geben wollen, sich damit begnügen, die Reihe der Bischöfe in der römischen auf die Apostel zurückzuführen, und dabei bemerken, daß alle Kirchen welche mit dieser römischen in Gemeinschaft stehen dadurch schon an dem Charakter der Apostolicität participiren. Dieses hat aber nur dann seine Richtigkeit, wenn in der römischen Kirche die apostolische Tradition nie getrübt, und die Nachfolge rechtmäßiger Bischöfe nie ist unterbrochen worden. Der Bischof von Rom bildet bei dieser Voraussetzung den Alles beherrschenden Mittelpunkt, und muß eine höchste Primitialgewalt besitzen, wenn die Apostolicität der Kirche bewahrt werden soll."

Schwane's ausführliche Behandlung der Honoriusfrage [1]) läßt zugleich seine eigene Stellung zu unserer Frage klarer erkennen. Er schreibt zunächst über die Briefe des Papstes (S. 489 ff.):

„Der verfängliche Brief [des Sergius] hatte die erwartete Wirkung. Honorius . . . ging in die ihm gestellte Falle. Den Streitpunkt und die Tragweite desselben hat er nicht durchschaut, dem Auftreten des Sophronius seine Anerkennung nicht ausdrücklich gezollt, dem verschlagenen Häretiker Sergius, der seine Irrlehre zu bemänteln wußte, zu seinem Briefe wenigstens seine Zustimmung gegeben, und so scheinbar auch dessen versteckte Lehren gebilligt und der Häresie Vorschub geleistet.

„Erwägt man den Sinn der Worte [des päpstlichen Schreibens], so ergibt sich, daß Honorius in der Lehre und im Glauben mit Sergius über die Eine Energie gar nicht in Uebereinstimmung ist. Er entwickelt durchaus

---

1) Auch dem Liberius hat er eine eingehende Untersuchung gewidmet (S. 857 bis 67), wonach die Unterschrift einer sirmischen Formel durch Liberius sehr zweifelhaft ist, wenngleich „eine Verständigung desselben mit dem Kaiser und den semiarianischen Bischöfen" festzuhalten ist, er „von einer ähnlichen Ansicht wie Hilarius über die glückliche Wendung der Dinge auf der Synode zu Ancyra getragen, mit den Bischöfen dieser Richtung, wozu sich damals freilich auch Ursacius und Valens bekannt hatten, Kirchengemeinschaft geschlossen und sich mit ihnen auf Grund der Beschlüsse von Antiochien (269 wie 341) und Sirmium (351) in etwa verständigt zu haben scheint. — Papst Vigilius „offenbarte im Dreikapitelstreite eine große Wankelmüthigkeit, die aber doch ein Hin- und Herschwanken in Glaubenssachen nicht in sich schloß."

richtig die Lehre von den beiden Naturen in Christo wie auch die Wahrheit von zwei Wirkungsweisen der beiden zu Einer Person verbundenen Naturen. Im Anschluß hieran betont er wieder auch die Unversehrtheit der Eigenthümlichkeiten beider Naturen in der Einen Hypostase und beruft sich für die geheimnißvolle Union derselben auf I. Kor. 2, 8 . . .

„Nun folgt aber das Auffallendste. Aus dem Gesagten zieht Honorius einen Schluß, der dem Wortlaute nach mit dem häretischen Satze des Sergius identisch zu sein scheint. ‚Deshalb bekennen wir auch Einen Willen unsers Herrn Jesu Christi, weil ja offenbar nicht die Schuld, sondern unsere Natur von der Gottheit angenommen wurde, und zwar die unverdorbene, wie sie vor der Sünde war‘ . . . Zum Schlusse kommt Honorius noch einmal auf die Streitfrage über Eine oder zwei Energien in Christo zurück, spricht sich nun, wie Sergius, für das Fallenlassen der einen wie der andern Ausdrucksweise aus . . . Augenscheinlich kommt er hier in Widerspruch mit dem . . . Anfang seines Briefes und gibt sich durch diesen Widerspruch . . . wenigstens den Anschein, als stelle er nicht bloß den Ausdruck sondern auch die Lehre von den zwei Energien in Frage. Als Ausweg schlägt er vor, statt einer **einzigen** oder **zweifachen** Wirkungsweise eine **vielfache** je nach der Mannigfaltigkeit der Werke Christi anzunehmen und an der Einheit des Wirkenden und Wollenden in Christo bei der Zweiheit der Naturen festzuhalten.

„Ueberblickt man das Ganze des eben mitgetheilten Briefes in seinem Verhältniß zu der damaligen Lage der Dinge, so kann man nicht umhin, den Honorius eines großen Fehlgriffs zu beschuldigen. Er hatte

„1. weder über die Bedeutung des Streitpunkts noch auch über die betreffenden Personen die richtige Einsicht gewonnen. Er stellt sich dem Sophronius gegenüber auf die Seite des verschlagenen Sergius, der sich den Anschein gibt, durch das Schweigen über bestimmte dogmatische Formeln den von allen so sehr gewünschten Kirchenfrieden bewerkstelligt zu haben. Dadurch konnte bei vielen leicht eine gefährliche Täuschung hervorgerufen werden, indem nunmehr der muthige Kämpe für die Orthodoxie, der h. Sophronius, . . . sogar als ein Störenfried erschien, der die Billigung des Oberhaupts der Kirche nicht gefunden habe.

„2. Honorius ließ sich auch in anderer Weise fangen und machte die monotheletische Ausdrucksweise von dem **einen** Willen in Christo zu der seinigen, nichts ahnend von der Gefährlichkeit dieser Formel, wodurch von den Monotheleten die Integrität der menschlichen Natur vernichtet wurde. In welchem Sinne gebrauchte aber Honorius diesen Ausdruck? Darüber sind die Stimmen nicht einig. Einige stellen ihn den übrigen Monotheleten gleich und deuten seinen Ausdruck so, als habe er den Willen im Sinne der Monotheleten für eine Sache der Person und nicht der Natur angesehen und deshalb die Einheit des Willens, nämlich des göttlichen in Christo, betont, so daß der menschliche Wille von dem göttlichen absorbirt worden oder gar nicht vorhanden gewesen sei. Freilich hatte Sergius diese Lehre auch in seinem Schreiben an Honorius auf eine versteckte Weise vorgetragen. Er erklärt sich gegen die Annahme von zwei Energien, weil man damit auch zwei und zwar zwei sich gegenseitig widersprechende Willen in der Person Christi supponiren müsse. Dies sei mit der Einheit der Person und des Subjects unverträglich. Vielmehr müsse man die menschliche Natur ganz und gar von dem göttlichen Logos beherrscht und bewegt sein lassen, wie der Leib von der Seele in uns bewegt werde. Freilich hat Honorius diesen Gedankengang des Sergius nicht ausdrücklich bekämpft; allein er ist auch nicht auf denselben eingegangen, sondern nur auf seine Ausdrucksweise. Honorius sagt wohl, daß es **einen** Wollenden und **einen** Wirkenden in Christo gebe, und er konnte so in Uebereinstimmung mit den Vätern und dem Dogma der Kirche reden; aber er bekennt sich nirgends zu dem Grundsatz, daß der Wille **nur** Sache der Person, nicht der Natur und deshalb in Christo nur in der Einheit sei, obwohl er in einem gewissen Sinne ... den Willen der Person beilegen konnte. Ebensowenig folgt er dem Sergius in der Vorstellung, daß die menschliche Natur in derselben Weise vom Logos bewegt worden sei, wie in uns der materielle Leib von der Seele bewegt wird. Honorius stimmt dem Sergius darin bei, daß in der einen Person des Herrn nicht zwei sich widerstrebende Willen hätten sein können; aber er folgt ihm nicht in der Behauptung, daß zwei widerstrebende Willen und zwei Wirkungsweisen in Christo, eine göttliche und menschliche, sich gegenseitig bedingten. Im Gegentheil hält er an dem eigenthümlichen Wirken der menschlichen Natur fest, und bemerkt, daß das Wollen derselben nicht nothwendig ein dem göttlichen widerstrebendes sei. Christus habe ja nicht die gefallene, sondern die gesunde menschliche Natur angenommen, und von dieser gelte das Wort des Apostels, daß das Gesetz der Glieder des Leibes dem Gesetze des Geistes widerspreche, n i ch t.

Nach näherer Prüfung des Einzelnen kommt Schwane zu dem Schlusse, der Sinn der Antwort des Honorius sei (S. 498 ff.):

„Wir nehmen wohl zwei Naturen mit allen ihnen zukommenden Eigenthümlichkeiten und zwei Wirkungsweisen in Christo an, also auch zwei physische Willen, aber darum nicht zwei entgegengesetzte Willen, sondern eine moralische Einheit und Uebereinstimmung beider, des göttlichen nämlich und des menschlichen, weil ja die böse Begierlichkeit und der dem Geiste widerstrebende Wille des Fleisches .... vom Logos nicht angenommen ist .... Freilich war sein Ausdruck insofern tadelnswerth, weil er den Irrthum des Sergius nicht zurückwies, der bei der Einheit des Willens an eine physische Einheit desselben in Christo dachte. Das bemerkte Honorius nicht, und eben weil er diese häretische Auffassung nicht ausdrücklich zurückwies, ja im Ausdruck sogar mit den Häretikern übereinstimmte, hat er in später Zeit nicht unverdient eine strenge Censur erfahren müssen .... An eine physische Einheit beider Willen in Christus hat Honorius bei seinem Ausdruck nicht gedacht; nicht der menschliche Wille ist nach ihm in den göttlichen absorbirt worden, sondern nur der Wille des Fleisches oder der verdorbenen Natur war aufgehoben.

„3. Auch insofern hat Honorius ... Tadel ... verdient, weil er über die Einheit oder Zweiheit der **Wirkungsweisen** in Christo ebenso ungenau sich ausdrückte als über den Willen. Sergius hatte früher den Ausdruck von **einer** Energie befürwortet, aber in dem Briefe an Honorius scheinbar insofern davon Abstand genommen, als er die eine wie die andere Ausdrucksweise für eine der h. Schrift fremde und den Frieden gefährdende erklärte. Honorius geht auch in diesem Punkte theilweise auf die Ansichten des Sergius ein, indem auch er um des lieben Friedens willen die Ausdrücke ‚**eine**‘ oder ‚**zwei** Energien‘ vermieden haben will. Er ahnt nicht die bei Sergius im Hintergrund liegende häretische Ansicht, übersieht den Zusammenhang der Frage mit dem Dyophysitismus, nimmt das Wort ‚Energie‘ nicht in dem Sinne von Wirkungsweise, sondern denkt dabei an die Werke, worin die Person sich in mannigfaltiger Weise offenbaren kann. Er meinte deshalb dem Streite damit am besten ausweichen zu können, daß man eine mannigfaltige Energie in Christo annehme. Freilich entfernte er sich dadurch nicht von der kirchlichen Ausdrucksweise ... Indessen Sergius legte dem Worte den andern Sinn unter, und eben dies wurde von Honorius übersehen.

„In einem zweiten Briefe an Sergius ... bleibt Honorius ebenfalls noch bei seiner Ansicht stehen, daß es am besten sei, die streitigen Ausdrücke zu vermeiden, drückt sich aber zugleich so aus, daß er keinen Zweifel an der Orthodoxie seiner Lehre über die Wirkungsweise jeder einzelnen Natur in Christo übrig läßt.

„Aus all dem geht hervor, daß Honorius weder ein formeller Häretiker war oder mit Wissen von der Lehre der Kirche abwich, noch auch materialiter einem Irrthum in Glaubenssachen huldigte. Er kann den vorliegenden Briefen gemäß nicht mit den Häuptern der Monotheleten in eine Reihe gestellt werden. Zwar hat er gefehlt durch seinen Brief, indem er die Streitfrage nicht zu beurtheilen verstand, in den Zusammenhang derselben mit dem Incarnationsdogma keine Einsicht gewonnen hatte, sich im Ausdruck an den Häretiker Sergius anlehnte, und dadurch gegen seine Absicht dem Monotheletismus im Orient Vorschub leistete... [Im Verlaufe] stellte es sich um so deutlicher heraus, daß Honorius mit seinem Antwortschreiben höchst unvorsichtig gehandelt und ohne allseitige Orientirung in den verwickelten Streitpunkten zu einer Entscheidung sich hatte verleiten lassen — einer Entscheidung, die wegen ihrer innigen Beziehung zur Unfehlbarkeit des Papstes bis in die neuesten Zeiten hinein von den Historikern auf das verschiedenartigste gedeutet und benutzt worden ist.

Schwane berichtet dann, daß die sechste Allgemeine Synode in der 13. Sitzung über Honorius das Anathem sprach, weil sie in seinem Briefe an Sergius fand, „daß er in Allem dessen Ansicht folgte, und seine gottlosen Lehren bestätigte" [1]. Er bemerkt weiter (S. 524 f.):

„Wenn nun im Verlaufe der folgenden Sitzungen das Anathem über Honorius wiederholt ausgesprochen ist, und zwar unter einfacher Erwähnung

---

[1] ... κατὰ πάντα τῇ ἐκείνου γνώμῃ ἐξακολουθήσαντα καὶ τὰ αὐτοῦ ἀσεβῆ κυρώσαντα δόγματα.

seines Namens in der Reihe der übrigen Häretiker, so haben wir dieses doch nur im angegebenen Sinne zu verstehen. Das Concil wollte ihn nicht wie die übrigen für einen formellen Häretiker erklären, sondern nur für einen solchen der sich dem Wortlaut seiner Briefe nach den Irrlehren des Sergius angeschlossen und so in verführerischer Weise, wenn auch gegen seine Absicht, dieselben bestätigt habe."

„Zudem haben die Beschlüsse der Concilien . . . doch nur insofern eine unfehlbare Autorität, als sie vom Oberhaupte der Kirche ausdrücklich genehmigt worden sind. Um eine solche Genehmigung kamen auch die Väter des sechsten allgemeinen Concil's in Rom ein . . . Leo II. . . . approbirte die Beschlüsse . ., anathematesirte auch . . . die Urheber der neuen Irrlehre . . ., auch den Honorius ,welcher diesen apostolischen Stuhl nicht durch die Lehre der apostolischen Tradition erleuchtete, sondern durch profane Nachlässigkeit zugab, daß der unbefleckte Glaube befleckt wurde'[2]) . . . Papst Leo hat also dem Anathem über Honorius den Sinn gegeben . . . welchen es nach dem Inhalt seiner Briefe einzig und allein haben konnte: daß er der Gesinnung nach im Glauben nicht geirrt, aber durch Nachlässigkeit, durch Connivenz oder Zustimmung im Ausdruck, durch unrichtige Beurtheilung der Verhältnisse, durch übermäßige Furcht vor Zwistigkeiten dem Glauben geschadet und dem Irrthum Vorschub geleistet habe. Honorius war, wie der Kaiser in dem Bestätigungsdecrete der Synode schreibt, als ein Befestiger der Häresie, und als einer der sich selbst widersprochen verurtheilt worden."

Endlich erörtert Schwane auch die „dogmatische Bedeutung des Falles" (S. 889):

„Der Papst war von Sergius wenigstens als Schiedsrichter in einem Streit zwischen Sophronius und Cyrus von Alexandrien angegangen worden. Er betrachtete aber denselben nicht als einen dogmatischen, und hat daher auch in diesem Sinne keine Entscheidung ex cathedra gegeben, weil dazu gehört, daß sie Allen als Glaubensobject vorgehalten werde. Dennoch war freilich sein Urtheil ein irriges, und seine Ausdrucksweise eine derartige, daß sie von den Häretikern als ein Zeugniß für den Irrthum angerufen werden konnte. Deshalb hat das sechste allgemeine Concil ihn als einen Beschützer der Häresie anathematisirt, und die nachfolgenden Päpste haben das betreffende Decret in diesem Sinne genehmigt. Das Dogma über die höchste Lehrautorität des Papstes mußte sich also in späterer Zeit mit diesem historischen Factum verständigen, und die Glaubensüberzeugung des siebenten Jahrhunderts berücksichtigen. Von dieser kann nun nicht behauptet werden, daß sie dem Papste für seine Person und unabhängig von der ganzen Kirche Unfehlbarkeit auch in disciplinären Angelegenheiten oder bei Beurtheilung von solchen Thatsachen zuerkannte die mit den Fragen des Glaubens und der

---

[1]) . . . qui hanc apostolicam sedem non apostolicae traditionis doctrina lustravit sed profana proditione immaculatam fidem subvertere conatus est (nach dem Griechischen subverti permisit). Schwane führt dann die übrigen Aussprüche Leo's in seinen Briefen an König und Bischöfe von Spanien, sowie den liber diurnus an.

Sitten nicht in nächster Beziehung stehen. In diesen Punkten prädicirt aber auch jetzt weder die Kirche noch der Papst selbst Unfehlbarkeit von sich . . . . Allein andere Entscheidungen, welche Glaubens- und Sittenfragen betreffen und als allgemein verpflichtende ausdrücklich ausgegeben werden (also eigentliche Aussprüche ex cathedra), sind doch immer anders beurtheilt worden. Rücksichtlich dieser haben die Päpste eben so sehr als allgemeine Concilien unstreitig die Pflicht, die hh. Schriften und die mündlichen Traditionen der Kirche zu Rathe zu ziehen, weil sie nur als Bestandtheil der geoffenbarten Glaubens- und Sittenlehre (als objectum fidei divinae et catholicae) erklären können, was in jenen beiden Quellen vorliegt. Honorius hat es bei seiner Entscheidung freilich hieran fehlen lassen, obwohl es nicht seine Absicht war, über den Glauben eine Erklärung zu geben. Ob man aber diese Zurathziehung oder Erforschung der apostolischen Tradition, namentlich der römischen Kirche, zugleich zum Kriterium machen könne für die Aussprüche, welche die Päpste selbst als allgemein verpflichtende bezeichnen und Aussprüche ex cathedra sind, ist damit noch nicht gesagt. Zwar steht jedem eine Prüfung über die Uebereinstimmung derartiger Aussprüche mit den Lehren der h. Schrift und der Tradition zu; dieselbe ist nicht einmal bei den Decreten allgemeiner Concilien unzulässig. Die Kirche geht vielmehr selbst immer nur nach einer solchen eingehenden Prüfung und Erforschung der Glaubensquellen an die Aufstellung der Glaubensdecrete. Allein jene Untersuchung darf nicht vom Unglauben und positiven Zweifel ausgehen; sie darf nur mit dem methodischen Zweifel verbunden sein, der den Glauben nicht negirt, sondern befestigen will. In diesem letzteren Sinne ist die Prüfung unter Umständen sogar pflichtmäßig, wenn es sich darum handelt, den Glauben zu einem begründeten zu machen; in jedem Falle ist sie zulässig selbst mit Rücksicht auf die Glaubensprincipien, wie auf die Unfehlbarkeit der Kirche und die des Oberhauptes derselben. Auch das sechste allgemeine Concil (680) hat eine Prüfung jenes Schreibens des Honorius vorgenommen und ihn nicht als Häretiker, aber wohl als einen Beschützer der Häresie verurtheilt, weil er keine Glaubensdefinition gegeben, sondern nur unvorsichtiger Weise Ausdrücke für indifferent erklärt hatte, unter denen sich die Häresie verbarg. Das Anathem des sechsten allgemeinen Concil's schließt somit noch keine Verwerfung der Unfehlbarkeit des Papstes in Sachen des Glaubens in sich, obwohl es andererseits auch keinen Beweis von dem Glauben der griechischen Bischöfe an dieselbe enthält. — Indeß folgt nun aus dem Anathem, daß dem im siebenten Jahrhundert herrschenden Glauben gemäß die Bestätigung und Zustimmung der Kirche zu einem Glaubensdecrete des Papstes ebenso nothwendig gewesen sei, wie die Zustimmung des Papstes zu den Beschlüssen allgemeiner Concilien? Darüber finden wir in dem Anathem des sechsten allgemeinen Concil's noch keine entscheidende Antwort. Das Letztere war freilich allgemein anerkannter Grundsatz, daß die Decrete der Concilien der Genehmigung des Papstes bedürfen. Das Andere wird uns im Alterthum nicht ausdrücklich bezeugt. Man führt wohl als Grund dafür an: bei der gegentheiligen Ansicht bleibe ja der Fall möglich, daß der Papst mit einem dogmatischen Decret auf der einen Seite allein stehe, und die

ganze Kirche auf der entgegengesetzten Seite, dasselbe verwerfend. Das je[
offenbar absurd, und deshalb zu den Entscheidungen des Papstes die Zu
stimmung der Kirche nothwendig, ehe ihnen ein unfehlbares Ansehen zukomm[
Indeß der angeführte Grund ist nicht entscheidend, weil bei dem Glauben de[
Christenheit an die Unfehlbarkeit des Papstes in dogmatischen Fragen de[
Fall nie zutreffen wird, daß er allein steht. Denn dem Nachfolger de[
h. Petrus und Oberhaupte der Kirche ist in Glaubenssachen und Aufstellun[
von Glaubensdecreten ein besonderer Beistand des h. Geistes zugesichert un[
verliehen worden, nicht seiner Person wegen, sondern der Kirche wege[
damit Alle durch das Oberhaupt derselben zu einer sichern Glaubenserkennt
niß gelangen und bei Streitigkeiten sich an ihm orientiren können. Bei de[
Leitung der Kirche durch den h. Geist kann also jener Fall, den man zu[
Abschwächung des Glaubens an die Unfehlbarkeit des Papstes fingirt ha[
niemals zutreffen und ist auch der Geschichte zufolge niemals zugetroffer
Aus dieser Leitung des h. Geistes ergibt sich zugleich, warum man nicht z[
befürchten hat, daß bei der Annahme der Unfehlbarkeit des Papstes viele neu[
Dogmen entstehen könnten. Denkbar möglich ist freilich der Mißbrauch de[
Vollmachten von Seiten des Papstes, so lange man ihn ausschließlich als ei[
irrthumsfähiges menschliches Wesen denkt; aber der Beistand des h. Geiste[
will eben jenen Mißbrauch verhüten und es bewirken, daß nur das al[
Dogma ausgesprochen und Allen zu glauben vorgehalten werde, was in de[
h. Schrift oder Tradition als göttliche Lehre enthalten ist. Dazu leiten de[
Papst zugleich auch alle Grundsätze des Christenthums und des Glauben[
wie auch die ganze Geschichte der Kirche, des Primats und der Dogmen an.

63.
Schwetz, Johann,
päpstlicher Hausprälat, k. k. Hof- und Burgpfarrer früher Professor der Theologie zu Wien.

Theologia fundamentalis seu generalis. Vol. II. 5. Auflage. Wien
Mechitharisten. 1867.

Schwetz lehrt zunächst (S. 124):

„Träger der Unfehlbarkeit der Kirche, d. h. derjenige dem von Got[
die Unfehlbarkeit ertheilt wurde, ist bloß die lehrende Kirche" und zwa[
während „zum Lehramte der Kirche aus göttlicher Einsetzung auch di[
Priester und Diakonen gehören," nur die Bischöfe gemeinsam und mit den[
Papste, nicht aber einzeln, mit Ausnahme jedoch des Papstes, der für sic[
allein nach den meisten Theologen Unfehlbarkeit hat."

Nachdem er nun im Einzelnen die Unfehlbarkeit des allgemeiner[
Concil's wie des Urtheils der zerstreuten Kirche besprochen, tritt e[

(S. 147 ff.) an die Frage nach der „Autorität des Papstes in dogmatischen Entscheidungen." Daß der Papst bei Ausbruch eines neuen Irrthums nach Umständen das Recht und die Pflicht habe, dagegen mit feierlicher Erklärung einzuschreiten und anzuordnen was zum Heile der Kirche nothwendig sei, könne nicht zweifelhaft sein. Auch das sei klar, daß Alle solchen Decreten Gehorsam leisten müssen. Soweit seien alle Katholiken einig; aber nicht mehr, wenn weiter gefragt werde,

„ob der Papst in diesen Entscheidungen unfehlbar sei, und ob die Gläubigen seinen Decreten als unwiderruflichen Urtheilen innere Zustimmung des Verstandes und Willens zu leisten gehalten seien oder nicht.

„Mehrere läugnen Beides, namentlich seit der Declaration des gallicanischen Klerus ... Sie unterscheiden zwischen der römischen Kirche und dem Papste, und sagen, dieser könne im Glauben irren jene nicht, und deshalb genüge in Beziehung auf seine Entscheidungen ein äußerer Gehorsam oder ein ehrfurchtsvolles Stillschweigen (silentium religiosum) ... Andere lehren, dem Papste komme in seinen Glaubensentscheidungen unfehlbare Autorität zu, und deshalb sei ihnen auch innere Zustimmung zu leisten. Diese Ansicht ist in der Kirche bei weitem die allgemeinere (longe communior) ... Andere suchen einen Mittelweg und behaupten, aber, wie es scheinen will, wenig consequent, der Papst könne zwar in seinen Glaubensentscheidungen irren, aber nichtsdestoweniger sei denselben ein provisorischer innerer Glaube (fides interna provisoria) zu leisten.

„Wir pflichten der Ansicht bei welche die Unfehlbarkeit des Papstes in Glaubensentscheidungen behauptet, durch das Gewicht der dafür streitenden Gründe genöthigt, vertheidigen sie jedoch mit der Toleranz (modestia) welche in Dingen worüber die Kirche noch nicht entschieden hat geziemend ist.

„Aus dem Gesagten erhellt von selbst, daß wir die Unfehlbarkeit des Papstes nur vertheidigen in dogmatischen Entscheidungen, oder wenn er ... ex cathedra spricht, d. h. wenn er als Haupt der Kirche ein Decret erläßt, wodurch er unter Strafe der Excommunication oder auch ohne dieselbe als Haupt der Kirche etwas als göttliche Offenbarung zu glauben, oder als zum Heile nothwendig zu beobachten vorstellt; weil er die Berufung einer allgemeinen Kirchenversammlung als unmöglich erkennt oder, da die Sache schon entschieden sei oder aus ähnlichen Gründen, für unnöthig hält: also wenn er im Namen der ganzen Kirche richtet und entscheidet. Es ist aber gleichgültig, ob das Decret zunächst an Einen Gläubigen oder an die ganze Kirche erlassen ist. Denn Gott kann nicht zulassen, daß auch nur Einer durch seine Kirche in Irrthum geführt werde; zudem ist was direct für Einen entschieden wurde indirect für Alle entschieden" [1]).

[1) ... nonnisi in decisionibus dogmaticis seu quando ... ex cathedra loquitur i. e. quando ceu caput ecclesiae decretum edit quo proponit aliquid tamquam divinitus revelatum credendum, aut tamquam ad salutem necessarium observandum sub excommunicationis seu anathematis poena vel etiam simpliciter sine illa comminatione; quoniam convocationem concilii gene-

Schwetz führt dann den Beweis zuerst aus den drei Stellen der h. Schrift. Ferner aus den Vätern, welche

„die angezogenen Schriftstellen gleichfalls von der Unfehlbarkeit Petri und seiner Nachfolger erklären" [1]; welche

„einmüthig lehren, in der römischen Kirche, der Petri Nachfolger unmittelbar vorstehen, werde die volle Wahrheit, die ungetrübte Tradition der Apostel bewahrt. So schreibt Jrenäus: daß alle Kirchen übereinstimmen müssen mit der römischen Kirche [2].... Cyprian: daß zu den Römern der Irrglaube (perfidia) keinen Zutritt haben könne; Gregor von Nazianz: im Glauben wandle Alt-Rom einst und jetzt den rechten Weg, wie es sich geziemt, daß das Haupt Aller die ganze Eintracht mit Gott wahre; Ambrosius: die römische Kirche bewahre und hüte das Glaubensbekenntniß stets unverletzt; Hieronymus: nur bei den römischen Bischöfen werde die Erbschaft der Väter unversehrt bewahrt; Petrus Chrysologus: der heilige Petrus lebe auf dem ihm eigenen Stuhle und regiere, und biete denen die ihn fragen die Wahrheit des Glaubens dar: Johannes von Constantinopel: In dem apostolischen Stuhle sei die ganze und vollkommene Festigkeit der christlichen Religion. Und die Väter der vierten Synode von Constantinopel (869) nehmen die ihnen von Papst Hadrian übermittelte Formel [3]... an.

„Daher behaupten [die Väter] auch die Nothwendigkeit in Allem mit der römischen Kirche übereinzustimmen [4]...

„Außerdem spricht die Kirchengeschichte für unsern Satz. Kaum waren Streitigkeiten entstanden, so wandten sich die Bischöfe von allen Seiten um Beilegung derselben an die Päpste, und bei deren dogmatischen Entscheidungen beruhigten sich alle Katholiken... ‚Als die Streitfrage [über die Gottheit des h. Geistes] angeregt wurde‘, berichtet Sozomenus, ... ‚schrieb der Bischof der Stadt Rom an die Kirchen des Morgenlandes.... Darauf, als die Streitfrage durch ein Urtheil der römischen Kirche beendet war, beruhigten sich die Einzelnen, und die Frage schien endlich ein Ende erlangt zu haben' [5]... Es waren also die Irrlehren der Macedonianer und des

---

ralis impossibilem cognoscit aut haud necessariam perspectam habet, quum res jam definita sit, et ejusmodi; adeoque quando nomine totius ecclesiae judicat et decernit.

[1] Es werden angeführt zu Matth. 16, 18: Origenes, Hilarius, Ambrosius, Chrysostomus, Hieronymus, Augustinus, die orientalischen Bischöfe welche die Formel des Hormisdas unterschrieben (s. oben S. 101, Anm. 1), und die Päpste Leo I., Simplicius und Gelasius; für Luk. 22, 32: die Päpste Leo I., Agatho und Nikolaus I., ferner Theophylakt, Augustin, „und die Anderen durchgehends"; zu Joh. 21, 15: Augustin, Maximus von Turin „und die übrigen Väter, welche gewöhnlich die drei Stellen verbinden, um für Petrus und seine Nachfolger wie den Primat so auch die unerschütterliche Festigkeit im Glauben behufs der Festigung der Kirche in demselben Glauben in Anspruch zu nehmen.

[2] S. oben S. 92, Anm. 2.

[3] Die Formel des Hormisdas, oben S. 101, Anm. 1.

[4] Genannt werden Ambrosius, Hieronymus, Prudentius, Prosper, Epiphanius von Constantinopel „und mehrere Andere."

[5] Schwetz führt ferner an, was Cyrill von Alexandrien über Nestorius an Papst Cölestin schrieb.

Nestorius, sowie auch des Eutyches schon durch päpstlichen Spruch verworfen, bevor sie auf allgemeinen Synoden verworfen wurden. Durch seinen Spruch allein aber wurde der Pelagianismus niedergeworfen (confossa), wie Augustinus bezeugt: ‚Durch die Briefe des Innocentius ist in dieser Sache [des Pelagius] jeder Zweifel beseitigt.‘ Und anderswo: ‚Schon sind über diese Sache zwei Concilien an den apostolischen Stuhl gesandt. Von da sind auch Antworten gekommen: die Sache ist beendet, möge einmal auch der Irrthum ein Ende haben‘ [1]). Endlich wird die römische Kirche nicht von einzelnen Vätern, sondern von den allgemeinen Synoden selbst für die Mutter und Lehrmeisterin (mater ac magistra) erklärt. So sagt das vierte Concil von Constantinopel (869) vom römischen apostolischen Stuhle: ‚Welcher auch der Lehrer aller anderen Stühle ist‘ [2]).

„An diesen Stellen ist freilich meist von dem römischen Stuhle oder der römischen Kirche die Rede; da aber eine Kirche im Bischofe ihren Bestand hat, da insbesondere die römische Kirche alle ihre Vorrechte ... von Petrus und seinen Nachfolgern ableitet, — denn sonst unterschiede sie sich durchaus nicht von andern Kirchen, und deshalb wird auch nicht nur von mehreren Vätern sondern auch vom Concil von Florenz ausdrücklich gelehrt, daß der römische Stuhl und der Papst der auf ihm sitzt Eins und dasselbe sei —: so steht außer Zweifel, daß die Aussprüche über den römischen Stuhl im wahren und eigentlichen Sinne vom Papste zu verstehen sind."

„Endlich folgt unser Satz aus dem Wesen und Zwecke des Primates. Der Papst hat den Primat, damit er der Kirche als Haupt vorstehe, sie als Fundament trage, als Hirt weide und so auf sicherem Wege zum Heile führe und leite. Könnte er nun in seinen dogmatischen Entscheidungen irren, und könnten diese von der übrigen Kirche abgeändert werden (reformari), so würde das Fundament vom Gebäude Festigkeit erhalten, das Haupt vom Körper zur Wahrheit geführt und geleitet werden, und die Schafe würden den Hirten weiden und aus der Irre auf den Weg zurückrufen: das ist aber unsinnig und der Absicht Christi ganz fremd. Es kann ferner leicht der Fall eintreten, daß Glaube und Heil der Gläubigen ... in Gefahr ist, ohne daß ein Concil berufen oder die Stimmen der Bischöfe gesammelt werden können ...: Wäre nun der Papst ... nicht unfehlbar ..., so könnte die Kirche in diesem Falle die Gläubigen nicht zum objectiv wahren Heile führen, d. h. sie genügte ihrem Zwecke nicht, und ihre Unfehlbarkeit wäre in der That keine Unfehlbarkeit.

---

[1]) Literis Innocentii tota de hac re dubitatio sublata est (Contra duas epp. Pelag. ad Bonif. II, 3, 5; Opp. X, 434). — Jam enim de hac causa duo concilia missa sunt ad sedem apostolicam. Inde etiam rescripta venerunt: causa finita est; utinam aliquando finiatur error. (Serm. 131, 10, 10; Opp. I, 645).
[2]) Quae ceterarum quoque sedium magistra est. (Mansi Conc. XVI, 127). Ferner führt Schwetz an das vierte Concil im Lateran (s. oben S. 99, Anm. 4), das von Florenz (oben S. 3, Anm. 2) und das Tridentinische Glaubensbekenntniß (oben S. 99, Anm. 5).

Dann bespricht Schwetz die Einwände, unter den der Geschichte entnommenen besonders die Honoriusfrage. Daran reihen sich noch einige Bemerkungen. Zunächst die, daß der Satz von der Unfehlbarkeit des Papstes trotz aller, seiner Ansicht nach beweisenden Gründe keinen dogmatischen Charakter habe (dogmatica certitudine non constat). Und

„aus dem Gesagten folgt auch), daß die Entscheidung des Papstes keinen katholischen Glaubenssatz ausspricht, bevor der stillschweigende oder ausdrückliche Consensus der Kirche hinzutritt, und daß die Widerstrebenden also nicht als formelle Häretiker bezeichnet werden können. Denn es kann nicht Grund göttlichen Glaubens sein was nicht selbst durch göttlichen Glauben feststeht [1]).

„Jener provisorische äußere Gehorsam — indem ein ehrfurchtsvolles Stillschweigen eingehalten und, so lange die Kirche keinen Widerspruch erhebt, das Gegentheil nicht gelehrt wird — ist offenbar ungenügend; denn Christus sagt ausdrücklich, was von Petrus gebunden oder gelöset oder entschieden worden, sei so aufzunehmen als wäre es von Gott im Himmel entschieden. — Ein provisorischer innerer Gehorsam oder göttlicher Glaube aber scheint unsinnig zu sein. Denn es ist ein Widerspruch, der päpstlichen Entscheidung mit festem Gehorsam des Verstandes und Herzens anzuhangen..., obgleich wir überzeugt sind, daß sie irrig sein könne.

„Wenn wir aber vertheidigen, der Papst sei in Glaubensentscheidungen unfehlbar, so behaupten wir keineswegs, daß es nie vorkommen könne, daß der Papst nicht wisse was das Wahre sei, und der Berathung mit andern Bischöfen bedürfe; denn es ist etwas Anderes, eine Sache nicht wissen und sie falsch aussprechen [2]). Wir sind aber durchaus überzeugt, daß in dem Falle wo eine dogmatische Definition nöthig ist, die Bischöfe aber nicht zu Rathe gezogen werden können, Gott den Papst, wenn er unentschieden wäre in außerordentlicher Weise zur Erkenntniß der Wahrheit führen wird, da er seine Kirche nicht verwaisen lassen kann.

„So haben wir den Papst mit allen übrigen Bischöfen, oder das Petro apostolische Lehramt, auf dem Concil versammelt oder auf dem Erdkreis zerstreut als das **ordentliche** Tribunal zur Entscheidung in Glaubens und Heilssachen, den Papst mit seiner dogmatischen Entscheidung als das **außerordentliche**, für den Fall nämlich wo ein Concil nicht versammelt und die Zustimmung der Bischöfe nicht verkündet werden kann, oder wo der Papst, der zu beurtheilen hat, ob ein allgemeines Concil zu berufen

---

1) Ex dictis una colligitur, definitionem summi pontificis, donec ac eandem tacitus aut expressus consensus ecclesiae accesserit, dogma catholicum non constituere neque proin refractarios haereticos for males dici debere. Nam non potest fidei divinae ratio esse quod non ipsum fide divina constat.

2) Defendentes autem, Romanum pontificem esse in dogmaticis defini tionibus infallibilem, nequaquam statuimus, non posse umquam evenire, u summus pontifex quid de vero sit ignoret, et consultatione cum aliis epi scopis indigeat; aliud enim est rem nescire, aliud vero eam falso proponere

ist, dies für überflüssig hält, weil er erkannt hat, daß die in Frage gezogene Sache aus der Lehre Christi, wie sie in der ganzen Kirche und besonders in der römischen Kirche offenkundig bewahrt ist, oder aus einer Erklärung der Kirche schon sicher und klar gestellt sei.

„Daraus ergibt sich zugleich, daß durch die Unfehlbarkeit des Papstes die ökumenischen Concilien durchaus nicht überflüssig und unnütz werden; durch sie wird zudem den päpstlichen Entscheidungen größere äußere Kraft gegeben, da so der Glaube der ganzen Kirche klarer hervortritt und die Irrenden und Wankenden desto leichter zur Einheit der Kirche zurückgeführt werden."

64.
Simar, Theophil,
Professor der Theologie zu Bonn.

Lehrbuch der katholischen Moraltheologie. Freiburg, Herder. 1867.

Nach Simar (S. 4) ist

„die katholische Sittenlehre aus folgenden Quellen zu schöpfen:

„... 2) aus der allgemeinen Lehre der Kirche und ihren formellen Lehrentscheidungen auf allgemeinen Synoden, oder durch Aussprüche des apostolischen Stuhles, oder allgemein recipirte Particularsynoden."

65.
Stadlbaur, J. Max von,
Professor der Theologie zu München.

Katholische Religionslehre für die studirende Jugend. München, Central-Schulbücher-Verlag. 1856.

Stadlbaur's ‚Regula fidei' ist mir nicht zugänglich; seine Ansicht mag aber aus dem genannten auch „zum Selbstunterricht für gebildete Katholiken" geschriebenen Werke erhellen. Er sagt (S. 189 f.):

„Derselbe Beistand des h. Geistes und die Gabe der Unfehlbarkeit, wenn auch nicht in so vorzüglichem Maße und mit der Prärogative persönlichen Unfehlbarseins, dessen es nur für die Begründung und erste Ausbreitung der Kirche bedurfte, kommt aber auch denen zu, die in das Amt der Apostel eingetreten sind, dem Papste und den Bischöfen in Vereinigung mit ihm. Sie bilden die lehrende Kirche, ihnen ist die Hinterlage des Glaubens zur Bewahrung und authentischen Erklärung anvertraut; sie sind nach göttlichem Rechte befugt, in vorkommenden Fragen und Zweifeln in Ansehung der geoffenbarten Lehre zu entscheiden; und zu diesem Zweck erfreuen sie sich nothwendig der Gabe der Unfehlbarkeit. Ihren Erklärungen und Entscheidungen sind eben deswegen die Gläubigen unbedingte Annahme und gläubige Zustimmung schuldig. Wer immer diese verweigerte, hörte eben damit auf, ein katholischer Christ zu sein.

„Da aber dem eben Gesagten zufolge die Gabe der Unfehlbarkeit dem Oberhaupte der Kirche und den Bischöfen in ihrer Gesammtheit und in Vereinigung mit Ersterem zukommt, so kann eine unfehlbare Entscheidung stattfinden entweder in Folge einer Entscheidung des Papstes und einer ausdrücklichen oder stillschweigenden Uebereinstimmung der Bischöfe mit ihr (ecclesia dispersa) oder in Folge gemeinsamer Berathung und Schlußfassung auf einem allgemeinen Concilium."

Dazu fügt der Verfasser noch die Bemerkung:

„Die Erklärungen des römischen Stuhles in Glaubenssachen sind an sich schon von der höchsten Bedeutung und von den Gläubigen stets mit unbedingter Ehrerbietung aufzunehmen. Sie haben oft allein schon hingereicht tief eingreifende Streitigkeiten zu entscheiden und gefährliche Irrlehren abzuweisen. So ist z. B. der Jansenismus, Quietismus durch einfache Entscheidungen des Papstes überwunden worden."

66.
Bosen, Christian Hermann,
Religionslehrer am Marcellen-Gymnasium zu Köln.

Der Katholicismus und die Einsprüche seiner Gegner. I. Bd. Freiburg, Herder. 1865.

Bosen stellt zunächst die „Autorität des priesterlichen Lehramtes" dar (S. 6 ff.). „Christus hat für alle Zukunft ein Priesterthum eingerichtet und für die unfehlbare Erhaltung seiner Lehre mit seinem übernatürlichen Schutze ausgestattet"; er hat demselben „eine unabänderliche Verfassung" gegeben, nach welcher „die Priester als die unmittelbaren Lehrer des Glaubens für das Volk, durch die ganze Christenheit an allen Orten verbreitet sind, über den vielen Priestern jedes einzelnen Gebietes jedesmal ein einzelner Bischof, und über allen Bischöfen das Oberhaupt der ganzen Kirche steht." Die Worte „in welchen der Heiland jenes Lehramt für immer autorisirte" (Matth. 28, 18 ff.) enthalten auch „die göttliche Garantie der Unfehlbarkeit."

Dann wendet Bosen sich dem Primate zu und behandelt ausführlich „Christi Aussprüche über den Primat": Matth. 16, 18 ff. und Joh. 21, 15 ff. Aus jedem der von Christus gebrauchten Bilder, vom Baue auf dem Felsen, von den Schlüsseln oder dem Verwalter, von der Heerde und dem Hirten, ergeben sich „vier Eigenschaften für das Amt Petri": die „Einzigkeit, Wichtigkeit, Unvergänglichkeit und Nothwendigkeit desselben."

„Der Felsengrund unter [dem Gebäude] ist naturgemäß nur als ein einziger da ... Er ist, wenn es sich um die Haltbarkeit des Baues handelt, unbedingt das Wichtigste ... Man kann [ihn] nie unter dem Baue hinwegnehmen so lange der Bau selbst bestehen soll." Und „was ist für den Bau nothwendiger als die Sorge des Bauherrn für die tüchtige und unerschütterliche Grundlage? (S. 31 ff.)

„Dem Verwalter eines Reiches sind Alle im Reiche untergeordnet, so daß Alle ohne Ausnahme in ihm den einzigen Statthalter des Herrn verehren müssen. Sein Amt ist daher das wichtigste im Hause und an ihm hängt hauptsächlich die Ordnung des Ganzen"; es „muß fortbestehen bis der Herr wiederkommt", und „nichts ist nothwendiger als dieses Amt" (S. 36).

„Einem Einzigen ... wurde die ganze Heerde [Lämmer und Schafe; Jugend und Erwachsene] zur alleinigen Handhabung der Hirtenpflicht überwiesen.... Hieraus ergibt sich die hohe Wichtigkeit dieses Amtes." Und „die Heerde muß einen Hirten behalten, so lange sie auf der Weide bleibt." Endlich: „der Hirt ist der Heerde nothwendig, wenn sie eben als Heerde bestehen soll (S. 37).

„[Es] mögen in den einzelnen Bildern ... auch noch andere Vergleichungspunkte aufgefunden werden können. Aber nur die vier ... drücken darum offenbar die wirkliche Hauptabsicht des Herrn aus, weil sie troß der Verschiedenheit jener drei Bilder unter sich, dennoch in allen drei zugleich hervortreten (S. 39).

Zu solchen einzelnen Vergleichungspunkten in dem einen oder anderen Bilde

„gehört die charakteristische Art und Weise der dem Petrus ertheilten Bevollmächtigung. Indem der Herr ihn gerade als Verwalter einsetzt und sich dabei des Ausdrucks bedient: ‚Was du binden wirst auf Erden das soll im Himmel gebunden sein‘, erklärt er ein für alle Mal die sämmtlichen Amtshandlungen seines Statthalters für rechtskräftig [1]). Allein damit sind dieselben noch nicht ohne Weiteres auch alle für sittlich gut erklärt" ....

Ebenso folge aus dem Bilde des Verwalters der Grund sowie auch die Begrenzung des dem Papste schuldigen Gehorsams. Ersterer sei der Wille Christi. Was letztere angehe, so sei zunächst jeder Verwalter „nur für den bestimmten Kreis seiner Geschäfte da"; ferner, gebe es auch „im

---

1) Vgl. S. 35: „Dieser Ausdruck ‚binden und lösen‘ ist eine morgenländische Redeweise, welche unsern Worten ‚schalten und walten‘ entspricht, dabei aber eine besondere Hinweisung auf Gesetzgebung und Gerichtsbarkeit enthält. In dieser Redeweise spricht mithin der Heiland die Bevollmächtigung aus mit der er den Simon als seinen Verwalter in der Kirche anstellen will, und erklärt zugleich feierlich, daß er dessen künftige Amtshandlungen in allen Fällen als vollgültig und rechtskräftig angesehen wissen will.

wirklichen Bereiche der übertragenen Verwaltungsthätigkeit Grenzen die nicht überschritten werden dürfen." Habe „der Herr ein für alle Mal eine bestimmte Haus- und Geschäftsordnung festgestellt", so bleibe der Verwalter strenge an dieselbe gebunden."

„In ähnlicher Weise bleibt der Papst durchaus an die Hausordnung, welche Christus seinem Reiche ein für alle Mal gegeben hat, gebunden. Er darf weder die Lehre, noch die Sacramente, noch die Verfassung der Kirche abändern wollen"... (S. 40).

„Es wird bei dieser Gelegenheit zum Verständniß des Sachverhaltes dienen, wenn wir genauer darauf aufmerksam machen, inwiefern überhaupt, trotz der von Christo verbürgten Rechtsgültigkeit der Amtshandlungen des Papstes, dennoch von einer möglichen Mangelhaftigkeit derselben die Rede sein kann, unbeschadet der feststehenden Unfehlbarkeit der Kirche. Das Amtsgebiet des Papstes ist nämlich nicht die eigentliche Lehrthätigkeit, sondern vielmehr die Regierung der Kirche. Während die Lehrthätigkeit und die hiefür verheißene Unfehlbarkeit in der Gesammtheit des Episkopates mit dem Oberhaupt an der Spitze beruht, liegt dagegen die Regierung der Kirche in der Hand des Papstes allein. Denn er allein ist zum Statthalter Christi auf Erden und zum obersten Hirten der ganzen Heerde vom Herrn für alle Zeiten bestellt.

„Bei der dem Papst anvertrauten Regierung handelt es sich also nur um denjenigen Theil des kirchlichen Lebens, der den irdischen Veränderungen nach Ort und Zeit unterworfen bleibt. In diesem Theile wird nie absolute Vollkommenheit erreichbar und erforderlich sein, wohl aber Festigkeit d. h. Rechtsgültigkeit für die zutreffenden Maßregeln. Keineswegs muß also der Sache selbst wegen Alles was in dieser Regierung geschieht immer gut sein, wie wünschenswerth dies auch bleibt, wohl aber muß es rechtskräftig sein" (S. 41).

Darauf kommt Bosen nochmals zurück (S. 45 ff.):

„Die Aufgabe des sichtbaren Oberhauptes besteht einfach in der Regierung der Kirche.... Christus hat die Kirche gestiftet und ihr für alle Zeiten die feststehende Verfassung gegeben. Soll das Christenthum in der That die Weltreligion sein, so muß es ganz natürlich zwei Seiten in sich vereinigen. Es muß einerseits ein ewig unabänderliches Element in ihm erscheinen, daneben aber auch zugleich die nothwendige Veränderlichkeit. Christus mußte daher den Schatz der Wahrheit und Gnadenmittel sowie die Verfassung ein für alle Mal unabänderlich festsetzen, so daß die verfassungsmäßig von ihm gewollten Diener an diesen drei Punkten ein für alle Mal nichts ändern durften und nur über deren strengste Beibehaltung gewissenhaft zu wachen hatten.... Allein die Ausführung dessen was Jesus zum Heil der Völker angeordnet hat, bringt die Kirche mit den wechselnden Eigenthümlichkeiten der Völker in sehr verschiedenartige Berührung, und hier gerade bedarf sie einer, nach den jedesmaligen Verhältnissen handelnden, lebendigen, irdischen Regierung. Soll aber diese Regierung in der That Ordnung schaffen, ohne despotische Anmaßung, so muß sich dieselbe auf allgemeine Anerkennung im Gewissen der Gläubigen stützen. Dieses kann aber nur dann der Fall sein, wenn die Regierung fort und fort durch den Lauf der Zeiten im Besitze einer unabänderlichen Bevollmächtigung des göttlichen Stifters der Kirche ist. Nur unter dieser Bedingung gewinnt die veränderliche Handhabung der Ordnung . . . . die nöthige Festigkeit durch verfassungsmäßige Rechtsgültigkeit.

„So hat denn der Papst als Statthalter Jesu Christi, als bevollmächtigter Verwalter seines Reiches auf Erden; als oberster Hirt der Heerde Jesu Christi in seinem Amte, welches nach dem ausgesprochenen Willen des Herrn die Felsengrundlage des Baues bis ans Ende der Welt bilden soll, einestheils die Wache über den festen Theil der christlichen Ordnung zu halten, anderntheils die Regierung des beweglichen Theiles verfassungsmäßig zu führen."

Hinsichtlich der „kirchlichen Lehrthätigkeit" bespricht Bosen zunächst „die Mittel zur Erhaltung der Lehre." (S. 65 ff.)

„Christus hat für alle Zeiten ein von ihm selbst geschütztes und daher übernatürlich unfehlbares Lehramt zur Erhaltung seiner Offenbarung eingesetzt. Die Frage: wo denn heute die befugten Lehrer noch zu finden seien, beantwortet sich alsbann durch strenges Festhalten an der von Christus der Kirche für immer gegebenen Verfassung, an deren Spitze durch göttliche Anordnung der Bischof von Rom steht. Gebührender Gehorsam gegen diesen Statthalter Jesu Christi ist daher die Bedingung, unter welcher wir mit Sicherheit in Verbindung mit den von Christus geschützten Trägern der wahren Lehre bleiben; Empörung gegen diesen Statthalter führt allein aus der genannten Verbindung heraus.

„Der kaum denkbare Fall eines gemeinsamen Irrthums [aller Bischöfe] . . . wird völlig unmöglich gemacht durch jenen, dem kirchlichen Lehramte für alle Tage bis ans Ende der Welt versprochenen übernatürlichen Schutz Jesu Christi . . . . In der Gewißheit dieser Zusage ist also dem rechtmäßigen Episkopate . . . die Versicherung gegeben, daß seine Gesammtheit nie in einen solchen allmälig eingeschlichenen Irrthum verfallen kann."

Endlich frägt der Verfasser nach den „Mitteln zur Entscheidung von Lehrstreitigkeiten" (S. 71 ff.):

„Wenn ein einzelner Priester in seinem Lehrvertrage vom Glauben der Gesammtheit in irgend einem wesentlichen Punkte abweicht, so ist es zunächst die Aufgabe seines Bischofes, sobald er vom Thatbestande Kunde erhält, den betreffenden Priester zurechtzuweisen. Ist der Vorfall nicht . . . zur Anzeige gekommen, so ist das Ganze jedenfalls nicht von so wesentlicher Bedeutung, daß eine Störung in der Erhaltung der wahren Lehre dadurch entstehen könnte. Der Bischof hat den betreffenden Priester seine Abweichung von der gemeinschaftlichen Lehre zu verbieten und, wenn derselbe hierin den Gehorsam verweigert, ihn aus dem Lehramte einstweilen zu entfernen. Der einzige Grund, auf welchen hin jener Priester dem Bischofe widersprechen kann ist die Behauptung, daß die in Rede stehende Eigenthümlichkeit seines Lehrens keineswegs dem Glauben der Gesammtheit widerspräche ..., also umgekehrt sein Bischof Ansichten hege, die ... im Widerspruche mit der Erblehre ständen. Alle andere Erörterung bleibt hier ausgeschlossen, und es handelt sich lediglich nur um Uebereinstimmung mit der Lehre der Gesammtheit des römisch=katholischen Episkopates. Ist ja die Verhandlung ... nicht eine theologische oder überhaupt wissenschaftliche, sondern lediglich eine juridische ... Theologische Erörterungen dürfte hier der Bischof nur aus persönlichen Rücksichten einfließen lassen ...

„Natürlicherweise ist die Annahme nicht unmöglich, daß jener Priester Recht haben könnte ..., sogar ..., wenn auch mit diesem Bischofe die sämmtlichen Mitbischöfe seiner Provinz übereinstimmten. Denn immerhin könnte dieser Bruchtheil des gesammten Episkopates gegenüber der großen Mehrzahl in der ganzen Welt unvermerkt von der Gemeinschaft abgewiesen sein ... Jener einstweilen vom Lehramte suspendirte Priester behält daher nach der Ordnung der Kirchenverfassung das Recht der Appellation an den Papst. Spricht sich nun auch dieser in Uebereinstimmung mit dem Bischofe wider ihn aus, so ist doch wohl schwerlich daran zu denken, daß Jemand besser wissen sollte, was eben die Lehre der Gesammtheit ist als der Papst in einem so reiflich überlegten Urtheilsspruch. Unter allen Umständen ist jetzt jener suspendirte Lehrer der Anweisung des Papstes Gehorsam schuldig, welcher ihm entweder nur die weitere Verbreitung jener einzelnen in Rede stehenden Lehransicht verbietet, oder ihn überhaupt von jeder Lehrthätigkeit ausschließt. Indessen schließt dieser schuldige Gehorsam, durch welchen die Ordnung der Kirche hinreichend erhalten wird, nicht ohne Weiteres die Verpflichtung für den Betreffenden ein, jene streitige Ansicht von Gewissenswegen auch als förmlich glaubenswidrig für seine eigene Person zu verwerfen. Die Behauptung bleibt möglich, daß ja der Papst für sich allein keineswegs die Gesammtheit des ganzen Episkopates vorstelle, und daß es daher nicht strenge Kirchenlehre sei, daß man die Lehrentscheidungen des Papstes allein als durch göttlichen Schutz unfehlbar anerkennen müsse. Haben auch theologische Lehrer solch eine Unfehlbarkeit des Papstes allein durch Gründe zu vertheidigen gesucht, so wird doch Niemand behaupten, daß dieses als Dogma zum Glauben gehöre.

„Verhält sich nun der Verurtheilte ruhig im pflichtschuldigen Gehorsam gegen die Regierungsgewalt des Papstes, so ist die ganze Sache geschlichtet, und geräth allmälig unschädlich in Vergessenheit. Hat ja die Kirche bestanden, ohne daß jener Lehrer da war, und wird sie ja fortbestehen, wenn er todt ist. Es leidet daher das Ganze keinen Schaden, wenn ihm im Leben das Lehramt genommen wird, selbst wenn seine Behauptungen in der That nicht so fehlerhaft gewesen wären, wie seine kirchlichen Richter sie angesehen haben. Jedenfalls muß ja wenigstens die Form, in welcher er die Lehre vorgetragen hat, eine anstößige und wenigstens dem Mißverständniß ausgesetzte Neuerung enthalten haben, sonst wäre es unmöglich gewesen, daß sein Bischof und sogar der Papst in so hohem Grade ihn mißverstanden hätten. Es ist daher nicht im Geringsten zu bedauern, wenn auch die vielleicht zu scharfe Censur des

Papstes jene neue Form des Ausdruckes für die Lehre untersagt hat, da die=
selbe keineswegs nothwendig war. Hatte ja die Lehre auch ohne diese Form
bis dahin gut genug bestanden, wozu die möglicherweise dem Mißverständniß
und der Irrung Vorschub leistende neue Form der Darstellung des Alten?

„Wir sehen, daß in solchen Fällen die unbestreitbare, wenn auch keines=
wegs unfehlbare Regierungsautorität des Papstes vollständig genügt,
um bei gewissenhaftem Gehorsam des Untergebenen bei allen derartigen
Lehrirrungen die Ordnung hinreichend zu erhalten. Es ist für diesen
Zweck also keineswegs nothwendig, die Frage nach einer neben jener Regierungs=
autorität stehenden göttlich unfehlbaren Lehrautorität des Papstes für sich
allein zum Gegenstande des Streites zu machen. Praktisch ist diese Frage
keineswegs von der Wichtigkeit, die ihr Einzelne beilegen wollten. In der
That entscheidet nämlich der Papst, wenn er für sich allein, ohne ein Concilium
und ohne die eingeholte Aeußerung sämmtlicher Bischöfe der Christenheit in
Sachen der Lehre Anordnungen trifft, immer nur in negativer Weise,
d. h. er verbietet irgend einen als Neuerung aufgekommenen Ausdruck der
Lehre; sei es, daß von einem einzelnen Satz die Rede ist, oder von einem
ganzen Systeme oder einer theologischen Schrift. Als oberster Hirt hat der
Papst hier auf den Gehorsam der Heerde zu bringen das Recht, wenn er sich
veranlaßt sieht, dieselbe von dieser neuen, wenigstens gefährlich scheinenden,
jedenfalls nicht unentbehrlichen Stelle der geistigen Weide abzuhalten. In
den wenigen Fällen wo der Papst dagegen positive Lehrentscheidung der
Christenheit verkündigte, geschah dieses immer nur entweder im Anschluß an
ein Concilium oder nach speciell eingeholtem Ausspruche des ganzen Episko=
pates, wie dieses z. B. bei der dogmatischen Erklärung des Satzes von der
unbefleckten Empfängniß Mariä der Fall war. Hier spricht also der Papst
nicht allein, sondern er verkündigt nur den Ausspruch des gesammten
Episkopates.

„Hat sich aber ein aus dem Lehramt kirchenrechtlich entfernter Lehrer
mit Verweigerung des Gehorsams einen größeren Anhang verschafft, so kann
der Fall eintreten, daß für die Lehrentscheidung ein Concilium wünschens=
werth wird. Auch hier kann .... nur der einzige Punkt als Hauptsache
in Frage kommen: Was ist in den streitig gewordenen Fragen der That
die Lehre der wirklichen Gesammtheit des ganzen rechtmäßigen d. h. römisch=
katholischen Episkopates? Wenn ... der Herr zu der Gesammtheit der von
ihm für alle Zeiten beauftragten Lehrer und Verkündiger seiner Offen=
barungswahrheit gesagt hat: ‚ich bin bei euch alle Tage bis ans Ende der
Welt;‘ so kann der einzelne nur dadurch irren, daß er sich von jener ge=
schätzten Gesammtheit persönlich abscheidet, mag dieses bewußt oder unbe=
wußt verschuldet oder unverschuldet geschehen sein. Mithin könnte ein
einzelner Bischof in der Lehre irren, zehn Bischöfe könnten gemeinsam irren,
zwanzig und mehr noch könnten irren; bis wie weit wird diese Anzahl aber
naturgemäß nur gehen? Offenbar müssen die irrenden Einzelnen nur einen
kleineren Bruchtheil gegenüber der festbleibenden, von Christi Schutz nie
verlassenen großen Gesammtheit der Bischöfe bilden. Die äußerste Grenze
bildet also hier eben diese Majorität, d. h. der irrende Theil wird immer

der kleinere Theil . . . . aller Bischöfe bleiben müssen. Bestreitet daher eine . . . Partei gewisse Lehrpunkte, an denen der Papst festhält; so kann diese Partei . . . . nur dadurch ihre Sache vertheidigen, daß sie an der Behauptung festhält: ihre Ansichten seien in der That die der Majorität des Episkopates.

„Um einen Ausspruch [aller Bischöfe] zu ermöglichen und schlagend den Gegnern . . . die wirkliche Majorität vor Augen zu bringen, darum versammelt der Papst in solch seltenen und gefahrdrohenden Fällen die Bischöfe der ganzen Christenheit zum Concilium . . . . Die eigentliche Hauptaufgabe eines allgemeinen Conciliums ist der einfache Ausdruck der unzweifelhaft hervortretenden, weil persönlich versammelten Gesammtheit des Episkopates . . . Auf dem Concilium tritt die Gesammtheit als Majorität sichtbar hervor und diese Gesammtheit hat . . . den Beistand Jesu und den versprochenen h. Geist. Der Ausspruch dieser Majorität auf dem Concilium hinsichtlich eines eigentlichen Lehrpunktes bildet den höchsten und letzten Abschluß in allen Streitigkeiten, so daß hier von keiner päpstlichen Genehmigung weiter Rede ist, und dem Papst als Präsidenten nur die sofortige Publication der einfachen Thatsache obliegt: daß die Majorität des Conciliums als sichtbarer Träger des von Christus geschützten unfehlbaren Lehramtes Das, und nichts Anderes, als thatsächlichen Glauben der Gesammtheit ausgesprochen habe. Zu gleicher Zeit verwirft dann die nämliche sichtbare Gesammtheit scharf und förmlich die in Rede stehenden Lehrgegensätze. Mit solch einer Entscheidung hört daher für Alle welche an der von Christus gegebenen Verfassung der Kirche festhalten und auch den von ihm der Gesammtheit urkundlich verheißenem Schutz in der Erhaltung der Wahrheit vertrauen, jeder weitere Zweifel auf, da sie nun ausdrücklich sehen, daß der widersprechende Theil keineswegs die Gesammtheit war."

67.

Waibel, Alois Adalbert,

Priester des Franziskanerordens.

Dogmatik der Religion Jesu Christi. Augsburg, Kollmann. 1831.

Waibel stellt in seiner Abhandlung „vom Lehramte der Apostel und von der Unfehlbarkeit der lehrenden Kirche" die Frage: „Wäre der Papst allein schon untrüglich, wenn er seine Entscheidungen über Glaubenssachen als Primas der sämmtlichen Kirche vorlegen würde?" (V. Abhandlung. [II. Bd.], S. 68 ff.). Er will „den Leser entscheiden lassen, ohne seine Ansicht anzugeben". Indem er aber die Gründe für die Unfehlbarkeit ausführlich mittheilt, den Gegengründen eine Antwort hinzufügt, zeigt er seine Stellung klar genug. Uebrigens „ist die Lösung dieser Frage für das Glaubenssystem der katholischen Kirche unnöthig, dasselbe bleibt fest, man mag hierüber denken wie man will." Aber die für die Unfehlbarkeit des Papstes beigebrachten Gründe enthalten „nebenher auffallende Zeugnisse für seinen Primat im Lehramte", und können „wenigstens noch mehr bestätigen, er sei mit der lehrenden Kirche untrüglich."

68.
Walter, Ferdinand,
Professor der Rechte zu Bonn.

Lehrbuch des Kirchenrechtes. 2. Ausgabe. Bonn, Marcus. 1823. — 3. Ausgabe 1825. — 7. Auflage 1836. — 10. Auflage 1846. — 13. Ausgabe 1861.

Walter schrieb in der zweiten Auflage seines ‚Lehrbuches' über „die Autorität der Kirche in Glaubenssachen" (S. 27 ff.):

„Die Kirche hat seit den ältesten Zeiten die Offenbarung als eine ihr anvertraute, erbliche Lehre (traditio) betrachtet, welche von den Aposteln in die Hände des Episkopates niedergelegt, und in diesem durch die Reihenfolge der Bischöfe von Geschlecht zu Geschlecht überliefert werden sollte ... Die bloß äußerliche Succession der Bischöfe würde jedoch zur Beglaubigung des Lehramtes und zur Sicherheit der Offenbarung nicht hinreichen, wenn nicht nach der ausdrücklichen Verheißung darin auch innerlich der Beistand des h. Geistes fortwirkte, der über der ersten Apostelgemeinde in Jerusalem sichtbar erschien. Auf diese Verheißung gestützt, hat die Kirche seit den ältesten Zeiten ihren Ausspruch über die Glaubens- und Sittenlehren als unfehlbar betrachtet. Was nun von den ersten Jahrhunderten der Kirche wahr ist, gilt in ihr von allen Zeiten, weil sie die Personen zwar wechselt, das Wesen aber beibehält. Es lebt also in ihr fortwährend das apostolische Lehramt, welches die anvertraute Offenbarung unfehlbar bezeugt, unfehlbar auslegt, und kraft dieses göttlichen Vorrechtes die lernende Kirche zur gläubigen Unterwerfung auffordert."

Und „von den Concilien" (S. 32 f.):

„Da das unfehlbare Ansehen der Kirche in Glaubens- und Sittensachen in der Einheit und Gesammtheit des Episkopates ruht, so muß zur Erhaltung der reinen Ueberlieferung das Lehramt in fortwährender geschlossener Verbindung bleiben. Dieses geschieht entweder durch den Verkehr und Briefwechsel den jeder Bischof mit dem Mittelpunkte der Kirche und dadurch mit allen übrigen Bischöfen unterhält, oder indem das zerstreute Lehramt sich auf einem Concilium auch örtlich vereinigt. In dem ersten Falle ist der Mittelpunkt der Kirche das Organ des gesammten Lehramtes, und in so fern, das heißt durch die ausdrückliche oder stillschweigende Zustimmung der übrigen Bischöfe sind seine dogmatischen Lehrsätze als Entscheidungen der

Kirche zu betrachten. In dem zweiten Falle stellt sich in dem allgemeinen Concilium die erste Apostelgemeinde dar, und seine Aussprüche über Gegenstände des Glaubens und der Sitten sind daher unfehlbar.... Zu einem Ausspruche des einheitlichen und gesammten Lehramtes auf einem Concilium gehört aber wesentlich die Uebereinstimmung des Hauptes mit den Gliedern, oder doch einer entschiedenen großen Mehrzahl desselben. Auch ist in allen Fällen die Tradition welche in dem apostolischen Stuhle aufbewahrt wird vorzüglich hochzuachten, weil er nicht nur Mittelpunkt der Verfassung sondern auch des Glaubens ist."

Endlich von den „Regierungsrechten des Papstes" (S. 216 f.):

„Gewöhnlich werden die Rechte des Primates in die wesentlichen und außerwesentlichen eingetheilt. Wesentlich sind diejenigen Rechte und Pflichten die mit der Natur des Primats unmittelbar verbunden, und zur Erhaltung der Einheit in dem Glauben, den Sitten und der allgemeinen Disciplin durchaus nothwendig sind. Dahin gehört.... 5) die Pflicht über die Einigkeit und den Frieden in der Kirche zu wachen, daher das Recht in Glaubenssachen eine einstweilige Entscheidung zu geben oder Stillschweigen zu gebieten."

Die zuletzt angeführte Stelle ist in der dritten Auflage unverändert beibehalten (S. 242); sonst vertritt diese dieselbe Anschauung in neuer Darstellung. So lesen wir über den „Inhalt des Primates" (S. 54 f.):

„Für die Verwaltung des göttlichen Wortes hat Petrus keine Rechte vor den übrigen Aposteln erhalten; denn was 1) die Ueberlieferung und Auslegung der Offenbarung betrifft, so ist die Unfehlbarkeit nicht einem Einzelnen sondern dem gesammten Lehramt ertheilt worden. Der römische Stuhl genießt daher einer besondern Unfehlbarkeit nicht, und sein Zeugniß ist gegen den Widerspruch der Mehrheit der übrigen Bischöfe nicht beweisend. So viel ist freilich gewiß, daß die römische Kirche immer mit ganz besonderer Sorgfalt für die Reinerhaltung ihrer Tradition gewacht hat und deswegen schon seit den ältesten Zeiten mit vorzüglicher Sicherheit über den Kirchenglauben befragt werden konnte; doch aber gibt dieses allein für sich immer nur eine menschliche Gewißheit. Ebenso hat zwar der römische Stuhl das Recht in Glaubenssachen eine einstweilige Entscheidung zu erlassen oder Stillschweigen zu gebieten[1]; allein auch dieses gründet sich nur auf äußere Rücksichten, und es entsteht daraus eine wirkliche Glaubensautorität erst dann, wenn die Mehrheit der übrigen Bischöfe jener Entscheidung ausdrücklich

---

[1] Der Verfasser zieht hier die Worte an welche Augustin gegen den Pelagianer Julian von Eclanum richtete: „Was forderst du noch eine Untersuchung, die schon bei dem apostolischen Stuhle in bischöflichem Gerichte vorgenommen ist... Die Bischöfe müssen also die palästinensische Irrlehre nicht noch untersuchen sondern hemmen. Sie ist von den christlichen Gewalten verworfen." — Quid adhuc quaeris examen, quod apud apostolicam sedem factum est in episcopali judicio... Palaestina ergo haeresis ab episcopis non adhuc examinanda sed coërcenda est. Damnata a potestatibus christianis. Aug. Lib. II. operis imperf. adv. Jul. (Opp. ed. Maur. X, 993).

ober stillschweigend beitreten . . . . . In Betreff der Jurisdiction hat aber das Primat . . . wesentliche Vorrechte. Denn da die Einheit der Verfassung nicht wie bei der Lehre auf die Uebereinstimmung der einzelnen Glieder sondern bloß auf den römischen Stuhl gebaut ist, so fällt diesem die Fülle der Gewalt zu welche sich auf die Regierung der Kirche als eines Ganzen bezieht."

Die Unterscheidung von wesentlichen und unwesentlichen oder zufälligen Rechten des Primates hat Walter dann schon bald fallen lassen. In der siebenten Auflage [1]) heißt es (S. 254):

„Die dem römischen Stuhle nach der heutigen Disciplin zustehenden Regierungsrechte lassen sich auf folgende Gesichtspunkte zurückführen. 1) Rechte welche unmittelbar aus der Bestimmung des Primates, für die Einheit in der Glaubens- und Sittenlehre Sorge zu tragen, herfließen. Dahin gehört die Oberaufsicht über die ganze Kirche in allen dazu nothwendigen und zulässigen Formen, die Kenntnißnahme von den das Dogma angehenden Discussionen, und das Recht, darüber wo es nöthig wird Lehrschreiben an die ganze Kirche und entscheidende Decrete zu erlassen" [2]).

Auf unsere Frage ist der Verfasser in dieser Auflage nicht eingegangen. Er schreibt vom Lehramte (S. 28):

„Für die Verwaltung der Lehre ist von Christus in den Aposteln ein vom heiligen Geiste erfülltes, also wahres und unfehlbares Lehramt eingesetzt und von diesen auf ihre Stellvertreter und Nachfolger fortgepflanzt worden. Das kirchliche Lehramt liegt also in der Gesammtheit der Bischöfe und geht aus dieser theilweise auf die Priester Diakonen und alle diejenigen über, welche kraft ihres Amtes oder durch besonderen Auftrag dazu mitzuwirken berufen werden. An der Spitze dieses Lehrkörpers steht der Papst, auf welchen als den Nachfolger Petri vorzüglich die Einheit der Lehre gegründet ist."

Ueber die Verwaltung der Lehre gibt er nahezu wörtlich die aus der jüngsten Auflage anzuführenden Sätze, und bei Aufzählung der zur Abwehr falscher Lehren in der Kirche vorhandenen Mittel nennt er ohne weitere Erörterung als das dritte (S. 335):

„Die öffentliche Verwerfung irriger, dem Glauben der Kirche zuwiderlaufender Lehrsätze. Diese geschieht, wenn dazu ein Concilium versammelt ist, durch dieses, sonst durch den Papst kraft seiner Pflicht über die Reinheit des Glaubens zu wachen."

Dieser Satz hat in den späteren Auflagen eine weitere Ausführung erhalten. In der dreizehnten Auflage [3]) hat Walter sich dann für die Un-

---

1) Sie nennt sich eine „völlig umgeänderte". Die 4. Auflage, welche der Verf. als ganz neues Werk bezeichnet, steht mir nicht zu Gebote.
2) So auch noch in der 13. Auflage.
3) Sie stimmt hier bis auf wenige wichtige Sätze mit der 10. Auflage überein. Ich schließe in ‖ ‖ ein was die 10. Auflage nicht hat; was aber aus dem Text der 10. in dem der 13. Auflage sich nicht mehr findet gebe ich in den Anmerkungen.

fehlbarkeit des Papstes ausgesprochen. Er lehrt in derselben zunächst vom Primat überhaupt (S. 37 ff.):

„Gleichwie die Einheit der Lehre und des Lebens nicht ohne die Einheit des Episkopates, so kann diese nicht bestehen, wenn nicht in den Mittelpunkt desselben eine besondere Autorität niedergelegt ist, der sich die übrigen Glieder unterordnen müssen. Der Primat Petri und seiner Nachfolger ist daher mit der Einheit der Kirche und durch sie gesetzt. Die Geschichte hat ihn nicht erschaffen, sondern nur ausgesprochen was als ein nothwendiges und wesentliches Element schon in der Idee der Kirche lag. Er ist eine Anordnung Gottes, weil die Kirche selbst dieses ist, und weil die Kirche nur durch die Einheit und diese wiederum nur durch den Primat bestehe. Er gehört also zu den ersten Lebensprincipien der Kirche, ja er trägt der Idee nach die Kirche in sich, weil die Kirche nur da ist wo die Einheit ist. Er war aber darum der kirchlichen Verfassung nicht wie ein fertiges System vorgezeichnet, sondern er wurde in sie wie ein befruchteter Keim niedergelegt, der sich im Leben der Kirche entwickelte. Mit dem Wachsthum des gesammten Körpers trat daher auch der Primat in schärferen Formen hervor. Der Lehrstuhl Petri wurde vom Occident wie vom Orient als die reinste Niederlage der apostolischen Tradition verehrt [1] und bei jeder über Glaubensfragen entstandenen Bewegung dessen Vermittlung und Entscheidung angerufen [2]. Keine Lehrentscheidung einer Synode war ohne seinen Beitritt gültig; nicht bloß die provincialen, sondern auch die allgemeinen Synoden berichteten darüber an ihn und baten ihn um Be-

---

[1] Walter zieht Stellen an von Irenäus (s. oben S. 92, Anm. 2). Von Cyprian: „Die Häretiker wagen auch zu Petri Stuhl und zu der Hauptkirche, von wo die priesterliche Einheit ausgegangen ist, Briefe von den Schismatikern und Unheiligen zu bringen, und zu vergessen, daß es Römer sind, deren Glaube durch die Predigt des Apostels gelobt wurde, zu denen der Irrglaube keinen Zutritt finden kann."... audent et ad Petri cathedram et ad ecclesiam principalem, unde unitas sacerdotalis exorta est, a schismaticis et profanis literas ferre, nec cogitare eos esse Romanos, quorum fides apostolo praedicante laudata est, ad quos perfidia habere non possit accessum. Epist. 55. — Von Ambrosius: „Man glaube dem Bekenntnisse der Apostel, welches die römische Kirche stets unversehrt bewacht und bewahrt." Credatur symbolo apostolorum, quod ecclesia Romana intemeratum semper custodit et servat. Ap. Siric. Ep. 8, 4. — Von Theodoret von Cyrus: „Jener heiligste Stuhl hat den Primat der Kirchen des ganzen Erdkreises unter vielen Titeln, und vor Allem unter diesem, daß er von der Makel der Irrlehre rein blieb, und daß Keiner der glaubenswidrige Ansichten hatte auf ihm gesessen hat, sondern daß er die apostolische Gnade unversehrt bewahrte." Habet sanctissima illa sedes ecclesiarum quae in toto sunt orbe principatum multis nominibus, atque hoc ante omnia quod ab haeretica labe immunis mansit, nec ullus fidei contraria sentiens in illa sedit, sed apostolicam gratiam integram servavit. Ep. ad Renat. presb. Rom. (Leon. Ep. 116).

[2] „Dieses geschah schon 262 gegen Dionysius von Alexandrien, später zur Ausrottung des Arianismus im Orient, ferner gegen die Spaltung in Antiochien, gegen die Apollinarier, gegen Pelagius und Cölestius, gegen Nestorius." Die Belegstellen weist Walter nach.

ftätigung[1]), oder bekräftigten bloß den Ausspruch der ihnen vom Papste vorgelegt war[2]).

Die „Verwaltung der Lehre" betreffend lesen wir zunächst über die „Erhaltung der Lehre" (S. 386 f.):

„Die Offenbarung bedarf vor Allem eines Organes, welches dieselbe bewahrt und darüber mit unfehlbarer Gewißheit Zeugniß gibt. Dieses ist das Episkopat, dem Christus seine Lehre zur Verkündigung übergab, und dazu den Beistand des h. Geistes bis ans Ende der Zeiten verhieß. Aechte Lehre Christi ist also dasjenige, was die Gesammtheit des Episkopates als solche anerkennt und bezeugt. Das Lehramt ist im gewöhnlichen Zustande räumlich verbreitet und zerstreut; es kann aber auch, wenn die Verhältnisse es erfordern, örtlich auf einem Concilium zusammentreten. Dieses geschieht gewöhnlich, wenn über Glaubenslehren Streitigkeiten entstanden sind, deren Beilegung einer nachdrücklichen Entscheidung des Lehramtes bedarf. Das Concilium schafft aber alsdann keine neuen Glaubenswahrheiten, sondern die versammelte Kirche spricht bloß aus was die zerstreute als Ueberlieferung bewahrt hat, und stellt diesen ihren Inhalt, das Wesen desselben unverändert festhaltend, etwa nur in einer bestimmteren, der Auffassung der Zeit entsprechenden Formel dar. Sind die Meinungen getheilt, so kommt es auf den Beitritt des römischen Stuhles an, weil das wahre unfehlbare Lehramt nur da ist wo die Einheit ist."

Dann über „die Abwehrung falscher Lehren" (S. 389 ff.):

„Zur Abwehrung falscher Lehren bestehen in der Kirche folgende Mittel. 1) Die Aufstellung von Glaubenssymbolen ... 2) Die Anfertigung von Katechismen ... 3) Die öffentliche Verwerfung irriger, dem Glauben der Kirche zuwiderlaufender Lehrsätze. Diese geschieht in den gewöhnlichen Zuständen durch den römischen Stuhl, weil bei der Unmöglichkeit gegen jeden Zweifel und Irrthum ein allgemeines Concil zu versammeln, die Einheit der Lehre nicht ohne eine Autorität bestehen kann die dann, was dem Glauben der Kirche gemäß sei oder nicht, in höchster Instanz declarirt. Diese Autorität ist auch in dem römischen Stuhl als zu seiner wesentlichen Bestimmung gehörend, von jeher anerkannt worden. Der Papst kann jedoch bei solchen doctrinellen Erklärungen, so wenig wie ein Concilium, eine unmittelbare göttliche Eingebung erwarten, sondern er muß mit der höchsten ihm zu Gebote stehenden wissenschaftlichen Thätigkeit mitwirken. In der alten Zeit wurden daher solche Fragen nur mit Zuziehung des Presbyteriums oder selbst einer Synode von Bischöfen entschieden. Jetzt gehen dabei die genauesten und gewissenhaftesten Untersuchungen in der Congregation des heiligen Officiums und die Gutachten der angesehensten Theologen vorher, so daß der Papst durchaus auf die Wissenschaft der Kirche

---

1) Walter nennt die Concilien von Ephesus, Chalcedon und das sechste allgemeine Concil von Constantinopel.
2) „So verfuhren die drei angeführten Concilien."

gestützt und gleichsam nur als Organ derselben den Ausspruch thut. [1] ‖ Sein Ausspruch ist also ein Zeugniß aus der Kirche heraus in die Kirche hinein, und als eine zur Bewahrung des Glaubens und zur Thätigkeit des kirchlichen Lehrkörpers wesentliche und unentbehrliche Function steht ihr nothwendig auch der göttliche Beistand und die Erleuchtung zur Seite welche dem kirchlichen Lehramt im Ganzen, und daher auch in den zu seiner Lebensäußerungen nöthigen Formen verheißen ist." ‖

Zu dem letzten Satze fügt Walter noch folgende Bemerkung hinzu:

„‖ Bei der Frage, ob die vom Papste in Glaubenssachen ex cathedra ausgehenden Entscheidungen als unfehlbar anzusehen seien, muß diese Operation in ihrer Totalität, in dem Zusammenhang mit dem geistigen Gesammtleben der Kirche, aufgefaßt werden. Sobald der reflectirende Verstand dieselbe in die einzelnen Momente zerlegt und sich an die Besonderheiten heftet, ist der Standpunkt verfehlt. Auch die Entscheidungen der allgemeinen Concilien sind nur ein Zeugniß aus der Kirche heraus in die Kirche herein, und darum unfehlbar; analysirt man diese Operation nach ihren Einzelheiten, so kommt man in die Stellung des Anatomen, dessen Messer zwar die einzelnen Organe zerlegt, der aber dadurch das Princip und den Kreislauf des Lebens selbst nicht findet. Uebrigens ist aber die Unfehlbarkeit des Papstes kein Glaubenssatz, sondern eine noch unentschiedene doctrinelle Frage. In diesem Sinne äußern sich auch die entschiedensten Vertheidiger derselben.... Allgemein anerkannt als in der Natur der Sache begründet ist aber, daß man dem dogmatischen Ausspruch des apostolischen Stuhles vorläufig Unterwerfung schuldig sei.... Ebenso ist es, selbst von den Gallicanern, anerkannt, daß ein solcher Ausspruch indem ihn die Kirche in sich aufnimmt, volles dogmatisches Ansehen erhält. Jenes wird aber immer geschehen, da derselbe ein Zeugniß aus der Kirche heraus in die Kirche hinein ist, und so gleichen sich die Meinungen im Resultate aus" ‖.

---

[1] In der 10. Auflage folgt hier der Satz: „Ob er dabei als absolut unfehlbar anzusehen sei, ist eine noch unentschiedene doctrinelle Frage; allgemein zugegeben ist aber, daß man einem solchen Ausspruch vorläufig Unterwerfung schuldig ist, und daß er, indem die Kirche ihn in sich aufnimmt, volles dogmatisches Ansehen erhält.

69.
Werner, Karl,
Domcapitular und Professor der Theologie zu
St. Pölten.

Enchiridion theologiae moralis. Wien, Braumüller. 1863. — Franz Suarez und die Scholastik der letzten Jahrhunderte. Regensburg, Manz. 1861. — Geschichte der apologetischen und polemischen Literatur der christlichen Theologie. Schaffhausen, Hurter. 1861—1867. — Geschichte der katholischen Theologie. Seit dem Trienter Concil bis zur Gegenwart. München, Cotta. 1866.

Bei der Angabe der Quellen für die Moraltheologie lehrt Werner (Enchiridion p. 5):

„Die Lehre der katholischen Kirche, welche man unter Strafe der Excommunitation gläubig annehmen muß, ist ausgesprochen in den Erklärungen der allgemeinen Concilien und in den ex cathedra erlassenen Entscheidungen der Päpste, welche der fromme Sinn der Gläubigen als die obersten Wächter der in der Kirche niedergelegten vollen und reinen Wahrheit betrachtet und verehrt" [1]).

Daß damit aber nicht die Unfehlbarkeit des Papstes im strengsten Sinne gelehrt sein soll, ergibt sich aus einer Bemerkung welche Werner bei der Beurtheilung einer Schrift von Gerson macht (Geschichte der apol. und polem. Lit. III, 540):

„Die persönliche Unfehlbarkeit des Papstes ist allerdings kein Dogma der Kirche, und wird es nie werden; aber man muß in der Form eines moralischen Glaubens die Zuversicht hegen, daß der Geist Gottes die Kirche und ihr sichtbares Haupt nicht verlasse, und daß persönliche Irrungen des Oberhauptes der Kirche in Aeußerungen über Sachen des Glaubens zu den verhältnißmäßig seltenen Fällen gehören, obwohl sie der Geschichte nicht abgeläugnet werden können und nicht abgeläugnet werden dürfen, wäre es auch nur deshalb, auf daß es geschichtlich feststehe, daß der Bestand der Wahrheit von keiner menschlichen Einzelperson, auch nicht von der vornehmsten und eminentesten, abhängig sei, und daß der die Kirche leitende Geist Gottes nicht in den Einzelnen als solchen, sondern in der Gesammtheit sei, aber eben deshalb in eminenter Weise über demjenigen ruhe, dessen Persönlichkeit ihrer Idee nach die specifische Repräsentation und sublimirte Recapitulation der Gesammtheit ist."

Damit steht nicht gerade im Widerspruch, wenn er (Geschichte der kath. Theologie S. 624) erzählt, die Richtigkeit der gegen die Günther'sche

---

1) Doctrina ecclesiae catholicae sub anathemate fidem exigens decisa est in conciliis universalibus et sententiis ex cathedra latis summorum pontificum, quos supremos custodes integrae ac purae veritatis in ecclesia depositae fidelium pietas suscipit ac colit.

Philosophie erhobenen Ausstellungen sei „durch competente Entscheidung der höchsten kirchlichen Autorität bestätigt worden", und Günther habe „als pflichtgetreuer Katholik und glaubenstreuer Mann und Priester seine Unterwerfung unter das Urtheil der Kirche erklärt".

Ueber den Papst Honorius bemerkt Werner (Geschichte der apol. und polem. Lit. II, 407 f.):

„Sophronius reiste nach Constantinopel, um bei Sergius für die Beseitigung der Formel ‚Eine Wirkungsweise' zu wirken. Als eigentlicher Urheber derselben war Sergius selbstverständlich nicht geneigt, den Wünschen des Sophronius zu willfahren, gab aber wenigstens insoweit nach, daß er dem Cyrus rieth, die Frage, ob Eine oder zwei Energien in Christus anzunehmen seien, vorläufig ruhen zu lassen. In ähnlichem Sinne berichtete Sergius bald darauf an Papst Honorius, ließ aber unverkennbar durchblicken, daß er die Lehre von zwei Willen nicht bloß für streitig und verfänglich, sondern geradezu für falsch halte, indem damit ein Widerstreit des Göttlichen und Menschlichen in Christus gesetzt werde, welcher der Erhabenheit und Reinheit der Persönlichkeit und Wirksamkeit Christi Eintrag thue. Honorius ging auf die Anträge und Meinungen des Sergius vollkommen ein; er billigte, daß man die Schwachen durch Vermeidung der Formel ‚Eine Energie' schone, er stimmte der Ansicht des Sergius zu, daß aus der hypostatischen Einheit Christi die Einheit des Wollens und Wirkens Christi folge, aus welchem die göttlichen und menschlichen Werke abzuleiten wären."

In seinen großen Arbeiten zur theologischen Literatur-Geschichte wurde Werner wiederholt auf die Infallibilität des Papstes geführt; aber er gibt fast überall nur die Anschauungen und Urtheile der Männer, deren Schriften er bespricht. Ueber die Verbreitung der Meinung von der Unfehlbarkeit des Papstes spricht er sich einmal in folgenden Worten aus (Suarez I, 161 f.):

„Der Papst ist als Richter in Glaubenssachen unfehlbar — behaupteten die Theologen des Jesuitenordens. Die Protestanten und Jansenisten bestritten diesen Satz und suchten ihn aus der Geschichte zu widerlegen. Mit den Jansenisten, welche nebenher wenigstens an der Indefectibilität der römischen Kirche festhielten, machten einige andere nicht jansenistische Theologen und Kanonisten der gallicanischen Kirche gemeinsame Sache, so der Richerist Simon Vigor, Launoy, Dupin, Natalis Alexander, Bossuet. Die Vertheidiger der päpstlichen Infallibilität bilden eine weit größere Zahl, und man kann sagen, daß ihre Ansicht als die gewöhnliche und gemeinhin angenommene Ansicht der Theologen zu gelten habe."

70.

Wetzer, Heinrich Joseph,

Professor der orientalischen Sprachen zu Freiburg.

Artikel „Exegese" im Freiburger „Kirchenlexicon' III, 822 ff.

Wetzer lehrt über die „authentische Auslegung der h. Schrift" (S. 823): diese sei „theils unmittelbar, wenn die redende Person ihre Worte selbst erklärt, theils mittelbar, wenn sie durch das Lehramt erklärt wird welches Christus eingesetzt hat, hierin seine Stelle zu vertreten". Nach Anführung Matth. 28, 18 ff.; Joh. 14, 16. 26; 16, 13 sowie von Matth. 16, 18 f.; Luk. 22, 32 und Joh. 21, 15 ff. heißt es weiter (S. 824):

„Und so bilden denn die Bischöfe als Nachfolger der Apostel und der Papst als Nachfolger Petri in Verbindung das von Christo eingesetzte Lehramt, seine Religionslehren authentisch auszulegen; und dieses Amt ist unfehlbar, weil Christus ihnen den Beistand des h. Geistes verheißen hat, welcher sie als dessen Träger in alle Wahrheit führen werde, und es ist daher die von ihnen ausgegangene Auslegung der h. Schrift eben so wahr als wenn sie Christus selbst gegeben hätte d. h. sie ist authentisch.... Die dem kirchlichen Lehramte innewohnende Unfehlbarkeit ist den Aposteln und ihrem Oberhaupte Petrus in Gemeinschaft verheißen, und sie haben es auch nachher in dieser Weise ausgeübt, so daß sie bei dem Ausbruche eines Streites in der Kirche zu einem Concil zusammentraten und darauf ihre Entscheidung gaben (Apgesch. 15, 6 ff.). In gleicher Weise üben auch die Bischöfe als Nachfolger der Apostel und der Papst als Nachfolger Petri jenes unfehlbare Lehramt in ihrer Vereinigung auf allgemeinen Concilien. Sie schöpfen dabei für die Auslegung der h. Schrift sowohl aus dieser wie aus der Tradition oder der mündlichen Fortpflanzung der christlichen Lehre, indem sie als Träger und Zeugen der letzteren aussprechen, wie die fragliche Lehre überall von jeher in der Kirche gelehrt wurde und wird, und sie werden der Verheißung Christi gemäß dabei vom h. Geiste geleitet, so daß sie dadurch in die Absicht Christi oder der andern h. Schriftsteller eingeführt, die fragliche Lehre der geoffenbarten Wahrheit gemäß in einen festen Begriff bringen, und das Irrthümliche, welches sich daran anschließen wollte, ausscheiden, und solchergestalt die Stelle der h. Schrift, welche sich darauf bezieht, authentisch auslegen .... Da es aber ein permanentes allgemeines Concil nicht geben kann, so kann auch der einzelne Bischof in der Zwischenzeit, wenn dem Glauben zuwiderlaufende Auslegungen der h. Schrift auftauchen, für seine Diöcese provisorisch authentische Auslegungen geben, weil er Theilhaber der Verheißungen Christi und die höchste kirchliche Behörde in seiner Diöcese ist, und dieselben haben so lange Geltung als sie nicht vom Papste mißbilligt werden; und ebenso kann der Papst authentische Auslegungen für die ganze

Kirche geben, und diese können, da er die höchste Behörde in der Kirche bildet, von Niemand mehr angefochten werden."

In gleichem Sinne äußert sich Wetzer bezüglich der „traditionellen Auslegung" (S. 826):

„Der Sinn der Kirche ist aber für den Einzelnen auf zweierlei Wegen zu finden: ist er ausdrücklich von ihr ausgesprochen, so findet er sich in den Beschlüssen der allgemeinen Concilien, worin sie ihre authentischen Auslegungen direct oder indirect niedergelegt hat, und in den dogmatischen Entscheidungen der Päpste, und ist er nicht ausdrücklich ausgesprochen, weil darüber noch kein Streit oder Zweifel erhoben wurde, so liegt er in der Tradition und findet sich dann in den Schriften der Väter."

71.

Wiest, Stephan,

Cistercienser von Alberspach, Professor der Theologie zu Ingolstadt, † 1797.

Institutiones theologiae dogmaticae in usum academicum. Ed. IV. quam curavit Josephus Laberer. Regensburg, Manz. 1848.[1])

Wiest berührt unsere Frage (S. 192) nur, um eine Besprechung derselben als über die Grenzen eines Compendiums hinausgehend abzulehnen. Daher will er nur den vierten Satz der gallicanischen Declaration anführen; diesem läßt Laberer dann das Wesentliche aus Klee's Beweise für die Infallibilität des Papstes folgen.

Später lehrt Wiest (S. 206 f.):

„Dem Papste, der unter den Vorstehern der Kirche den Primat besitzt, kommen alle Rechte zu, ohne welche die Einheit in der Kirche nicht erhalten werden kann, und er ist der Mittelpunkt der Einheit in der Kirche . . .

„Insbesondere hat der Papst vermöge seines Primates eine hervorragende Rechtsstellung bei Besorgung von Glaubens- und Religionssachen und bei Schlichtung von Streitigkeiten, und ihm steht in Fragen der Glaubens- und Sittenlehre sicher ein provisorisches Urtheil in der Weise zu, daß alle

---

1) Laberer hat dieser neuen Ausgabe der kleineren Wiest'schen Dogmatik, welche 1791 zum ersten Male, 1825 in dritter Auflage erschienen war, „einige Anmerkungen hinzugefügt". Sie scheinen sich hauptsächlich auf Auszüge aus Klee u. dgl. zu beschränken.

über den Erdkreis zerstreuten Einzelkirchen und ihre bischöflichen Vorsteher inneren Gehorsam schuldig sind, so lange nicht die ganze Kirche Einrede und Widerspruch erhebt" 1).

72.
Ziegler, Gregor Thomas,
Bischof von Linz, früher Professor der Theologie zu Linz und Wien, Benedictiner aus dem Kloster Wiblingen.

Engelberti Klypfel Institutiones theologiae dogmaticae quartis curis recognitae. Partis I. Tom. I. Auch unter dem Titel: Gregorii Thomae Ziegler Institutiones seu prolegomena theologiae catholicae. Wien, Binz. 1821.²)

Ziegler führt den Satz: „Unter der christlichen Kirche im vollen Sinne versteht man weder den Papst allein, noch auch die übrigen Bischöfe ohne den Papst" ³) folgendermaßen aus (S. 286 f.):

Unter der unfehlbaren Kirche verstehen wir nicht den Papst allein, sondern den mit Petrus verbundenen Apostolat, den mit dem Papste vereinigten Episkopat. Denn nicht dem Petrus allein überwies der göttliche Lehrer seine Kirche zu regieren sondern zugleich mit den übrigen Aposteln. Uebrigens verstoßen die durchaus nicht gegen den Sprachgebrauch, welche die Leiter der Kirche oder ihr Haupt zuweilen Kirche genannt haben. Der Heiland wollte Eine Familie versammeln, Ein Gottesreich errichten, Einen Schafstall aufschlagen. Daher verehren wir die Eine Heerde in dem Einen Priesterthum, in dem Einen höchsten Lehrer, Priester, Vater und Hirten der Einen Heerde und des Einen Priesterthums, in dem Einen Haupte Aller als schönes aufs genaueste geordnetes Gefüge. Nie wird es geschehen, daß

---

1) Romano pontifici, qui ex dictis inter imperantes ecclesiae primatum tenet, conveniunt omnia ea jura sine quibus unitas in ecclesia conservari nequit, atque in ecclesia catholica summus pontifex centrum unionis est. In specie Romanus pontifex vi primatus in curandis fidei religionisque negotiis ac controversiis praecipuum jus habet, eidemque in causis fidei et morum competit certe judicium provisorium ita, ut omnes ecclesiae particulares per orbem dispersae earumque rectores episcopi obsequium ex animo debeant, quamdiu universa ecclesia non reclamat nec contradicit.

2) Von der vierten Auflage des zuerst 1789 gedruckten, an allen österreichischen Lehranstalten eingeführten dogmatischen Handbuches des Augustiner-Eremiten Klüpfel, Professors zu Freiburg, schreibt Ziegler gerade die Prolegomena fast ausschließlich sich zu, und ließ sie deshalb auch mit zweitem Titel nur unter seinem Namen erscheinen.

3) Ecclesiae christianae pleno nomine non solus papa, non reliqui sine papa episcopi veniunt.

dem Papst nicht eine entsprechende Anzahl von Bischöfen anhängt; und ihre Wachsamkeit wird die christliche Religion unverletzt bewahren. Und sicher finden wir die wahre Kirche am leichtesten da, wo Anfang und Ende der Bewahrung des Glaubens, die Einheit der Glieder mit dem Haupte in der Glaubensverkündigung stets als charakteristische Regel der Wahrheit wohnt... Daher sammeln diejenigen nicht, sondern zerstreuen, welche in Sachen der christlichen Lehre von den Erklärungen der Päpste an die zerstreute oder auf einem Concil versammelte Kirche Berufung einlegen ... Petrus hat zuerst das Amt den Glauben zu erklären, zu schützen und zu festigen, und wenn er dieses verwaltet, leisten wir ihm um der guten Ordnung willen Folge, nicht bloß in einem kalten und trägen Gehorsam des Schweigens, sondern durch unterwürfige Ergebung des Geistes. Und diese unsere Hingebung werden ohne Zweifel so viele Bischöfe loben, bestärken und durch **ihren Beitritt sicher machen**, als zur Darstellung des höheres Licht genießenden Lehramtes der Apostel hinreichen. Weit entfernt, darum den Papst als Glaubensherrscher, Dictator oder Despoten zu bezeichnen, nennen wir ihn vielmehr nur den ersten Wächter der wahren Lehre, den ersten und nach Gottes Willen mächtigsten Vertheidiger der christlichen Disciplin, und den Papst, Führer und Koryphäen derer, welche die Aufgabe erhielten, das Evangelium zu verkünden und zu erklären und die Kirche zu regieren unter seiner Leitung, woher die Einheit des Priesterthums und des christlichen Volkes ihren Ursprung nahm und fortwährend die unbewegliche Grundlage der Festigkeit empfängt."

73.

Zobl, Johann,

Professor der Theologie zu Brixen.

Dogmengeschichte der katholischen Kirche. Innsbruck, Wagner. 1865.

Zobl zählt zunächst die „Entscheidungen der Päpste in Glaubensfragen" zu den „Quellen der Dogmengeschichte" mit dem Bemerken (S. 15):

„Da der römische Papst der Lehrer aller Gläubigen ist, so ist er berufen, auftauchenden Irrlehren gegenüber den Glauben der Kirche auszusprechen, besonders wenn kein allgemeines Concil versammelt werden kann, und seine Erklärungen haben alle Gläubigen mit der Ueberzeugung des Glaubens anzunehmen. So wurden insbesondere alle Irrlehren die nach dem Concil von Trient auftraten durch die Entscheidungen der Päpste verworfen."

Näher und direct spricht er sich bei der Darstellung der „katholischen Lehre von der Kirche gegenüber den irrigen Ansichten der Jansenisten" aus (S. 529 f.):

„In Rücksicht auf die Lehrautorität des apostolischen Stuhles erstreckt sich die Infallibilität der Kirche auch auf die Entscheidungen über dogmatische

Thatsachen, über den objectiven Sinn einer Lehre im Zusammenhange eines wissenschaftlichen Systems. Denn der apostolische Stuhl hat die jansenistische Distinction zwischen quaestio juris und quaesti facti verworfen. Wenn die Kirche somit eine Lehre, die in einem wissenschaftlichen System ausgesprochen ist, verwirft, so hat ihre Entscheidung infallible Gewißheit.... Dieses ergibt sich aus dem Berufe der Kirche, die Reinheit des Glaubens gegen jeden Irrthum zu wahren. Denn wenn die Kirche nur über einzelne Sätze, nicht aber über eine Lehre in ihrem wissenschaftlichen Zusammenhange ein infallibles Urtheil fällen... könnte, so wäre die Irrlehre durch ihre Lehrautorität auf dem Boden der Wissenschaft nicht mehr erreichbar. Daraus ergibt sich die Verpflichtung der Gläubigen, die Entscheidungen des apostolischen Stuhles auch über dogmatische Thatsachen nicht bloß mit ehrfurchtsvollem Stillschweigen aus Gehorsam, sondern mit Ueberzeugung des Glaubens von ihrer Wahrheit anzunehmen, ohne vorerst die Zustimmung von Seite der ganzen Kirche abzuwarten. Denn da der Papst als Stellvertreter Christi der Lehrer aller Gläubigen ist und den Beruf hat, seine Brüder im Glauben zu stärken, so ist die Gewißheit seiner Entscheidungen nicht durch ihre Zustimmung bedingt."

„Damit steht die Frage über die Infallibilität des Papstes in sehr engem Zusammenhang. Diese Frage ist zwar nicht dogmatisch entschieden. Doch ist es eine theologische Folgerung, die gegenwärtig von den meisten Theologen anerkannt wird und einem Glaubenssatze sehr nahe steht (sententia communissima et fidei proxima), daß die Entscheidungen des Papstes infallible Gewißheit haben, wenn er als Nachfolger Petri den Gläubigen die Tradition der römischen Kirche verkündet und sie zum Glauben an dieselbe verpflichtet."

Nachtrag.

74.

Frey, Franz Andreas,
Geistlicher Rath und Professor der Theologie zu Bamberg.

Kritischer Commentar über das Kirchenrecht. Frei bearbeitet nach Anton Michl's Kirchenrecht. Bamberg, Deberich. 1812—20.[1]

Frey leitet seine Besprechung der „streitigen Rechte des Papstes" (II, 197 ff.) mit folgender Bemerkung ein:

„Es dürfte Manchem sehr auffallend sein, diese strittigen päpstlichen Rechte hier ausführlicher behandelt zu finden, indem man seit einigen

---

[1] In der zweiten Auflage (Kitzingen. 1823—33), deren Besorgung anfangs Jäck übernahm, wurde das Werk durch Scheill fortgesetzt.

Decennien in allen öffentlichen Lehrbüchern (wenigstens in allen Schriften die nach febronianischem Geiste riechen) die Miene angenommen hat, als sei der Streit beendiget, und als lasse sich für diese prätendirten Rechte des Papstes nichts Bündiges sagen. So wie die älteren Kirchenrechtslehrer, als Rautenstrauch, Riegger u. s. w., es noch für wichtig angesehen haben, sie in ihren Lehrbüchern zu bekämpfen, so wird es wenigstens dem unbefangenen Freunde des Kirchenrechts nicht uninteressant sein, dieselben nach langem Stillschweigen, und nachdem man sich angewöhnt hatte, hierüber mit dreister Absprechung hinwegzuschreiten, oder sie bloß mit bitterem Spotte zu behandeln, kritisch gewürdiget — dargestellt zu sehen."

Als das erste dieser Rechte behandelt der Bamberger Kirchenrechtslehrer „das Recht der Unfehlbarkeit in dogmatischen Entscheidungen":

„Die Vertheidiger dieses Rechtes gehen von folgender Ansicht aus: sie unterscheiden unter dem Papste als Menschen und Privatlehrer, dann aber — als Oberhaupt der Kirche. In ersterer Rücksicht kommt seinem Urtheile kein anderes Ansehen zu, als welches ihm die Gründe, mit welchen irgend eine seiner Meinungen und Lehren unterstützet ist, verschaffen; oder — in wie ferne diese die Ueberzeugung Eines oder des Anderen ansprechen, in so ferne verdienen oder erhalten sie Beifall. In anderer Rücksicht handelt der Papst als persona publica, und sein Ansehen ist radicirt auf das Ansehen welches der göttliche Religionsstifter selbst in seiner Kirche hat. Aber auch in diesem letzteren Bezuge wird, wenn diese Entscheidungen ein vollgültiges Ansehen haben sollen, vorausgesetzt, daß der Papst e cathedra spreche, d. i. daß die gegebene Entscheidung eine Glaubens- oder Sittensache betreffe und nach angestellter hinlänglicher Prüfung gefaßt worden sei. Sind diese Bedingnisse vorhanden, so wird dann von einem Theile der katholischen Kirchenrechtslehrer behauptet, daß solche Entscheidungen unbedingt sich zu Glaubensvorschriften erheben, da andere, z. B. die Franzosen nach ihren vorgeschützten Kirchenfreiheiten, behaupten, daß dergleichen Entscheidungen nicht unbedingt, sondern bedingt durch die Annahme der Kirche, diese Qualität erlangen.

„Die erste Meinung stützet sich auf folgende Gründe. 1) Matth. 16, 18 und Luk. 22, 31 f. wird Petrus nicht nur als Fundament der Kirche erklärt (welches selbst die Pforten der Hölle nicht überwältigen sollen), sondern es wird demselben auch versprochen, daß sein Glaube nicht wanken, vielmehr er seine Brüder darin stärken soll. Dieses Versprechen wird dem Petrus zur Auszeichnung und zum Unterschiede von den übrigen Aposteln gegeben; als Grundstein der sichtbaren Kirche und als Schützer und Erhalter des Glaubens soll er unter den übrigen Aposteln ausgezeichnet werden. Was aber Petrus war, und was ihm zum Flore der Kirche ertheilt wurde, das ging auch auf seine Nachkommen über. So wie also der Kirche mit dem Petrus der Vorzug der Unfehlbarkeit verliehen wurde, so ist dieses auch der Fall bei den Nachfolgern desselben. Denn nirgends im Worte Christi wird diese Unfehlbarkeit auf die Annahme der Kirche beschränkt. 2) Diese Meinung wurde auch bis auf das große Schisma in der Kirche immer behauptet¹) . . . . 3) Es läßt sich per inductionem (beinahe seit dem sechsten Jahrhunderte, wo sich erst die päpstlichen Rechte entwickeln konnten) zeigen, daß dieses von den Päpsten ausgeübt und von der Kirche anerkannt wurde. Man lese nur die Decretalbriefe der Päpste von ihrem Ursprunge an bis auf Leo IX., und es wird jeder Zweifel verschwinden, daß sich die Päpste als oberste Glaubensrichter gerirt haben. Statt aller rede der Papst Sixtus III.²) . . . Hiemit stimmen auch die Väter überein³) . . . Ebenso ließe sich eine ganze Reihe von katholischen Lehrern anführen die diese Behauptung unterschreiben. Sehr schön sagt hierüber Ruard Tapper: „Ob der Vorsteher der Familie Christi in seinem Ausspruche, wenn er über Glauben und Sitten der Gläubigen erkennt, irren könne, wie die Könige und Bischöfe in ihren Urtheilen, darüber hat man seit hundert und fünfzig Jahren zu streiten angefangen. Denn seit den Synoden von Basel und Constanz lehren einigen Doctoren, das Vorrecht eines unfehlbares Ausspruches sei einzig bei dem allgemeinen Concil. Die alten Schriftsteller aber lehren einmüthig aus der Schrift, dieses Vorrecht des unfehlbaren Urtheils komme dem Petrus als dem Vorsteher der ganzen Familie Christi und dem Papste, dem Statthalter auf Erden nach Petrus, und seinem Stuhle zu."⁴). Es ist daher diese Meinung die ältere und gemeinere, die entgegengesetzte die neuere und nicht so allgemeine.

„Zu diesen Gründen kommen noch folgende: 1) Es kann wohl gar nicht anders sein, als daß der römische Papst in dogmatischen Entscheidungen un-

---

1) Frey citirt die Formel des Hormisdas (oben S. 101), das zweite Concil von Lyon (oben S. 71, Anm. 2). „Hiemit stimmt jenes zu Vienne . . ., dann jenes zu Florenz [oben S. 3] überein. Selbst die Synode zu Constanz, indem sie die gegentheilige Behauptung Wiclef's und Hussen's verwirft, spricht dieser ersteren das Wort."

2) S. oben S. 95, Anm. 5.

3) Angeführt werden vom Verfasser: Irenäus, f. oben S. 92, Anm. 2. — Hieronymus: „Bei euch allein [den Päpsten] wird das Erbe der Väter unverletzt bewahrt; ihr seid das Licht der Welt, das Salz der Erde; deiner Heiligkeit, d. i. dem Stuhle Petri werde ich durch Gemeinschaft verbunden; auf jenem Felsen weiß ich die Kirche gebaut; wer nicht mit dir sammelt der zerstreut, d. h. wer nicht Christi ist, der ist des Antichristes." Apud vos solos [Romanos pontifices] incorrupta servatur patrum haereditas; vos estis lux mundi, sal terrae: beatitudini tuae, i. e. cathedrae Petri communione consocior; super illam petram aedificatam esse ecclesiam scio; quicumque tecum non colligit, spargit, h. e. qui Christi non est, Antichristi est. Ep. 57 ad Dam. — Augustinus: „In den Worten des apostolischen Stuhles ist der katholische Glaube so alt und fest gegründet, sicher und wahr, daß Zweifel für katholische Christen Unrecht ist." In verbis apostolicae sedis tam antiqua atque fundata, certa et clara est catholica fidei, ut nefas sit dubitare catholicis christianis. Ep. 157.

4) An autem praepositus familiae Christi falli possit in sua sententia, quando cognoscit circa fidem et mores fidelium, sicut reges et episcopi in suis judiciis, ab annis centum et quinquaginta coeptum et disputari in utramque partem. A tempore enim concilii Constantiensis est Basileensis doctores quidam apud solum concilium oecumenicum docent esse infallibilis sententiae privilegium. Veteres vero scriptores Petro totius familiae Christi praeposito et Romano pontifici post Petrum in terris vicario ejusque cathedrae proprium esse hoc privilegium infallibilis sententiae concorditer ex scripturis tradunt. Tract. theol. 3, n. 6 et 7. Tapper starb 1559.

schrieb die arianische Formel des Concil's zu Smyrna; Zosimus billigte anfangs den Irrthum des Pelagius und Cölestius, wie Honorius die Monotheletensecte; Vigilius schwankte in dem fünf Kapitelstreite hin und her. — Alle diese Gründe zeigen demnach, daß die Gabe der Unfehlbarkeit eigentlich der ganzen Kirche zukomme, indem die Worte Jesu: „Ich werde bei euch sein u. s. w." und „Wo zwei oder drei versammelt sind u. s. w." mehr der Allgemeinheit, als der einzigen Person des Petrus zusagen.

Nach dieser Darlegung schreibt der Verfasser weiter:

„Dieses sind die Meinungen beider Theile, die ich mit aller Stärke vorzutragen mich bestrebt habe. Ich füge meine Bemerkungen bei:

„a) Wenn es richtig ist (wie dies von allen katholischen Theologen und Kirchenrechtslehrern, selbst von Febronius angenommen wird) daß der Primat zur Erhaltung der Einigkeit in der Kirche von ihrem göttlichen Stifter eingesetzet wurde; so fragt sich nur: mit welchen Vorzügen muß derselbe nothwendiger Weise ausgestattet sein, wenn er seinem Endzwecke entsprechen soll? Denn alle Katholiken kommen darin überein, daß durch einen bloßen Ehrenprimat dieser Zweck nicht erreichet, sondern nur durch einen Primat, versehen mit der nothwendigen Autorität oder Gerichtsbarkeit, erzielet werden könne. Wenn aber hiezu Gerichtsbarkeit auf einer Seite nothwendig ist, so ist auf der anderen die Verbindlichkeit vorhanden, sich dieser zu unterwerfen. Wäre diese Verbindlichkeit nicht vollständig und bindend, so wäre der Primat zur Erhaltung der Einigkeit unzulänglich, dem Zwecke der Kirche und dem Wohle der Gläubigen nicht entsprechend, und der Kirche Christi mangelte es auf lange Zeit (da allgemeine Synoden nur selten versammelt werden können, und die Einwilligung der zerstreuten Kirchen noch schwerer herzustellen ist) an einer sicheren Norm, nach welcher sich die Gläubigen richten könnten. Hat daher Christus durch den Primat seiner Kirche Vorsehung thun wollen, und nach seinem weisesten Plane thun müssen, so müssen wohl (wenigstens ist dieß das Consequenteste!), die Entscheidungen der Päpste unfehlbar sein. b) Diese Behauptung scheint sich zu rechtfertigen durch Schrift und Tradition. Denn Matth. 16, Luk. 22, Joh. 22 wird Petrus als das Fundament der Kirche (welches die Pforten der Hölle nicht überwältigen werden) als indefectibel im Glauben, als der wahre Hirt der Schafe und des Schaffstalls Christi dargestellt. Dieses Alles kann aber gar nicht anders gedeutet werden, als daß Petrus diese Vorzüge per eminentiam im Bezug auf die Lehre und die Sittenreinigkeit besitzen soll. Denn in jeder anderer Beziehung ist die christliche Heilsanstalt gar nicht gefährdet. Es ist demnach der Schluß sehr consequent, daß die Gläubigen mit innerem und wirksamem Glauben der Lehre des Petrus (und mithin auch seiner Nachfolger) Gehorsam leisten müssen; sind sie aber hiezu verbunden, so kann dies nicht anders geschehen, als unter der Voraussetzung, daß diese dogmatischen Entscheidungen unfehlbar sind; denn sonst könnten sie nicht zur Vorschrift gemacht werden, und der Primat hätte keinen Zweck. c) Behauptet man: diese dogmatischen Entscheidungen seien, um für die Gläubigen verbindlich zu werden, bedingt durch den Consens der Kirche, so gebricht es dieser Behauptung an einem soliden Grunde, und sie führt zum Widerspruche. Denn immerhin drangen die Päpste (auch wenn noch allgemeine Concilien statt hatten) darauf, daß ihre Entscheidungen Normen seien, wie dies aus der Geschichte des Nestorius und Eutyches bekannt, und noch mehr durch so viele andere Beispiele dargethan ist. — Ferner ist es auch d) ein leerer Widerspruch — behaupten, die Päpste haben das Entscheidungsrecht in Glaubens= und Sittensachen, und ihnen dieses durch die gesetzte Bedingniß wieder nehmen. Denn was man ihnen zum Wohle der Kirche mit der einen Hand einräumt, würde man ihnen mit der anderen entziehen. Endlich ist e) diese Behauptung, daß die dogmatischen Entscheidungen der Päpste nur unter dem Beitritte der Kirche unfehlbare Kraft haben, neu. Denn wenn man sich nicht gerade an den crassen Begriff der Unfehlbarkeit stößt, so sind die Entscheidungen der Päpste bis auf das 14. Jahrhundert immer als Glaubensvorschriften angesehen worden. Diese Meinung litt nicht einmal einen Widerspruch, als das große Schisma ausbrach.

Gerson und b'Ailly hätten, bemerkt der Verfasser weiter, für die damalige Lage, zur Beseitigung des Schisma's, den Ausweg gewollt, daß ein allgemeines Concil sein Ansehen interponire. Dann führt er Stellen an, nach welchen auch sie Luk. 22, 32 auf den römischen Stuhl beziehen. Die Vertheidiger der zweiten Ansicht könnten also ohne Widerspruch mit sich selbst nur „von dem Falle des Schisma's verstanden werden". Dem entsprechend seien auch die Entscheidungen der Synode von Constanz zu erklären; und „es war in der Folge unbefugte Ausdehnung, wenn man diese Decisionen generalisiren und auch auf den Fall ausdehnen wollte, wenn der Papst nicht zweifelhaft ist."

„Diese Lehre blieb auch bis auf die neueren Zeiten die gemeinere, die erst durch die prätendirten Freiheiten der französischen Kirche am Ende des 17. Jahrhunderts eine andere Richtung bekam, und mehr nach dem Ansehen, welches die französische Kirche behauptete als nach dem Gewichte ihrer Gründe, verbreitet wurde. Febron verpflanzte sie zuerst nach Deutschland, und erregte hiemit großes Aufsehen. Die Liebe zu Neuerungen, der Sturz des Jesuitenordens, und vorzüglich seine Entfernung von den öffentlichen Lehrstühlen waren dieser Verbreitung günstig, und so kam sie denn ohne reelle Verdienste in Aufnahme. So viel ist immer richtig: dem Frieden der Kirche war sie nie förderlich, sondern seit ihrer Existenz und Behauptung hat sich eine Opposition in der Kirche gebildet, die von den Feinden derselben nicht selten zu ihrem Nachtheile benutzt wurde."

Ergänzungen.

Zu S. 4. Bei der aus dem h. Bernhard angeführten Stelle fehlt der lateinische Text, den ich hier nachtrage [1]).

Zu S. 17. Brenner veröffentlichte wenige Jahre nach der ‚Dogmatik‘ eine polemische Schrift u. d. T.: ‚Das Gericht, oder Aufdeckung der Unwissenheit und Unredlichkeit lutherischer Doctoren der Theologie und Pastoren in Darlegung des katholischen Lehrbegriffs‘. Bamberg, Dederich. 1829. Hier hat er in einem eigenen Kapitel „vom Papste" (S. 42 ff.) eine Anzahl mehr oder minder unrichtiger und schiefer Darstellungen über die Autorität des Papstes beurtheilt und zurückgewiesen. Für uns wird von seinen Bemerkungen die wichtigste die sein, welche er S. 49 gegen Ammon macht:

„Die Katholiken lehren allerdings, daß das Urtheil der Kirche infallibel ist; aber sie machen hieraus nicht den sonderbaren Schluß, daß nun auch des Papstes Urtheil infallibel ist; der Papst ist ihnen nur das Haupt der Kirche, nicht diese selbst, und deshalb können sie das, was sie nur von dieser aussprechen nicht auch ihrem Haupte beimessen."

---

1) Oportet ad vestrum referri apostolatum pericula quaeque et scandala emergentia in regno dei, et praesertim quae de fide contingunt. Dignum namque arbitror, ibi potissimum resarciri damna fidei ubi non possit fides sentire defectum. Haec quippe hujus praerogativa sedis; cui enim aliquando dictum est: Ego rogavi pro te ut non deficiat fides tua? Ergo quod sequitur a Petri successore exigitur: et tu aliquando conversus confirma fratres tuos.

Berichtigungen.

S. 5, Anm. 2 lies: S. 3, statt: S. 1.
S. 49 ist nach Z. 1 v. o. hinzuzufügen: Domkapitular und Professor der Theologie zu Münster.
S. 54, Z. 10 v. u. ist zu lesen: P. Albert lehrt in seiner Fundamentaltheologie zunächst.
S. 64, Z. 18 v. o. lies: der Verfasser, statt: die Verfassung.
S. 89, Z. 15 v. u. lies: Reinerding.
S. 89. Z. 6 v. u. lies: Helladii.